Colección dirigida por
Gilles Farcet

Paternidad Consciente

Lee Lozowick

PATERNIDAD CONSCIENTE

Nueva edición revisada

HARA PRESS

Título original: *Conscious Parenting, Revised Edition with New Material*
by Lee Lozowick.

© Lee Lozowick, 2010
© 2021 Hara Press USA, LLC para la lengua española

www.harapress.com

Revisión y adaptación de la nueva edición:
    Patricia Meade de María y Campos
Diseño de cubierta:
    Rafael Soria
Diseños interiores:
    Obras de la artista Georgina Quintana
    www.georginaquintana.com

ISBN: 978-1-7330340-0-5

Library of Congress Control Number: 2020945628
Colección: Espiritualidad de hoy

Traducción original
José Garcia Monje

Para mi madre y mi padre, Adele y Louis Lozowick,
quienes me han criado con amor y fe

y para Yogi Ramsuratkumar, mi Maestro espiritual,
quien todavía me cría con Amor y Fe.

Contenido

Prefacio

En general, algunas de las pautas básicas relacionadas con las prácticas que utilizamos para educar a nuestros hijos, tienen que ver con el concepto de "continuum" aplicado a la relación con ellos (véase el libro *The Continuum Concept* por Jean Liedloff, Editorial Ob Stare, 2010), con el pleno reconocimiento de la "bondad fundamental" de nuestros hijos (véanse los escritos de Chogyam Trungpa Rimpoché), con total atención a los niños mientras que ellos la busquen (entendiendo que un niño educado de manera saludable no va a ser ávido ni inseguro y que querrá alejarse del capullo paterno tan pronto como él o ella puedan moverse). Básicamente queremos proveer un ambiente de crecimiento que sea completamente libre de abuso, sea físico o psíquico; libre de abandono, involuntario o sádico; donde no se inflija ningún tipo de vergüenza sea verbal, emocional o de otro tipo; en fin, libre de violencia y crueldad. En otras palabras, –más allá de las tensiones naturales debidas a las enfermedades, al crecimiento, a los ajustes sociales, impulsos creativos y crisis y otras demandas internas o espirituales que surjan espontáneamente para el niño en el curso de su desarrollo–, el ambiente ideal diseñado para su educación debe ser libre de estrés, en el sentido de la dominación adulta y la manipulación, consciente o inconsciente. La idea es que un niño crezca sabiendo tácita y orgánicamente, más allá de ninguna duda o confusión, que es amado totalmente, por lo que es, sin que se le pida ningún resultado, manifestación, logro o actuación particular.

Resulta probablemente obvio que éste no es el caso para una amplia mayoría, –más bien para una mayoría aplastante– de hombres y mujeres contemporáneos. Nosotros, nuestra generación y varias más antes de la nuestra (probablemente muchas antes) no nos sentimos amados. Nos sentimos tácita y orgánicamente no-amados, no-apreciados, no-realizados, insatisfechos, vacíos e indignos. Nos han educado para ver al amor como una mercancía que sólo está disponible a cierto precio, siendo este precio el ser "buenos niñitos", tranquilos, genios o –y puede ser el caso para la mayoría de nosotros– que el precio era tan alto que era imposible de "pagar". Por lo tanto el amor, la "cosa", nos fue negada porque no fuimos capaces de satisfacer las demandas insaciables del desamor de nuestra comunidad social adulta, comunidad representada por los padres, la familia extendida, los maestros, las niñeras, y aun los extraños en la tienda de la esquina a quienes nuestros padres, muy probablemente, estaban encantados de hablar sobre nuestras faltas (según ellos), haciendo caso omiso de nuestra presencia y de la vergüenza que esto nos causaba.

Entonces, aquéllos que están interesados en educar conscientemente a sus hijos, están intentando hacerlo de manera diferente, radicalmente, con la intención de crear una cultura de belleza, alegría, gozo, amor, gentileza, amabilidad y compasión en la que el crecimiento produce una confianza en sí profundamente arraigada, una felicidad natural, y un fuerte y abierto deseo de entregarse a la vida y a cada experiencia con interés y capacidad.

–Lee Lozowick
Diario, 17 de noviembre de 1993.

Capítulo 1

El contexto
para una paternidad consciente

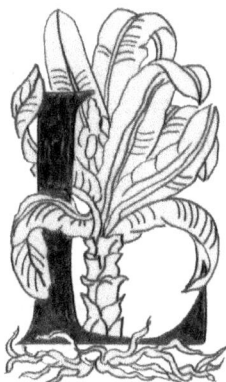

a responsabilidad de estar con niños, ya sea oficialmente como maestro o padre, o simplemente en calidad de amigo o compañero, implica literalmente tener una responsabilidad con respecto al futuro del género humano. El modelo que representamos para nuestros hijos, la manera en la que los tratamos, cómo ejercemos nuestro papel de padres, es más que *importante*: es absolutamente *vital* para su salud mental, emocional y física, y también para su bienestar y él del planeta mismo (y todavía más allá, conforme se va desarrollando la tecnología para los viajes en el espacio y la exploración extraterrestre).

Los niños crecen y llegan a ser adultos completos porque han vivido con adultos completos, y no porque hipócritas bien intencionados, pero inconscientes, hayan ido clavando principios morales en sus cabecitas. Los niños son como esponjas, pueden, y de hecho lo hacen, recoger todo lo que ven, oyen y sienten, no sólo a partir del comportamiento de sus modelos primarios, sino también de conocidos ocasionales. Y lo que absorben influirá en la manera en la que crecerán, lo cual a su vez tendrá un impacto inimaginable en el mundo externo. La relación que uno mantiene con los niños tiene un efecto a muchos niveles de la existencia. La paternidad consciente, entonces, no se limita al bienestar de un individuo, si no que más bien determina el bienestar presente y futuro de la sociedad en su conjunto.

Quiénes son

Tener hijos es natural; es parte del proceso continuo de la vida. Más allá de dar orgánicamente la vida a los hijos (cosa que cualquier animal es capaz de hacer), les damos, hasta cierto grado, la educación que determinará si serán adultos sanos y maduros o adultos psicológica, emocional o hasta físicamente limitados. Más allá del obvio sentimentalismo que nace cuando observamos la inocencia, belleza, frescura y espontaneidad de un niño (que, desafortunadamente, con frecuencia es la motivación principal por la que algunas personas tienen hijos), hay también que considerar tanto la responsabilidad como la integridad requeridas en nuestras acciones y elecciones con respecto a los niños.

La mayoría de los niños nace bastante igual, pero acaban siendo muy diferentes de adultos debido a los condicionamientos o a la educación que han recibido de los adultos en sus vidas y del ambiente general. Por lo tanto, nosotros (no sólo los padres, sino todos los adultos) tenemos la enorme responsabilidad de proveer a los niños con los tipos de referencias que les permitan crecer para llegar a ser *quienes son*, en lugar de estar limitados por nuestras proyecciones, expectativas y demandas tendenciosas. Por ejemplo, hay hombres y mujeres que no pueden disfrutar una relación sexual sin fantasear sobre crueldad y violencia, o sobre la última película pornográfica que vieron. La gente se torna así —incapaz de ser amorosa e íntima de manera natural— por su educación, no porque hubiera nacido con estas deficiencias. Una de las características de todo adulto maduro es la habilidad de ser responsable con respecto a lo que es objetivamente verdadero o necesario, y de aportar integridad (¡en la acción!) a este conocimiento. La mayoría de los adultos tiene una buena retórica, pero no siempre es capaz de actuar sobre la base de ese intelecto y claridad. Sin embargo, debemos incluir la acción o nuestras palabras no serán tomadas en serio. En lugar de "el niño que gritaba '¡ahí viene el lobo, ahí viene el lobo!'", tenemos al padre presumido que gritaba paciencia y tolerancia pero no demostraba ninguna.

A veces los padres superponen sus propias expectativas falaces o torcidas sobre sus hijos, totalmente indiferentes a la evolución natural o al proceso de crecimiento del niño. Quieren que su hijo tenga las pasiones que ellos no tuvieron, o lograr lo que ellos no pudieron lograr. Por ejemplo, cuando su hija tenía apenas seis meses, una madre le compró un piano de cola y lo puso en la sala. Esta es la insatisfacción de una *madre* reflejada en la niña, pero disfrazada de regalo: "Eres dotada; eres talentosa; eres un genio, estoy haciendo esto por ti", etc. Esta hija en particular se volvió una gran pianista, pero no porque ella lo eligiera. Y acabó escogiendo otro estilo de vida que la hizo feliz a ella, en lugar de hacer feliz a su madre.

Todos hemos conocido a personas que pueden ser extraordinariamente talentosas o exitosas en términos mundanos, pero que son totalmente artificiales, vacías o acartonadas en su habilidad para sentir, para estar en una relación o consigo mismas, o para disfrutar de la vida. Esto es siempre el resultado de una formación forzada de cualidades que no eran naturales en su momento. Este tipo de presión aplicada en cualquier momento de la vida del pequeño puede ser dañina, pero cuando los niños son realmente jóvenes esta puede condicionarlos a un patrón rígido y neurótico casi imposible de romper más adelante. Cuando los padres imponen una expectativa tan pesada sobre un niño o una niña que todavía no tiene un año de vida, este o esta no sólo se verá *afectado/a* por ello, más probablemente él o ella vivirá *como* esa expectativa. Hasta el año de edad simplemente no hay una separación en tales cosas. Entonces, este tipo de programación puede ser devastadora en sus manifestaciones a lo largo de la vida posterior.

No puedo dejar de enfatizar con suficiente fuerza que los adultos necesitan convertirse en padres conscientes, es decir, educados en cómo educar niños. Muchas veces no tenemos ni idea del grado extremo en el que algunas cosas dichas por nuestros padres definieron nuestra relación con la vida. Con respecto a la enfermedad, por ejemplo, algunas palabras equivocadas que nos dijeron de niños hicieron que algunos de nosotros quedáramos convencidos de que *teníamos* que enfermarnos periódicamente, o que estábamos naturalmente predispuestos a ciertas debilidades físicas. De hecho, todo esto puede ser el resultado de expectativas y creencias equivocadas a niveles profundos e inconscientes. De esta y otras maneras, los adultos inconscientemente ponen a los niños en peligro. Incluso si alguien tiene un gran poder de atención hacia los niños, si su *ser* está lleno de negación, sadismo, egocentrismo e intolerancia, esto constituye una circunstancia de peligro para el sano desarrollo de un niño.

Como ya dije, los niños son el futuro de nuestra raza. No que nuestra raza *tenga forzosamente* que sobrevivir, pero si lo hace, que sea de una forma óptima, útil y positiva hacia la vida. Para que esto ocurra –lo cual también significa que *nosotros* sobrevivamos con nuestras posibilidades y potencialidades personales optimizadas–, nuestros niños tienen que ser educados lo mejor posible con el fin de permitir la expresión natural de este crecimiento.

Todo el tema de la paternidad consciente radica en manejar una cierta responsabilidad *hacia la vida misma* en nuestras relaciones con los niños. Lo que los pequeños deberían comunicarnos son principios más allá del nivel personal. Si miramos realmente a los niños de una forma clara, veremos el futuro de la raza humana, no el futuro de "un" niño. La crianza y educación de los pequeños debería ser vital para nosotros no sólo porque somos madres o padres o maestros, sino porque, como seres humanos, nuestra relación con el mundo será eficaz o ineficaz. Seremos sanadores y positivos, o bien, destructivos, enfermos y negativos. Un hombre o una mujer que no se interesa en la educación positiva de los niños, o es indiferente al dolor de un niño abusado, debe de alguna forma estar, ella o él mismo, discapacitado para percibir los efectos de la belleza y de los sentimientos de plenitud en sus propias vidas.

Hacer lo correcto

¿Han mirado ustedes alguna vez en los ojos de un niño (lo suficientemente pequeño como para que su inocencia aún no esté seriamente atrofiada) y se han dado cuenta de que el chiquillo les está devolviendo la mirada con total y absoluta confianza? Si alguien ha visto eso y no se ha asustado, es que no puede ser un padre o una madre plenamente consciente y competente. Punto. La responsabilidad que acarrea una confianza de tal magnitud es aterradora, en cuanto a que pone a los padres en el papel de dioses infalibles. Si los papás lo lastiman físicamente –dándole una palmada o golpeándolo–, el niño no los culpa por eso. Al contrario, hay una confianza completa y total. El niño estará lastimado, confundido y asustado, pero todavía amará. ¿Qué dice el antiguo refrán? ¿"El poder corrompe"? Bueno, el amor y la confianza del niño imbuyen a los padres o adultos con *verdadero* poder. Un padre realmente competente no será corrompido, pero un padre o un adulto débil, inseguro o cruel muy probablemente (casi siempre, de hecho) aprovechará ese poder para abusar del niño de alguna manera. Piensen honestamente acera de sus propias relaciones con adultos. ¿Se abusa a veces de la confianza? Si abusamos de la confianza con otros adultos, qué tanto es probable que abusemos de ella, le saquemos ventaja, con niños cuya capacidad de desenmascararnos o de devolver el abuso es mucho más limitada.

Nos sentimos elevados por la inocencia y la belleza de los niños, nos quedamos sobrecogidos frente a la esencia de un niño, o la inocencia de su infancia. "Asombro" es otra palabra que podría aplicarse aquí. Uno siente asombro frente al milagro de su humanidad pura e inocente. De hecho, los niños son indescriptibles cuando todavía son predominantemente libres. No podemos sólo decir: "Los niños son maravillosos" o "Vaya, los niños son fantásticos", y realmente captar con precisión este estado. No hay nada que describa adecuadamente tal inocencia. Por otro lado, hasta los mejores niños, a veces, nos pueden frustrar, fastidiar, enloquecer o molestar porque su conducta rebasa nuestros niveles de tolerancia. No son ellos el problema, somos nosotros. Obviamente si los hemos criado en un ambiente de abuso o negligencia, su conducta puede ser realmente problemática o "antisocial", pero aun así es culpa nuestra, no de ellos. Nos pueden causar dolor, enojo; sacarnos de quicio, etc., a lo largo de su etapa de crecimiento y descubrimiento. Nada nos prepara para descubrir cuán "primaria" es la paternidad; sacude y revuelve elementos profundamente enterrados en los padres. Si hay algo escondido en nosotros, enterrado en nosotros, la paternidad lo descubrirá.

Mantener una trayectoria consciente de educación y paternidad de los hijos puede ser extremadamente duro, sobre todo cuando uno lo intenta sin una pareja. Encontrar y reunirse con otros que tienen valores similares respecto a la crianza de los niños puede ser un recurso invaluable. Dado que la tendencia a proyectar nuestras necesidades y deseos en nuestros hijos es natural (todos lo hacemos), nos podemos beneficiar de las advertencias de las personas externas al vínculo hijo-padre, que nos ayudarán a evitar moldear a nuestros pequeños conforme a nuestros deseos o necesidades neuróticos.

Cuando tratemos de educar a nuestros hijos con valores conscientes y objetivos brotarán en nosotros reacciones sorprendentes. Tal vez permitamos a nuestros hijos decir o hacer cosas que a nosotros no se nos hubieran permitido cuando teníamos su edad, cosas por las que nos hubieran castigado, incluso severamente. Sin embargo, como esos hábitos y viejas lecciones siguen todavía en nosotros, surgirá el impulso de hacer a nuestros hijos lo mismo que nuestros padres nos hicieron a nosotros. Cuando nuestros niños sean irrespetuosos y nos traten con descaro, podríamos querer sacudirlos, callarlos, sólo porque así es como lo hicieron con nosotros cuando éramos jóvenes. ¡Quizá hasta tengamos envidia de la libertad de nuestros hijos, aun cuando somos nosotros los que se la concedamos!

Ser capaces de permitir a nuestros niños que nos contesten, y manejarlo con sensibilidad sin reaccionar de modo exagerado —y también sin darles permiso de ser abusivos hacia nosotros— es una tarea muy creativa. Tenemos realmente que ser adultos y saber ¡quiénes somos *nosotros*! Entonces ya no será un problema cuando los chicos digan las cosas que a veces dicen, y seremos capaces de manejarlo correctamente. Ciertamente esto será diferente de la manera en la que nosotros fuimos educados, pero de esto se trata. Un padre lo dijo bien:

Como psicoterapeuta, Alice Miller reporta que las heridas de nuestra infancia pueden estar enterradas y olvidadas en nuestro inconsciente hasta el momento en el que tenemos hijos propios. De hecho, aunque nuestra experiencia de la infancia afecta fuertemente nuestras elecciones, dinámicas y relaciones adultas, estos efectos pueden permanecer ocultos hasta que tenemos hijos. Y entonces, de golpe, sin que entendamos el porqué, a veces nos podemos encontrar reproduciendo frente a nuestros niños patrones de comportamiento que dejaron huella en nosotros.

En lo que a mí concierne, sólo hay un camino que tiene sentido y funciona para estar con los niños, y no se puede describir en términos de ser conservador o liberal. O bien "funcionamos" o "no funcionamos" en términos de nuestra sintonía con lo que es objetivo, en el sentido de correcto u óptimo para la educación y salud del niño. Cada circunstancia tiene una respuesta propia muy específica, objetiva, y la paternidad consciente trata de desarrollar una sintonía con lo que es objetivo. Claramente hay un margen de tolerancia –ninguno de nosotros, ni yo mismo, somos padres perfectos–, así que hay cierto margen según las diferentes personalidades, circunstancias, el momento correcto, etc. Dentro de dicha tolerancia, sin embargo, no se trata de ser conservador o liberal, sino de hacer lo correcto; es decir, de imponer la disciplina cuando es necesario, y de ser amable y flexible cuando se requiere. No hay subjetividad en esto. Este libro trata de cómo aumentar nuestra atención a este principio en todos los aspectos de crianza de los niños.

"Y un niñito los guiará"

Uno de los beneficios impersonales que conlleva tener hijos en nuestras vidas puede ser el de mostrarnos cuán "incompletos" somos. Los niños tocan tan profundamente nuestro corazón, que el dolor que experimentamos al darnos cuenta del sufrimiento que los males del mundo les causan –cómo la guerra, la avaricia, la crueldad, la tortura y las atrocidades criminales les afectan– puede realmente ser un estímulo para que investiguemos qué significa ser completos y conscientes. Si uno experimenta realmente la naturaleza del sufrimiento humano, si uno mira a un niño inocente que no sabe nada acerca de estas realidades (ellos sólo juegan, comen, lloran y ríen) y si uno piensa en el costo que representa la pérdida de esta inocencia, entonces si esto no es suficiente aliciente para motivarnos a salir de nuestro escondite y volvernos conscientes (o sea madurar en nuestra vida espiritual y temporal), nada lo será. Mientras el niño mantenga todavía algo de su inocencia, cada expresión de la misma debe ser un recordatorio para nosotros.

No se trata tanto del hecho de que los niños sean nuestros maestros porque son sabios y puros y recuerdan sus vidas pasadas, ven las auras y todas esas tonterías. (Por otra parte, no debemos molestarnos en convertirnos en "canales", porque los niños hablan con los ángeles y nos darán las respuestas correctas). Los niños despiertan en nosotros la compasión hacia los que sufren –el sufrimiento innecesario de muchos, debido a la inconsciencia, la negación y la rigidez mental. Es más fácil ver ese dolor cuando estamos cerca de los niños, debido al contraste entre ese tipo de sufrimiento y la vulnerabilidad y la inocencia pura del niño, su deseo de ser feliz y de ver felices y saludables también a los demás.

Cualquier adulto que sea realmente sensible se da cuenta de que los niños, de una manera natural y espontánea, nos mantienen presentes, es decir, nos mantienen en el aquí y el ahora. Si se los permitimos, ellos ocupan nuestra atención, no nos dejan volar por ahí en las nubes. Al animarlos a ser ellos mismos, sin embargo, no debemos pedirles que sigan manteniendo nuestra atención de la misma manera conforme crecen. De lo contrario, acabamos sofocando su creatividad y nos convertimos en *stage mothers*.[1]

Otra información profunda, casi trágica, que aprendemos de los niños es cuán frágil es la vida. Quiero decir que nuestros sentimientos son tan fácilmente heridos como los de un niño, pero como no nos expresamos como ellos, actuamos como si no estuviéramos conmovidos; y esta es la razón –más allá de las otras cosas que se suman para nuestra desintegración, como la confusión psicológica y emocional, la frustración y el agobio– por la que a los cincuenta años podemos acabar con un infarto, un derrame cerebral o cualquier otra forma de enfermedad debilitante, que es el resultado de la supresión de los sentimientos o la negación de lo que es verdadero para nosotros.

El amor es suficiente / El amor no es suficiente

Más allá de imponer una disciplina o límites correctos, que son *la* clave para tener éxito con los niños, en la base de nuestra relación con ellos siempre debe estar el amor. Quizá también podemos olvidarnos de lo que es la disciplina correcta o "justa" si el amor no es su contexto. Sin el contexto amoroso acabaremos, de una manera u otra, lastimando a nuestros hijos, si no física o emocionalmente, será psicológicamente.

---

1. *Stage mothers*: Madres que imponen sus ambiciones frustradas a través de sus hijos. (N. del T.)

Si el amor es el cimiento o el terreno desde el cual brota nuestra relación con los niños, de alguna manera superaremos los momentos difíciles, porque de todas formas siempre habrá momentos difíciles. Después de todo, nuestros hijos ciertamente pueden parecerse a nosotros, pero al mismo tiempo todos somos individuos distintos, cada uno con su propio destino, personalidad, tendencias de nacimiento, preferencias y demás. Aunque les levantemos la voz, estemos enojados con ellos, perdamos los estribos y la paciencia, de alguna manera el amor siempre hará que las cosas logren resolverse. Sin embargo, el amor no puede ser una cosa esporádica o una respuesta a un estímulo. Tiene que ser constante y tácito, y no cualquier adulto está dispuesto a reconocer que el amor conlleva una responsabilidad de tan extraordinarias proporciones.

Si el amor es nuestra primera respuesta a un niño, y si estamos dispuestos a ser responsables por ello, esto siempre nos rescatará de cualquier confusión, frustración o depresión que experimentemos ocasionalmente. No importa cuán fastidiosos logren ser a veces los niños mientras crecen hacia su independencia y su individualidad, si los amamos profundamente, sin cesar y con cariño, todo habrá valido la pena —las peleas, los fastidios, los malentendidos.

Si no los amamos, y simplemente soportamos su presencia en nuestras vidas, cargamos con ellos por un cierto periodo; y a menudo vamos destrozando la tranquilidad mental uno del otro y bloqueamos el amor que pudiera crecer y desarrollarse. Por supuesto, como adultos, somos infinitamente más exitosos en menoscabar la esencia y vitalidad de los niños durante los primeros tres o cuatro años de su vida, comparado con lo que ellos puedan hacer con las nuestras. Pero a los cuatro o cinco años cambia la marea y ellos se vuelven infinitamente más capaces de perturbarnos que nosotros a ellos. Podemos dominarlos y controlarlos, pero ellos nos pueden ganar de una forma que ni nos imaginamos. Ciertamente no están predispuestos de modo natural al enfrentamiento con sus padres, pero se condicionan a tal comportamiento por necesidad de supervivencia. Cuando los niños no son amados de pequeños, a menudo desarrollan un comportamiento problemático como manera de probarse a sí mismos que son dignos de atención, cualquier tipo de atención. Todo es un profundo mecanismo subconsciente. Para una relación exitosa con los niños, es evidente que debemos amarlos.

El amor como base de nuestra relación con nuestro hijo surge ya sea de forma natural, o bien, tenemos que crearlo. El primer paso para crearlo requiere que nos impongamos la disciplina de ser responsables. En la práctica eso significa, por ejemplo, que no los regañemos porque tenemos un mal día, ya sea que lo atribuyamos o no a ellos. Si un niño está lloriqueando, es *nuestra* responsabilidad establecer límites firmes pero justos, y mantenernos tranquilos, amorosos, afectuosos y con la mente clara. Sin embargo, el amor no es suficiente si el contexto no es el apropiado. Podemos incluso decir que no puede *haber* amor si el contexto está "apagado". El contexto del que hablamos aquí es un ambiente de cariño: un ambiente tan profundo y tolerante, y tan inteligente con relación a lo que nuestros hijos son, en esencia y en su desarrollo, que los niños *saben* que los amamos, sin lugar a duda.

Es natural que queramos lo mejor para nuestros hijos, y debemos cultivar la actitud de que haremos lo mejor que podamos por ellos: proveer la mejor educación, el mejor cuidado, amor y atención. Pero mientras más pronto el niño o niña se convierte en *sí mismo* o *sí misma*, tanto mejor. Cada vez que veamos una manera en la que podamos proveer algo para ellos, o una manera en la que algo no esté provisto pero que tendría que estarlo, debemos recordar que el objetivo es ayudarlos a *ser lo que ellos son*. Sin embargo, las vidas de muchas personas giran en torno a tener hijos, criarlos, educarlos… y sólo diez o veinte años después de que estos se han ido, los padres comprenden de repente de lo que se trataba verdaderamente. (O nunca se dan cuenta. Mucha gente no lo hace y sólo sufre agitación emocional y psicológica innecesaria). ¿Cuál es el punto? Uno de los puntos acerca de los hijos es que no son *nuestros* —no son cosas, posesiones, objetos que se pueden manipular, controlar o dominar. Este sí que es un punto importante. Si un hombre o una mujer no tiene autoestima, o no la desarrolla de alguna manera, le es casi imposible ser padre consciente. El trabajo vital de la paternidad tiene que realizarse desde una posición de fortaleza, confianza y conocimiento de sí mismo, no desde una de desesperación y debilidad. Es muy importante para los niños tener autoestima, para que cuando crezcan y tengan a su vez hijos, puedan transmitirles los principios de crianza consciente, sin los cuales el mundo está condenado a aún más oscuridad y sufrimiento de que lo hoy ya está.

Capítulo 2

Buenos comienzos
Concepción, embarazo, parto y lactancia

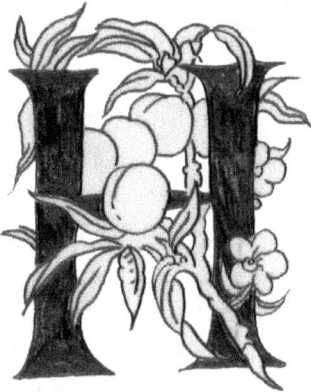

ay un refrán que dice: "El camino al infierno está lleno de buenas intenciones". En un momento de amor apasionado podemos mirar a nuestra pareja y decirle: "Querido, quiero tener un hijo tuyo", y ellos responder: "Oh, sí, sí, sí, quiero que tengas un hijo mío". Pero entonces, un año y medio después del embarazo, la mujer tiene los ojos morados y los brazos rotos porque su pareja no sabe controlar su ira, su irresponsabilidad ni su falta de integridad y disciplina. Quiere irse, cada noche toma hasta quedarse inconsciente por el peso que siente por la carga de tener un hijo, una familia y un matrimonio. No obstante, en aquel momento de gran sinceridad, posiblemente inducido por las hormonas o por una desesperación neurótica, se llevó a cabo un acto que estaba completamente fuera de contexto respecto a las habilidades requeridas para manejar sus consecuencias. No solemos pensar en las implicaciones a largo plazo de nuestras acciones, especialmente cuando nuestros genitales claman por un orgasmo.

Un tema muy popular en esta época dentro de los círculos New Age es la idea de la "concepción consciente". La mayoría de la gente piensa que la concepción consciente significa que cuando estás copulando piensas cuál ser humano grandioso quieres que reencarne en tu hijo —quieres traer a Gandhi, a Mozart o a Bach de vuelta a la tierra; a Albert Schweitzer, a Martin Luther King o al Buda, o a alguien similar. (O quizás a Mahatma Gandhi esta vez y no a Albert Gandhi. Si tu familia fuera pobre, tal vez quisieras a Albert Gandhi, porque así al menos podría mantenerte en tu vejez, considerando su asombroso don de creatividad financiera. Si consigues a Mahatma Gandhi, serías apaleado en un frente de huelguistas, y puede que eso no te guste mucho). En estos tiempos en que las personas son tan vanas, tan superficiales y egocéntricas, sería más probable que pidieran que sus hijos reencarnaran a Marilyn Monroe, Clark Gable o Groucho Marx. Esto no es y, de hecho, nada tiene que ver, con la concepción consciente. No sólo es una fantasía, es egoísmo puro.

La concepción consciente sucede cuando uno entrega su humanidad y su proceso personal al movimiento de lo Divino. No tiene nada que ver con la decisión de querer un ser perfecto, un Atlante o un líder del mundo. Tiene que ver con la rendición, con la sumisión a lo que el Universo necesita o quiere.

En una sociedad consciente, las parejas no deciden tener hijos porque se aman mutuamente. Las razones románticamente sentimentales por las que la mayoría de la gente quiere tener o tiene niños son completamente egoístas: el hijo se convierte en una afección de las neurosis favoritas de la pareja y, sin duda, sufrirá los efectos personales de dichas neurosis. En una sociedad consciente, una pareja reza a lo Divino y dice: "¿Qué es lo que *Tú* necesitas? ¿Tú necesitas niños ahora? ¿Necesitas Tú un guerrero, un sabio, un obrero? Lo que Tú necesites y, ya sabes, estamos a Tus órdenes". A diferencia de: "Queremos un hijo porque *nosotros* nos queremos, y este niño va a ser el producto de *nuestro* gran amor épico, una manifestación del amor verdadero". Esto es tan egoísta, pero desafortunadamente muy común.

La idea verdadera de la concepción consciente es ceder la posibilidad de la concepción al movimiento de lo Divino y a la Influencia Divina, de tal forma que se ofrezca un ser que el entorno pueda utilizar de manera óptima, que pueda servir a Dios de la mejor manera, ese es el tipo de ser que va a encarnarse; en lugar de decir: "Oh, quiero un hijo que sea un santo. Quiero a alguien que ame a Dios. Quiero a alguien que sea realmente honesto y se comporte adecuadamente, que sea un revolucionario social". Lo que quiero decir es que *puedes* solicitar un cierto tipo de ser, y cualquiera que esté suficientemente desarrollado en prácticas ocultas es capaz de conseguir lo que desea. Esto puede lograrse a través de la sumisión a prácticas espirituales intensas, o mediante la práctica de técnicas mágicas, en cuyo caso uno imploraría: "Que se quede en familia; dame otro gobernante, otro poderoso corredor de bolsa, una persona acaudalada, un genio".

Primero que nada, la concepción consciente implica un entendimiento de las comunicaciones entre diversas dimensiones o niveles de existencia. No se trata sólo de desear algo, o apretar bien los ojos, rezar por algo y esperar a que nuestra oración sea escuchada. Más bien, uno debe ser capaz de comunicarse al nivel del que surge la encarnación. Esta comunicación no tiene que ser una súplica verbal. Es generalmente una forma de "solicitud total" o Deseo. Y, de cualquier modo, *nosotros somos* esa dimensión, o sea que se trata de reconocer de manera abstracta el significado de las dos dimensiones y enfocarse en el "allá" por un momento, en lugar de enfocarse en el "aquí".

Por supuesto, es crucial una relación amorosa, afectiva, de aceptación, respetuosa y honrosa entre los padres. Además de eso, es cuestión de mantener el "Estar-Presente y rendirse" durante el periodo de eyaculación y unos minutos después, porque toma algo de tiempo que el esperma llegue al óvulo. (No se trata de mantener el enfoque hasta que el hombre eyacule y entonces decir: "¡Ah concepción consciente!... cálmate ya". Luego voltearse, fumar un cigarro y decir: "Ahora vamos a divertirnos *realmente*", mientras sacan cadenas y látigos, y empiezan a columpiarse desde los candiles).

Claro que es natural renunciar al "Estar-Presente total", pero la intención real es necesaria y efectiva. El contexto debe mantenerse, mas no necesariamente por el hombre y por la mujer. Una sola persona puede conseguir la concepción consciente. Sin embargo, el proceso se beneficia si ambas personas lo entienden y se involucran. Esto es poco común, pero ayuda.

Es ridículo tratar de escoger el sexo del niño de antemano, a través de dietas u otros medios. ¿Para qué molestarse? ¿Quiénes somos para hacer el trabajo de Dios? El sexo de un niño es el trabajo del Gran Proceso de la Evolución Divina. ¿Quiénes somos para decidir "Quiero un niño, quiero una niña"? Mi recomendación –antes, durante y después del embarazo– es llevar una dieta sana, hacer ejercicio, cuidarse, pensar y relacionarse correctamente con Dios... eso es todo.

Si tienes pocas expectativas acerca de tu o tus hijos, menor será la posibilidad de que tu amor, tu afecto o tu reconocimiento disminuya o influya cuando ellos no alcancen o no satisfagan tus expectativas. Déjalos ser lo que son y ámalos "como son", en lugar de imponerles condiciones.

La elección no es nuestra

Realmente no creamos a los hijos de la nada. Vienen de otro lugar y esperan que nosotros les sirvamos como vehículo en esta dimensión y esta vida. La consciencia del ser que está encarnándose escoge el tiempo y el lugar. Con frecuencia, cuando las personas deciden tener un hijo, "trabajan" en eso. En ocasiones, una vez que decidimos tener un hijo, se *convierte* en un trabajo. Pero no sirve de mucho ni es divertido.

En el proceso consciente de la concepción de un hijo, no hay tal accidente cuando se trata de que los niños "vengan" o no vengan. (Una señora que conozco en Alemania ha tenido un par de abortos espontáneos y no hay nada accidental a este respecto).

El futuro padre puede ser un santo, el mejor vehículo en el mundo, pero son los niños quienes escogen *lo que necesitan*, hacen lo que *ellos* quieren. Nuestro trabajo consiste en decir: "¿Necesitas una entrada? Aquí estoy". Una vez que nacen, por supuesto que necesitan nuestra guía, amor y apoyo, pero el imperativo esencial está activo todavía, por lo que necesitamos dejarlos encontrar ese surco y permitirles crecer y florecer en él.

Sin embargo, la mayoría de la gente no piensa de esta manera. Gran parte de los adultos ven estas cositas monas, suaves, adorables (maleables psicológicamente y en su conducta), y piensan: "¡Esto es *mío*, y lo amo tanto; y *yo* voy a hacer tantas cosas buenas por este bebé!". Pero el niño ya sabe realmente lo que el padre necesita hacer por él. Ya sabe todo lo que le vamos a decir. El diseño está trazado. Sabe de antemano cuándo la madre le dará un golpe, y cuándo el padre perderá los estribos.

¡El proceso entero es magia completa! Y tenemos que confiar en la magia o quedaremos muy frustrados: "Tengo que *hacer* que esto suceda. Mi hijo tiene que ser así... o asá...". *Estamos* involucrados; estamos completamente absorbidos por una circunstancia que es totalmente mágica, desde donde *nosotros* la vemos. (Desde una perspectiva más alta, no se trata de magia, es ciencia; pero desde nuestra perspectiva, va más allá de nuestro entendimiento). Necesitamos aceptar y comprender este proceso, permitiendo que se desarrolle, siendo nosotros simplemente el "marco" para esta "pintura".

Una responsabilidad formidable

Cuando un hombre fecunda a una mujer, se siente muy orgulloso de ello (como si todos los hombres no fueran dotados de esa capacidad, o como si fuera un gran hecho de caballería o de virilidad). Pero no es nada del otro mundo; todos los hombres tienen el equipo necesario. Cualquier animal macho, humano o de otra clase, hace bebés. Sin embargo, los hombres piensan que han hecho algo especial, algo que los hace particular y exclusivamente importantes, que en realidad es su impulso neurótico en plena expresión.

Por supuesto, hay una parte no-neurótica, que consiste en estar intimidado profundamente por la responsabilidad de ser guía para alguien que, en cincuenta años, puede tener el equilibrio del mundo en la palma de su mano. Imagina que tu hijo fuera el que se sienta, con su dedo sobre el "botón rojo", esperando iniciar o evitar la Tercera Guerra Mundial. Quisieras estar totalmente seguro de que ese niño tuviera un cierto sentido de perspectiva y de integridad. (Probablemente nunca tendría ese puesto si tuviera integridad, pero eso es superfluo. La política y la filosofía social son otros temas, ¡mantengámonos alejados de ellos!).

La parte responsable de ser padre o madre de un niño es saber que, aunque realmente no es nuestro, aun así, somos responsables de entrenarlos, capacitarlos y darles lo que necesitan para convertirse en seres humanos maduros y valiosos como adultos (tanto como sea posible), en lugar de sólo ser egoístas y posesivos (como los adultos actuales), o incluso psicópatas.

INFLUENCIAS DURANTE EL EMBARAZO

Durante el embarazo, y de hecho en todo momento, el nacimiento debe considerarse en términos entusiastas, emocionantes y misteriosos. ¡Es la *vida* que está sucediendo! Siempre es un misterio enorme y asombroso. Entonces, si otro niño pregunta: "¿Cómo nace un bebé?", uno puede responder: "¡Sólo Dios sabe! Se unen el esperma y el óvulo, pero eso en sí no crea a un ser humano. Eso simplemente produce el vehículo". Siempre debemos referirnos al nacimiento como algo que se espera con gusto, tanto en nuestra propia mente y actitud, como al hablarlo con otros, tanto niños como adultos.

Las mujeres tienden a estar muy emocionadas, radiantes en belleza y asombro, en romance y sentimiento (sin mencionar las hormonas alteradas), y los hombres suelen tomar todo con naturalidad y a veces con enfado por toda la excitación. Pero el nacimiento siempre se trata de una nueva vida que aparece, por eso es una cosa maravillosa, verdaderamente emocionante. Este estado de ánimo puede, y debería, trascender todas las tendencias de género, culturales o personales.

La gente no tendría que sentarse con una mujer embarazada y compartirle historias de horror acerca de su madre o su hermana que tuvieron embarazos tan miserables o dolorosos, o que sufrieron trabajos de parto tan horribles. Las mujeres a veces hablan con una embarazada diciendo: "Oh, vas a estar muy bien, pero cuando mi madre dio a luz, ella sí que tuvo problemas". Eso no sólo es absolutamente insensible, sino bastante estúpido. Esas pláticas nunca son apropiadas, aún menos a la mitad de un embarazo. Uno siempre debe buscar buena compañía, con la que se pueda hablar de Dios y la Vida Divina, la belleza, el placer, la alegría, la salud y la vitalidad. ¡No debe haber diferencia durante el embarazo!

A veces, los familiares u otras personas pueden tener prejuicios establecidos en contra del parto natural o de alguna otra opción que hayan elegido como padres. Una amiga mía prefirió no decir a su familia, abuelos y demás, que había planeado un parto en su casa para su bebé. En lugar de ello, se les informó que sería un parto común en un hospital, y estuvieron muy felices, brindaron mucho apoyo y estaban muy entusiasmados. Después de que nació el niño, los familiares preguntaron: "¿Qué? ¿El parto fue en tu casa? ¿Salió todo bien?". Mi amiga los tranquilizó y todos se relajaron. Si hubieran sabido de antemano, hubieran estado diciendo: "Oh, no debes hacer eso, debes tener un doctor...". No sólo se hubieran preocupado, sino que también hubieran sido intrusivos con la embarazada, llenos de sus propios miedos, dudas, críticas y demás. De esta manera, todos ofrecieron su apoyo durante el embarazo y al final estuvieron todos bien y contentos. Es sumamente importante tener un entorno amplio que ofrezca tanto apoyo como sea posible, libre de tensión, amargura y desacuerdo.

Generalmente, dado que el sistema de sustento de vida en la matriz es completamente responsabilidad de la madre, y que el niño no tiene nada que hacer a este respecto, este periodo es seguramente muy confortable para él —un periodo de puras sensaciones no lineales, un tiempo para recopilar datos; de una dicha singular, de unidad; vida sin motivos o demandas neuróticas. Las únicas cosas que perturban el confort de ese periodo son los estados emocionales severos o el uso continuo de algún producto químico o droga que afecte el sistema nervioso. Si la madre usa una droga sedante para el ser, este nace adicto a la sedación. Deben evitarse las emociones severas, tales como el odio, la ira y la depresión, que generan una química cerebral o corporal que amenaza la salud del ser. Para algunas mujeres, su química corporal puede resultar casi abortiva, pero generalmente no la produce en una dosis lo suficientemente alta o compuesta como para causar un aborto espontáneo u otros problemas relacionados. Sin embargo, la madre debe evitar, tanto como sea posible, situaciones de estrés que favorezcan este tipo de química.

Una mujer no debe preocuparse demasiado acerca de comer exactamente los alimentos apropiados cuando está embarazada. Si obedece a esos libros entusiastas, enfáticos respecto a la salud, acerca de lo que puede o no puede comer cuando está embarazada, estará tan preocupada por comer el pedazo de pan equivocado y estará tan tensa, que no podrá relajarse ni disfrutar su estado. Debe sencillamente comer una dieta saludable —alimentos limpios y frescos— sin demasiados productos químicos ni aditivos. Después de todo, ¿cuál es el porcentaje de niños que nacen perjudicados por culpa de los problemas dietéticos en países como los Estados Unidos hoy? Casi nada; es tan pequeño que es insignificante. ¿De qué nacen perjudicados los niños? De padres adictos a las drogas, alcohólicos, madres que fuman mucho, padres y madres abusivos físicamente; de medicamentos que se usan para diversas condiciones, de mutaciones por radiación, y cosas parecidas. No nacen afectados por el colorante artificial del queso amarillo. Ni por los preservativos en el pan integral. Me dicen que el perejil es un abortivo natural. ¿Saben cuántas mujeres no lo saben y comen una hoja de perejil (o tres) una o dos veces por semana en su pescado y en sus comidas? Nos han aterrorizado con la contra-reforma de la industria de los alimentos saludables. Tal fundamentalismo quizás esté basado en datos de cierta validez, pero la rigidez de esto puede resultar contraproducente.

Otro aspecto de la paternidad consciente sumamente útil durante todo el embarazo es la comunicación con el bebé. Debemos decir cualquier cosa que diríamos comúnmente a alguien con quien quisiéramos hablar: "Estuvo rico el desayuno de esta mañana, ¿no?", o lo que sea. Esencialmente, charlamos con el bebé de la misma manera en la que hablamos con un adulto. No necesariamente verbalizado, pero por supuesto que las vibraciones de nuestra voz darán un efecto añadido, junto con la comunicación psíquica. Digan cosas como: "Estamos muy contentos de tu nacimiento", o "Vaya, es grandioso que vengas a estar con nosotros". Sobra decir que uno debe hablar sólo de cosas positivas, saludables y alentadoras. Por ejemplo, cuando un periodo de veneración religiosa o algún otro evento ha sido maravilloso, compártanlo con el niño. Cuéntenle historias heroicas y míticas. Comuníquense desde el comienzo. [El tema del uso del lenguaje alrededor de los niños se cubrirá con mayor profundidad en el capítulo 8, *Hablando con la verdad: lenguaje y honestidad*].

El feto "escucha" todo. Por ejemplo, si se pregunta a los padres: "¿Qué quieren: ¿niño o niña?", y se voltean a ver uno al otro y contestan: "Bueno, cualquiera está bien si es saludable, pero *realmente* queremos una niña", el feto *siente* eso. Es imposible aislar al feto de los más sutiles prejuicios de este tipo. Tenemos que ser muy claros en nuestras mentes al respecto de nuestras expectativas, deseos y necesidades inconscientes. En estas cosas, la claridad o la implacable honestidad con nosotros mismos, y la inteligencia consecuente, son la mejor manera de minimizar nuestras influencias sobre la consciencia y la psicología del infante.

Tal vez te preguntes si el feto o el infante responde más a las palabras que salen de nuestras bocas o a la comunicación psíquica más sutil que está detrás de nuestras palabras. La respuesta es: a ambas. La comunicación psíquica es más poderosa en etapas tempranas, en términos de conducta. El cerebro registra el lenguaje con exactitud, y cuando un niño empieza a aprender el lenguaje, el cerebro vuelve y empieza a interpretar lo que oye aun antes de que el niño sepa lo que es el lenguaje.

El ambiente general o la actitud ante el parto no debe ser diferente de la actitud que se tiene en la vida ordinaria, excepto por algunos detalles obviamente. *Siempre* tenemos que estar viviendo, pensando y siendo de tal manera que apoyemos la situación completa del embarazo y el parto —manifestando amabilidad, afecto y atención amorosa a nuestras parejas, a otros niños y amigos, a nuestros propios padres y demás. Todo esto se registra con lo que será, tanto en la niñez como en la vida adulta, la mente inconsciente de la persona y su psicología definitoria. Si no vivimos así de inicio, cuando llegue el tiempo de ser padres tendremos un gran recordatorio para poner más atención a sus necesidades básicas, porque el nacimiento es un evento tan significativo. A menudo este destroza nuestras nociones formales no cuestionadas de funcionamiento ordinario.

Este ambiente total de amabilidad, generosidad y compasión debe mantenerse en el momento en el que el niño nace, y antes del nacimiento también, de la misma manera en la que se trata a la madre durante el embarazo. Cuando yo tenía dieciséis años (o hasta veinticinco), mi idea del nacimiento era que las mujeres eran fuertes: podían trabajar hasta dos semanas antes del parto. Entonces, cuando fuera el momento, se podían recostar, el bebé saldría y, un par de horas después, se levantarían y regresarían a trabajar. Era un macho chovinista (quizá siga siéndolo). Sin embargo, de la experiencia en nuestra comunidad —no sólo con mujeres en sus treintas y cuarentas, sino también con algunas en sus veintes— hemos aprendido que, a veces, la mujer tiene que permanecer en reposo durante algunos meses para proteger tanto su salud como la del bebé. Las cuestiones importantes son: ¿cómo trata la familia a la mujer y qué sistema de apoyo tiene mientras permanece en cama? ¿Se le trata como si estuviera de vacaciones, cuando en realidad debería estar trabajando? ¿Se le envidia su descanso necesario? ¿O se le trata como que su cuerpo está en una condición delicada, aceptando que necesita cuidados y atención? De una u otra forma, esto se le comunica al bebé. Quién sabe cuándo surge en el bebé la apreciación de amabilidad, generosidad y compasión. Ciertamente antes del momento del nacimiento.

Planificación familiar

Una vez publicamos una edición satírica de nuestro periódico comunitario con unas caricaturas. Una ilustración me representaba extremadamente enojado, con mi cabello salvajemente fuera de control. Una mujer muy embarazada, obviamente abrumada, con tres chicos jalándole la falda, me está preguntando: "¡Oh! ¿Se supone que debo usar el diafragma cervical *cada* vez?".

Generalmente, cuanto más natural es el método de control de natalidad que se usa, mejor. Nosotros recomendamos el DIU,[2] y si uno *debe* utilizar protección extra, usar condones, en lugar de propuestas más radicales como la esterilización quirúrgica o alguna variedad de yoga sexual. Algunos hombres son muy buenos para la retención de la eyaculación y otros no lo son tanto. (Sólo porque no pueden contenerse no quiere decir que deben dejarse ir *adentro*, para ser directo). He escuchado que los controles anticonceptivos por hierbas y/o temperatura y medidas del biorritmo son totalmente efectivos. Sin embargo, soy un poco escéptico porque he conocido casos en los que el embarazo ocurrió durante o justo después de la menstruación, así como uno en el que se utilizaron tres métodos de control anticonceptivo –diafragma cervical, condón y espermicida– y aun así la mujer concibió. Si un ser desea nacer con suficiente fuerza, romperá cualquier barrera. No obstante, mientras menos cautelosos seamos o más despreocupados, serán los factores más inconscientes los que determinen la posibilidad de embarazo por encima de los más conscientes.

Hay quien dice que mientras la mujer está lactando no es fértil. Esto es verdad para la mayoría de las mujeres durante dos o tres años, pero algunas son fértiles casi inmediatamente después del parto aun-

2. DIU: dispositivo intrauterino

que estén lactando consistentemente. Así que depende.

Yo creo que es difícil estar nuevamente embarazada cuando el primer bebé todavía no camina, pero en términos de espaciar los hijos, la opción es personal. Dado que la carga del cuidado de los hijos recae predominantemente en la madre, parece razonable que sea ella quien decida. Si alguien quiere cinco hijos y los quiere con un año de separación, resulta muy apretado. Yo pienso que es posible tener dos hijos pequeños y ofrecerles todo lo que necesitan, pero incluso esto es difícil para mucha gente. No todos somos padres naturales, aunque todos podemos educarnos y entrenarnos para ser padres excelentes si verdaderamente estamos deseosos de hacer los sacrificios que fueran necesarios, y para dar los saltos de madurez requeridos.

NACIMIENTO

Los miembros adultos de nuestra comunidad han considerado ampliamente –a través de trabajo psicológico, profundo estudio personal y revelación propia– los efectos tan serios que tuvo en ellos un innecesario parto traumático, y cómo eliminarlo en los niños recién nacidos. Nosotros creemos que es crucial desarrollar prácticas consistentes y sabias relativas al parto y educación de los niños para establecer y mantener una cultura de valores humanos verdaderos y naturales, como amabilidad, generosidad, salud natural y vitalidad. No sólo los padres que esperan un bebé deberían estudiar este tópico, también deberían hacerlo los miembros de cada comunidad, ya sea social, alternativa, tribal o cívica. Una cultura apropiada para el parto requiere la comprensión y el apoyo de la comunidad entera para convertirse en una realidad efectiva para los niños que atiende.

Parto natural

Con frecuencia he hablado acerca de la necesidad de traer a los niños al mundo de tal forma que los disponga de la mejor manera a satisfacer su capacidad como seres humanos. La mejor situación de parto es aquella que, primero que nada, es natural. Las drogas que se usan en la madre pueden dañar también el crecimiento corporal natural del niño. Sin embargo, como es típico de nuestra sociedad, la práctica convencional moderna de parto (así como la práctica llamada "cuidado de la salud") se han convertido en una institución deshumanizada, utilitaria, que no ve, y en algunos casos niega agresivamente, las realidades de la energía positiva de la vida humana y su desarrollo.

La comunidad de Steve Gaskin en Tennesee se llamó *The Farm*[3] (y todavía existe bajo este nombre). En una época tenían una política abierta publicada, la cual decía que cualquier mujer que quisiera un parto natural podía ir a *The Farm* por cuidados y tratamientos, y que cualquier mujer que no quisiera a su hijo podía dejarlo en *The Farm* y la comunidad lo cuidaría. Adicionalmente, una madre que quisiera recoger a su hijo, podría hacerlo. Esta política duró muchos años, pero finalmente la comunidad tuvo que restringirla porque muchas madres naturales abandonaron ahí a sus hijos.

Se puede obtener una enseñanza interesante leyendo el libro sobre los partos naturales (*Spiritual Midwifery*,[4] de Ina May Gaskin). El registro de partos problemáticos en *The Farm* fue tan pequeño que las autoridades médicas dudaban de la información. No obstante, los residentes tuvieron que crear una clínica completamente moderna, que incluyera incubadoras de oxígeno para nacimientos prematuros, sólo para satisfacer a las autoridades, aunque tenían médicos y enfermeras en la propiedad. Muy pocos defensores del parto hospitalario creyeron lo que esta gente era capaz de hacer con el parto natural y lo eficaces que eran. (¡Después de tres o cuatro mil partos se aprende a ser bueno!). En este punto, su trabajo se volvió estadísticamente relevante y un recurso invaluable de salud. De hecho, una publicación periódica canadiense incluyó los registros de *The Farm* en sus estadísticas.

Lo que sucedió en *The Farm* es un buen recordatorio de que el parto no es un "problema". Es el diseño humano y su intención es que sea natural y fácil. Cuando una madre concibe y se cuida, cuando la vida de una mujer está en sincronía con las leyes y principios universales, usualmente su parto es completamente grácil y natural. Por supuesto, hay excepciones. Ocasionalmente, aun bajo las mejores circunstancias —con la mejor actitud mental, la mejor salud y preparación por parte de la embarazada— será necesaria la hospitalización o una cesárea. En es-

---

3. La Granja [N. del T.]
4. Parteras espirituales [N. del T.]

tos casos, el estado de aceptación mental de la mujer, su deseo de estar conectada psíquicamente con su hijo (y no desconectarse o abandonar el proyecto del parto) hacen toda la diferencia del mundo.

En los partos que yo he visto, el proceso ha sido muy nítido y las implicaciones de dificultad (o no dificultad) han sido muy obvias. En un caso, la mujer no sabía mucho del parto, estaba muy nerviosa y llena de supersticiones. Acabó teniendo que ir al hospital, donde tuvo un largo periodo de labor y un parto extraordinariamente doloroso. Durante años, si alguien mencionaba cualquier cosa al respecto del parto, fruncía el ceño y decía: "Oh, Dios. Es un horror".

Mi prima tuvo también un primer parto difícil: muy doloroso y con un largo periodo de labor. (Ella es bastante reprimida, lo que pudo haber sido un factor). Antes de dar a luz, ella estaba a favor del parto natural y la lactancia. Pero después del nacimiento de su bebé aseguró que nunca lo volvería a pasar: "Si tengo otro hijo quiero que me anestesien. Cesárea... no me importa. Sólo quiero que se acabe". Ni siquiera consideraba opciones para hacer más fácil el parto.

En estos dos casos, ambas mujeres no estaban del todo preparadas para el parto natural y, antes de sus respectivos embarazos, cada una había vivido una vida de autocomplacencia, trato abusivo de su cuerpo y notable egocentrismo. Las demandas del parto fueron superiores a sus referencias, a su deseo de entregarse a las necesidades del proceso, o a sus conceptos de servir a un "otro", en este caso, su propio hijo. No deja de entristecerme cuántas personas son así: las demandas del parto y la paternidad son antagonistas a su visión del mundo (su propia visión del mundo sobre su existencia personal y aislamiento, no su visión política del mundo) de que ellas harían cualquier cosa antes que expandirse a este nivel superior de humanismo concienzudo.

En otros dos casos de parto que conozco, la situación fue totalmente diferente. Las mujeres esperaban con gusto el momento de dar a luz. Cada una había vivido en una relación correcta con su cuerpo y su consciencia; cada una estaba entusiasmada, sin temor, preparada, lista para respirar y dar a luz en casa, sin obstáculos proyectados en el camino. Ambos partos fueron fáciles y placenteros. Cualquier tipo de estrés o dolor formaba parte de la anticipación del parto y la maternidad, y se tomaba de manera sensata y madura.

Casi cualquier mujer, con alguna rara excepción, si está informada apropiadamente y tiene el contexto correcto, puede tener un parto natural en su casa con un mínimo de molestias. Esto requiere de un sistema de apoyo alegre y positivo de amigos, familia y comunidad. Con el primer hijo, la tendencia es a sentirse sobrecogida y un poco nerviosa —no nerviosa en el sentido negativo, pero con algo de anticipación—, "sin saber" cómo va a ser, por lo menos en experiencia propia.

La disciplina es un elemento crucial porque habrá momentos durante el periodo de labor en el que la mujer pensará: "No puedo con esto ni un minuto más". Sin embargo debe continuar, y la mayoría de las mujeres tienen la disciplina para ser grandiosas. (En nuestros días, ser "grandiosa" es lo que era ordinario para las mujeres en la antigüedad). ¡Así continúan siendo!

Por supuesto, hay alternativas: un bloqueo raquídeo, abrir el vientre y jalar al bebé hacia fuera. Desafortunadamente, justo en el momento en el que se requiere mayor disciplina, el personal del hospital ofrecerá la alternativa. Hoy, una mujer no tiene que pasar por labor para llegar al parto. Se le droga y queda inconsciente. Pero las diferencias entre el parto natural y el parto bajo condiciones en las que la madre está inconsciente son muy profundas.

Trascendiendo la identificación con el cuerpo

Las condiciones del parto del bebé lo afectan dramáticamente; afectan la identificación que tendrá el niño con su forma humana. Asumir la personificación (nacer como humano) implica que el ser se responsabilizará por un organismo diferente al que fuera previo a la encarnación. Las implicaciones de esto incluyen la demanda de trascender la identificación ilusoria que quizá tenga, y usualmente así ocurre, con el cuerpo. Cualquier ser tenderá a identificarse con el nivel más burdo de manifestación, y ya que el cuerpo es el nivel más burdo de la encarnación humana, tendemos a identificarnos con él, como si eso exclusivamente fuéramos *nosotros* en su totalidad, incluida la consciencia. (Muchos científicos alegan que toda consciencia es una función química del cerebro. Nosotros discrepamos). La responsabilidad de un ser humano es la de transcender la identificación con las limitaciones que no son, en esencia, más que el resultado de malos entendidos de nuestra verdadera condición.

Trascender *el cuerpo en sí* es irreal, y de hecho muy ingenuo. ¡Si te vuelas el cerebro, trasciendes el cuerpo! Pero para convertirse en todo lo que es inherentemente posible para ser un humano, es necesario trascender *la identificación con el cuerpo* como si fuera todo el ser. ¡Es una responsabilidad mayor! Todo nuestro entrenamiento y nuestra educación, toda nuestra preparación escolar, están orientados hacia la identificación con el cuerpo o con la psicología. Hasta el aprendizaje para leer y escribir, de la manera en la que está diseñado, se dirige sólo al nivel más burdo de manifestación. Lograr trascender la identificación con el cuerpo, por lo tanto, tan difícil como esto sea, tiene implicaciones cruciales, como el fin de la crueldad, de la discriminación y de la violencia en el mundo. La dificultad involucrada tiene también sus compensaciones. Cuanto más fácil sea conseguir algo en una encarnación dada, menor será la compensación espiritual. Se expresa burdamente, pero es como si ganáramos puntos espirituales; y, como seres humanos, siempre está presente el potencial de acumulación en una cuenta bancaria energética enorme, pero sutil (mientras que en otras formas de vida —animales, plantas, formas inanimadas— no es posible).

Las condiciones reales de nacimiento pueden afectar directamente cómo se manifiesta una persona en la vida, en términos psicológicos. Una partera de aquí nos contó una historia acerca de un nacimiento en el hospital, en el que el bebé se resbaló de las manos del doctor y se estrelló de cabeza contra el piso. El pequeño vivió, afortunadamente, pero para alguien que nació bajo esas circunstancias sería muy difícil trascender la identificación con el cuerpo. Y, en situaciones de parto convencionales, tratamientos similares son mucho más comunes de lo que creemos. Cuanto más se ataque el cuerpo al nacer, más percibe el ser que será extinguido inmediatamente; por lo tanto, tiene una identificación más fuerte con el cuerpo. Las luces brillantes, mucho ruido, manejo brusco… todos contribuyen en el fortalecimiento del calambre.[5] En la imaginación del ser, el cuerpo toma el papel de vehículo de *supervi-*

---

5. El "calambre" se refiere a todo un rango de manifestaciones físicas, mentales y emocionales —o psicofísicas— que son análogas a los calambres musculares. Estos calambres afectan al cuerpo de formas obvias o sutiles. También afectan a las emociones y la mente atando o limitando la actividad libre o "iluminada".

vencia, en lugar de la cubierta de la consciencia, misma que no puede ser extinguida.

Las influencias

La mejor situación para el nacimiento es la que es silenciosa y pacífica, y no presenciada por mirones físicamente ruidosos y embobados. Cualquier individuo presente debe entender algo sobre el misterio del nacimiento y mostrar asombro y reverencia por el proceso, así como una total resonancia y aceptación de la mujer embarazada y de sus creencias. ¡Un nuevo ser nace a la existencia y eso exige respeto y honor! Son suficientes los padres, la partera, quizás un ayudante de esta y, cuando mucho (en mi opinión), dos personas más –amigos cercanos, gente con la que tanto el padre como la madre se sientan a gusto. Una persona tiene que estar siempre lista para correr por agua, hacer mandados, responder preguntas en la puerta, hacerse cargo del teléfono y mantener las actividades usuales del mundo exterior; y la otra está ahí como buena compañía para alentar al bebé y a los padres.

El padre debe estar ayudando a la madre en su respiración (para optimizar el trabajo de parto) y lo que está haciendo. Desafortunadamente no siempre es el caso. En una clase de parto, por ejemplo, hay un hombre cuya esposa tiene ocho meses y medio de embarazo –el bebé nacerá en dos o tres semanas– y está aterrada. Su madre le contó historias horribles sobre el parto toda su vida y, aun así, ella quiso tener un parto natural. Sin embargo, el esposo era totalmente insensible, para él todo era una molestia enorme. Cada vez que ella le preguntaba algo, él se enfadaba y decía, en un tono de voz crítico y de disgusto: "Caramba, ¿no estás escuchando a la partera?". Este tipo de situación no es muy placentero para el ser que va a nacer, quien puede sentir literal e instintivamente tales patrones de conducta en sus padres o en otros adultos que pertenecen al círculo familiar.

El entorno que mantiene la gente en la habitación –padres y demás esperando al bebé– es muy importante. Obviamente todos deben estar en estado de alerta y bienvenida. Las situaciones que se mencionan a continuación claramente no son las ideales: todos están nerviosos; no confían en la partera y tienen la mente llena de críticas y quejas, o la madre no quiere al bebé, por cualquier razón, tal como una creencia moral (como estar en contra del aborto), o fue obligada a llegar a término y está asustada e identificada con el dolor y sus conflictos internos.

Es sumamente importante que la gente en la habitación tenga un sentimiento auténtico y una inspiración genuina hacia el misterio del nacimiento, el gran misterio de la existencia, y no simple y crudamente por este montoncito de sangre y carne que sale de otro montón de sangre y carne, sino porque un ser viviente, que está en comunión con la Fuente Divina, está consiguiendo encarnarse. El ser "recibe" subjetivamente esa comunicación y se impresiona con ella celular y profundamente.

———————

A veces la gente pregunta si debiera haber alguna ceremonia cuando nace un bebé. Yo tiendo a inclinarme por el lado de la simplicidad. Ciertamente se pueden encender velas y hacer otro tipo de rituales —como el ritual de tierra, fuego, aliento y agua, en términos de purificar al niño (todas estas formas de purificación son válidas)—, pero yo tiendo a expresar una confianza radical en lo Divino. La confianza radical en lo Divino puede incluir algún ritual mínimo, quizás una oración de bienvenida, pero no requiere de una intensa actividad ritual técnica y larga. Una oración muy simple es suficiente. (Yo no recomendaría que la partera o su ayudante dijeran la oración. El padre puede hacerlo, pero también ayuda que haya alguien más en caso de que el padre esté muy ocupado).

Lo más importante es que los padres sepan que ahora tienen la responsabilidad de un ser que necesita un entorno adecuado para crecer y que tienen que poner atención a los tipos correctos de influencias objetivas. Si el niño crece viendo a sus padres expresar una relación adecuada hacia Dios y la Vida en general, el niño también tendrá una relación adecuada hacia Dios y la Vida. Si los padres no la tienen, entonces el niño sencillamente abandonará cualquier tipo de ritual cuando sea grande; de la misma manera en la que la mayoría de nosotros abandonamos el cristianismo o el judaísmo, de una o de otra forma, tan pronto como fuimos independientes para poderlo hacer.

———————

Como entorno físico alrededor del nacimiento, yo prefiero una habitación que sea sencilla y preparada con buen gusto. Si se trata de la habitación de los padres, que es lo recomendado, no debe haber cajones abiertos, ropa colgando, cosas en las paredes, chucherías aquí y allá, ni macetas de flores en las ventanas. Si los padres son parte de un grupo espiritual, lo ideal sería que hubiera algunos de sus signos sagrados en la habitación. Esta debe ser suave y acogedora, no con papel tapiz morado y plateado, ni con espejos en el techo, etc. Yo prefiero colores suaves como verde o azul pastel (mi favorito es amarillo pálido). Debe ser una habitación en la que se practique la comunión sexual, no un espacio de constante abuso interpersonal, confusión, dificultades y crisis. (Por supuesto que, si fuera el caso, la pareja sería insensata al tener un bebé).

No estoy a favor de que se toque música, de ningún tipo –ni siquiera a bajo volumen ni suave (especialmente no electrónica ni *New Age*). Es suficiente con que la gente esté conversando, en comunión entre todos y celebrando el evento del nacimiento.

Los padres cumplen roles bien definidos durante el nacimiento. El papel de la mujer es sólo recordar lo que está sucediendo y no perderse en sus propias proyecciones subjetivas, expectativas, fantasías e imaginaciones, ya sea por placer o por dolor. La madre debe mantener claro contacto psíquico con el hijo, diciéndole, mientras sucede el parto, cosas como: "Puedo sentir que ya estás listo para salir, y eso es maravilloso, ya queremos conocerte", por ejemplo. Esta plática no tiene que ser verbal, aunque sí puede serlo. La madre necesita mantener comunicación con el bebé de una manera abstracta. Debe explicarle lo que va a suceder: "Estás coronando ahora, y quizá sientas una diferencia de temperatura. Es natural, y tan pronto como estés completamente afuera, dejaremos que te ajustes y entonces cortaremos el cordón umbilical y te colocaremos justo en mi pecho".

Obviamente la mayoría de las madres estarán muy ocupadas con el trabajo de parto para mantener este enfoque, pero pueden conservar la intención de la comunión en el contexto, y el padre puede ayudar con las formalidades del lenguaje, saludos, animación, etcétera.

El padre está ahí esencialmente para apoyar a la madre y también para comunicarse con el hijo a su propio modo. A veces las mujeres se vuelven un poco delirantes. (En ocasiones, el delirio es un éxtasis. Muchas mujeres tienen tremendos periodos de éxtasis durante el nacimiento). Ayuda mucho que el papá esté ahí para mantener el enfoque, y también, como uno de los padres, para darle la bienvenida al hijo.

¿Reclusión posparto?

En la China tradicional, la madre no deja la habitación del nacimiento hasta después de veinte días, y el niño no sale de la casa. En este sentido, yo no recomendaría largos viajes o ambientes ruidosos durante un tiempo después del parto. Sin embargo, hay desacuerdos en este punto. Algunas fuentes conocedoras proponen que se exponga al bebé, lo más pronto, a tantas manifestaciones como sea posible (ruido, luz, color, todo) y que se le comente todo (esto es, explicarle todo). Yo prefiero que las primeras dos semanas, e incluso un poco más, se mantenga al bebé en interiores, donde haya silencio y se sienta protegido, tibio y seguro. Para entonces el niño ya se acostumbró a la lactancia y se acopló a los padres; ya se ajustó a la respiración y la eliminación (hacer popó y pipí) y todas esas cosas estándares. Después, uno puede introducir gradualmente al bebé a diversas manifestaciones ambientales –luces, ruidos, colores y demás– explicándole lo que está experimentando y garantizándole continuamente su seguridad. No se trata de interpretar la experiencia del niño de una manera adulta, sino de describir las cosas objetivamente.

Cualquier cosa que pueda impactar o sorprender al niño debe explicarse de antemano. Por ejemplo, si pretenden llevarlo a la ciudad donde los autos tocan el claxon y hay otros ruidos agudos, pueden explicar: "Vamos a ir afuera, y va a haber muchos ruidos fuertes. Estás conmigo y puedes oír los ruidos y tomarlos, observarlos, pero no te amenazan directamente. No tienen nada que ver contigo. ('Lastimar' no es una buena palabra). Sólo obsérvalos, pon atención, absorbe la información". Así es como siempre deben explicarse las cosas a los niños.

Como seguimiento al parto, nada es realmente *necesario*. El mismo principio se mantiene a través de la concepción, el embarazo y el parto: sepan lo que están haciendo, estén conscientes de que el bebé es un individuo y de que él o ella está consciente y enterado. Háblenles, relaciónense con ellos; oriéntenlos hacia lo Divino, hacia una relación sana y natural hacia la vida, hacia el servicio a los demás, hacia la felicidad y la autoconfianza. Eso es todo.

Circuncisión

La circuncisión puede practicarse hasta siete u ocho días después del nacimiento, sobre todo en la situación ortodoxa. Uno o dos días después del nacimiento es normal, ya que esto es la convención médica. Yo quisiera que quien practica la circuncisión estuviera muy relajado, que supiera lo que está haciendo con las "tijeritas". La circunstancia ideal es que quien la practica entienda todo el proceso de nacimiento y circuncisión y la relación del hombre con Dios y todo eso; pero es mucho pedir.

Por supuesto, seré masacrado enérgicamente sólo por el hecho de sacar a relucir el tema. La mayoría, si no es que todos, de los proponentes para el tipo de seres naturales y conscientes, y de las prácticas saludables de parto que estamos discutiendo aquí, se oponen dramáticamente, e incluso violentamente (con razón), a la circuncisión. Digamos que debe ser una opción personal de los padres.

LACTANCIA

En su libro, *Making Sense of Suffering,* J. Konrad Stettbacher (el terapeuta que trabajó con Alice Miller,[6] autora, psicoterapeuta y defensora de los niños, en su propio proceso de sanación) da un ejemplo drástico de la diferencia entre el cuidado amoroso y el abuso de un infante y sus efectos en la psique del niño:

… Un infante está hambriento y busca a su madre, quien reacciona adecuadamente a sus necesidades… Busca y encuentra el pecho de su madre y bebe

6. Alice Miller es autora de numerosos libros. Ver una lista corta de lecturas recomendadas al final de este libro. Su trabajo es lectura esencial y fundamental para quien desea practicar la paternidad consciente.

placenteramente la leche hasta que, saciado y relajado, le sonríe. Le permite que
lo meza para dormirse. Después de un periodo de descanso, despertará y sonreirá,
buscando de nuevo a su madre con anticipación placentera.

… [En el caso opuesto, las necesidades del bebé no se satisfacen, dando como
resultado un daño a la integridad fundamental del niño]. Considerando la vulnera-
bilidad del bebé frente al mundo adulto, puede ser lastimado arbitrariamente. La
satisfacción tentativa de las necesidades del bebé —que debería ser un evento placente-
ro— se convierte, como un resultado del daño, en una experiencia dolorosa en la que
el niño no tiene los medios para descubrir sus causas. El bebé es 'todo necesidad' y
debe obedecer a este imperativo. Cada rechazo, cada negación, constituye un abuso.
Independientemente de las razones del abuso, el niño siente el daño como resultado
de su propia inadecuación.

… Un ejemplo de tal daño: un infante está hambriento. Llama, grita, pero
la madre reacciona sólo con impaciencia. Calienta apresuradamente la botella del
bebé, apenas molestándose para comprobar la temperatura de la leche, entonces,
frunciendo el ceño, agarra al niño. El pequeño, con la cara llena de lágrimas, abre
la boca de mala gana y trata de rechazar el líquido caliente sin ningún éxito…
en lugar de encontrarse con la satisfacción esperada y placentera de su necesidad,
el niño es sometido a un dolor —dolor infligido por su madre o por quien está a su
cuidado… En el futuro, tan pronto como el bebé sienta una necesidad, será presa
del miedo y tratará vanamente de escapar de la situación. Los daños infligidos en
su cuerpo y su alma dan pie a reacciones exageradas, latentes en el sistema, que
constituyen una carga y simultáneamente generan miedo constante.[7]

Las experiencias negativas abundan en la vida de todos y la psique es propensa a ser afectada por ellas. Sólo una Persona entera, arraigada por experiencias de saciedad y plenitud, puede servir como ancla
en esos tiempos. La mejor época para obtener experiencias de saciedad y plenitud es en la infancia, mientras más temprano, mejor. De
esa manera, son suficientemente elementales en nuestra preparación
básica para ser mucho más fuertes que las experiencias negativas que
encontramos después.

Esta saciedad y plenitud vienen de satisfacer nuestras necesida-

7. Stettbacher, J. Konrad. *Making Sense of Suffering* [Dándole sentido al sufrimiento].
Nueva York: E.P.Dutton, 1991, 32, 34. Ver el capítulo *Lecturas recomendadas* al final de
este libro para identificar una edición más nueva de este libro.

des en la infancia. Simple y sencillamente. Como bebé, si te cargan cuando quieres que lo hagan, te acuestan cuando quieres acostarte, recibes habitualmente atención de calidad, te alimentan cuando empiezas a buscar el pecho en lugar de tener que llorar por él, entonces es muy probable que estés básica y elementalmente satisfecho. Tienes esta experiencia inicial de que el mundo es un buen lugar y que estarás bien mantenido. Tienes sentido de pertenencia y todo está bien, y eso sirve como un ancla enorme para el resto de tu vida.

A la luz de esta circunstancia, yo continuamente me pregunto por qué la mayoría de la gente, que se supone que es consciente, no amamanta a sus hijos. Es todavía más curioso dado el grado de atención que ponen a la comida pura sin químicos… y no esto y no lo otro… que tantas personas acostumbran hoy. ¿Por qué le dan al bebé una botella y no el pecho original? ¡Los niños *pueden* decir la diferencia! El vidrio no es tu piel, no importa cuán tibia esté la leche; de eso estoy seguro. Sin embargo, esta contradicción no supone un problema para un hipócrita. Por supuesto, hay problemas fisiológicos aleatorios que hacen difícil para una mujer amamantar a su hijo, pero son pocos y muy espaciados. Los problemas predominantes son psicológicos, y no hay excusa alguna para negarle al bebé esta intimidad con la madre simplemente porque la madre es muy egoísta.

La maravilla y el poder de amamantar, y el vínculo que crea, se describe bellamente en el manual de estudio de nuestra comunidad:

El recién nacido duerme en la cama familiar y la madre o el padre lo cargan en su cuerpo cuando los padres están despiertos. Durante el día el bebé duerme y despierta al sentir el ritmo de movimiento del cuerpo de la madre, igual que lo hacía dentro de la matriz. Observa su cara y otras caras; los cambios de luz; los aromas y sonidos de la actividad humana. Su vida diaria está llena de cariño, afecto, cercanía y la estimulación de la vida que lo rodea. Cuando uno vive en un ambiente comunal, ashram o casa comunitaria, se provee al infante y al niño en crecimiento con la calidez de la comunidad humana y con una oportunidad de integrarse en el gran tejido de la vida.

La madre alimenta al bebé cada vez que está hambriento. No hay necesidad de un horario de alimentación impuesto por un adulto; el niño sabe cuando está hambriento y pide el pecho. Como el chico se carga en el cuerpo de la madre, ni siquiera tiene que llorar, sólo acaricia hasta llegar al pecho y la madre responde. Este es el principio de una relación en la que su cuidador respeta y responde a la expresión de las necesidades del bebé, más allá de que el adulto defina su realidad, dictando lo que el bebé debe necesitar y cómo debe responder.

Nosotros recomendamos que durante los primeros seis meses la madre dedique toda su atención al bebé durante la lactancia. Esto significa que la madre no lee, ni siquiera mantiene una conversación adulta extensa durante este tiempo. La lactancia es una parte íntima del establecimiento del vínculo entre la madre y el hijo, y es un periodo para que la madre esté presente sin ninguna distracción. Es una oportunidad para mirar amorosamente a los ojos del bebé, porque el contacto visual es uno de los aspectos más importantes del vínculo humano. Cualquier madre que haya prestado mínima atención durante la lactancia, habrá notado cómo la atención visual del bebé es total y fija hacia la mirada de la madre cuando está amamantando. Esta atención debe lograrse y mantenerse.[8]

Como regla general, recomendamos que el pecho se dé a demanda libre y que se permita tanto tiempo como el niño esté amamantando activamente y tanto como la madre *pueda* amamantar físicamente. Idealmente, el amamantamiento puede continuar por tres a cinco años, pero eso depende de las circunstancias, del niño, de la madre y de la salud de esta. Muchas mujeres encuentran muy difícil amamantar a lo largo de ese periodo. Cuando el niño empieza a morder el pecho y a rasguñar, aun las madres que son totalmente amorosas con su hijo y que no tienen ningún interés en acortar esta actividad perciben que el amamantamiento puede ser sumamente intrusivo. Como el niño siente intuitivamente que los pechos de la madre son de su pertenencia y puede hacer lo que quiera con ellos, es necesario fijarle límites apropiados. Un niño puede acostumbrarse fácilmente a ser amamantado con delicadeza y sensibilidad. (*Negarse a amamantar al niño* no es un límite, es un castigo para el bebé, aunque el adulto no lo haga con ese propósito). Si el chico está mordiendo el pecho, el tratamiento más común y tradicional es torcerle la nariz muy fuerte, y después de un par de veces no volverá a hacerlo. No defendemos este método. En su lugar,

---

8. *Hohm Sahaj Mandir Study Manual, Volume II: A Handbook for Practitioners of Every Spiritual and/or Transformational Path* [Manual de estudio Hohm Sahaj Mandir, Volumen II: un manual para practicantes de cualquier camino espiritual y/o transformacional]. Prescott, Arizona: Hohm Press, 1996, 99-100.

la madre puede hablar con su hijo y decirle: "Sabes, eso me duele. Puedes morder tus juguetes o tu patito de hule o una zanahoria…". Y el chico aprende bastante rápido. Sin embargo, cada vez que al niño le salga un nuevo diente, lo querrá probar. Cuando el proceso se repite con frecuencia, es comprensible que la madre se sienta personalmente amenazada o victimizada.

Muchas mujeres querrán dejar de amamantar más pronto por varias razones. Algunas se sienten apenadas en público, pero esa es generalmente la última de las razones. Con más frecuencia, la decisión se toma porque amamantar emplea una enorme cantidad de energía, la mujer puede necesitar comer grandes cantidades de comida y estará hambrienta muy seguido, lo que provoca una neurosis psicológica alrededor de la comida. La privación del sueño puede ser otra razón. Para las madres con suerte, el bebé aprenderá naturalmente, y a veces muy rápidamente, a dormir toda la noche, como los padres. Pero a veces los niños no aprenden y la madre puede sentir que es muy demandante que el niño se despierte frecuentemente durante la noche para amamantar.

Debido a su salud física, una de las madres de nuestra comunidad tuvo que dejar de amamantar cuando su hijo sólo tenía dos años. El doctor le dijo: "Si sigues amamantando, tu cuerpo se va a debilitar a tal grado que será peligroso para tu salud". Esta madre tenía problemas internos de salud desde que era niña, además contrajo hepatitis en la India y nunca sanó completamente. Amamantar era más de lo que su cuerpo podía soportar físicamente.

Si la madre está saludable y *puede* amamantar, pero *no lo hace* — porque tiene un trabajo y necesita detener el flujo de leche, o porque es inconveniente, o cualquier otra razón–, el bebé lo sentirá y limitará su rango de experiencia sensorial al rango del de su madre, en lugar de mantenerse abierto y vulnerable, que es lo que un niño normalmente hace. Por lo tanto, el pequeño comprometerá su vida emocional y acabará incompleto y atrofiado en su habilidad para expresar sus sentimientos. Sin embargo, si una madre tiene problemas físicos y *no puede* amamantar, el bebé lo sabrá instintivamente y el ajuste será más natural y libre de trauma.

Cuando los niños crecen, les es más fácil comprender que hay ciertas circunstancias en las que amamantar a demanda libre no funciona —en un autobús público o en los restaurantes, por ejemplo, en los que la negatividad de la gente observando es contraproducente a la bondad de la experiencia del niño de amamantar a solicitud.

Amamantar es muy reconfortante. Un pequeño querrá ser amamantado cuando hieran sus sentimientos, esté avergonzado o apenado, o se haya lastimado físicamente. No siempre es fácil amamantar en esas circunstancias. No obstante, aunque hayamos definido límites claros y apropiados, es importante anteponer la salud del niño en su conjunto a nuestras pequeñas incomodidades.

Mi experiencia: cualquier cosa que perturbe la seguridad del infante en relación con el alimento o la comodidad, es comprendida por su instinto como una amenaza literal a su supervivencia. Por ejemplo, si eres una madre amamantadora y tomas una ducha mientras tu hijo duerme, si despierta y empieza a llorar, tú sabes (como adulto) que si no lo amamantas en media hora, no morirá de hambre. Sabes que estará bien, pero el niño no lo sabe. Él empieza a sentirse amenazado cuando tiene hambre y no se le alimenta inmediatamente. Como adulto puedes decir: "Dame un respiro. No puedo estar amamantando al niño cada quince minutos, cada vez que empieza a lloriquear". Pero cuando tiene hambre y no es alimentado, un niño supone instintivamente (no intelectualmente) que morirá. Por supuesto, hay una diferencia mayor entre el hambre física real y el deseo de ser amamantado como una forma de consuelo emocional. Si un niño es amamantado cada vez que tiene hambre física, no estará traumatizado, ni medianamente, cuando se le fije el límite de no ser amamantado sólo por seguridad emocional. Una vez que crezcan y conozcan mejor los aspectos relativos de su mundo, comprenderán claramente los límites sociales justos y correctos. Pero si de pequeños se les negaron las formas de amor y afecto que les permitirían sentirse tácitamente amados y seguros, tendrán una reacción habitual inconsciente hacia los límites, y esta reacción invalidará cualquier inteligencia racional que pudiera aplicarse bajo circunstancias más saludables.

¿Qué pasa a continuación? El niño llora durante media hora pensando que se va a morir, luego de pronto lo alimentan. Así que, aunque el pequeño instintivamente sentía que se iba a morir porque no lo alimentaban cuando el quería, de alguna manera, obviamente, todavía sigue vivo. Ha sobrevivido. Es el comienzo de la estrategia de supervivencia –el principio del programa–: "Tengo que hacer esto para conseguir satisfacer mis necesidades". [Nota del editor estadounidense: Este escenario refuerza lo que Stettbacher mencionó anteriormente. Aunque está basado en la opinión del autor, también lo comparten muchos psicólogos modernos. Para nuestros propósitos, es vital apreciar la conexión esencial entre las experiencias tempranas de alimentación y el desarrollo psicológico emocional del ser humano. Las implicaciones de la estrategia infantil de supervivencia se cubrirán en el capítulo siguiente, cuando nos enfoquemos en la necesidad de amor y atención].

Cómo detenerse, conscientemente

Cuando una mujer tiene cierta idea de cuándo dejará de amamantar, o cuándo el niño dejará de dormir en la cama o en la habitación de los padres, ellos pueden empezar con anticipación a preparar al infante para la transición. Por supuesto, hay diferentes puntos de vista sobre cómo detener el amamantamiento.

Los padres de una niña que fue amamantada hasta los cinco años, empezaron a prepararla cuando ella tenía cuatro años y medio. "Cuando tengas cinco dejaremos de amamantarte", decían, y cada vez que lo decían, ella contestaba: "No, eso no pasará". Pero cuando cumplió los cinco, no dio ninguna pelea. Lo mismo sucedió al cambiarla de la cama familiar y pasarla a su habitación propia. Los padres dijeron: "En unos meses tendrás tu propia habitación…". Uno se imaginaría que esto sería grandioso para la niña, pero ella decía: "No quiero mi habitación propia". Sin embargo, otra vez, cuando fue el momento de pasarla a su propia habitación, no hubo ningún problema, porque los padres lo habían previsto: "Estás creciendo. Serás una niña grande. Las cosas cambian cuando creces; cambian las circunstancias". En ambas instancias, se le explicaron las transiciones en términos de qué tan fascinante era ir creciendo y aprendiendo nuevas cosas, como si dejar de amamantar fuera una gran aventura, y cambiarse a su propia habitación, un regalo de responsabilidad. Esto permitió que la transición fuera digna y libre de peleas y dificultades.

En conclusión, debemos enfatizar, una vez más, que el amamantamiento es una parte del programa biológico, tanto para la madre como para el hijo. Por supuesto, la diferencia está en que el niño es inocente, instintivo y sencillo. Para él, el hecho de ser privado de esta necesidad –con la salvedad de que la madre no pueda físicamente amamantar– se traduce en ser rechazado y abandonado. Un infante no tiene la sofisticación intelectual para razonar la psicología neurótica de la madre. Un niño no tiene otro recurso sino ponerse una armadura en contra del dolor del rechazo, reprimiendo sus sentimientos y adaptándose a la situación que, en diversos grados, dependiendo de la salud o falta de ella del resto de la familia, siempre produce una aberración en su comportamiento adulto o en su curso natural de crecimiento. Para la madre, cuando la mujer es adulta, su propia psicología compleja ya tomó firmemente su lugar, y el inmenso volumen de directivas neuróticas inconscientes hace muy difícil y peliagudo el proceso de seguir sus imperativos biológicos. La resistencia de una madre a amamantar (cuando hay resistencia) no es fácil de vencer, aun al afrontar el conocimiento de que, al negar esta intimidad a su bebé, puede debilitarlo de diversas maneras para toda su vida. Es casi como si no pudiéramos ver que nos negamos a reconocer su viabilidad. Pero tenemos que enfatizar otra vez la importancia de amamantar para el vínculo madre-hijo, y para la salud total de autoimagen y autoconfianza en todas las etapas de la vida del niño, del adolescente y del adulto. Negar al niño y a los padres de cualquier elemento de programa natural y orgánico de desarrollo, es limitarlos de manera profunda, a veces sutil y a veces flagrantemente. Consideren esto muy ampliamente, pues la salud de su hijo o sus hijos puede depender de ello.

Capítulo 3

Suficiente y nunca suficiente
Sobre el amor, el afecto y la atención

lice Miller describió alguna vez la infancia de un individuo en una ciudad en la que había terremotos —donde los edificios se caían y la gente salía lastimada. Literalmente, el mundo del niño se sacudió, pero él salió intacto e ileso psicológica y emocionalmente, porque tenía un ambiente familiar seguro. El punto es que no hay sustituto para una infancia fundamentada en una familia amorosa, unida y afectuosa, aunque mucha gente trata de compensar la carencia de esta en su vida acumulando poder, territorio, fama o "posesiones", como si la verdadera seguridad se pudiera encontrar en tales dominios fugaces y efímeros. De hecho, mucha gente colecciona "amor" como si fuera una cosa en sí misma, y como si teniendo una gran cantidad de eso (a través de hijos, amantes, romances, etc.) creara la seguridad primordial.

Quiero compartir con ustedes una historia que hace una analogía importante de la necesidad de mostrar amor y afecto a nuestros hijos. Hace algunos años buscábamos una propiedad en el Oeste, y preguntamos al dueño si había minas en el terreno. Él entendió inmediatamente que estábamos preocupados por un posible peligro para los niños.

"Hay dos minas abiertas en la propiedad, como de diez metros de profundidad —dijo. Algo curioso sucedió una vez; uno de mis hijos no podía encontrar a su perro, el cual estuvo perdido por un largo tiempo". Siguió contándonos que durante dos meses todos supusieron que el perro se había internado en los bosques y algún felino lo había matado −un puma o algo parecido. El hombre iba caminando un día por su propiedad y encontró al perro que había caído en el pozo de diez metros y no podía salir. ¡Sorprendentemente el perro estaba vivo después de dos meses! Flaco, muy flaco, pero vivo todavía.

Rescataron al perro: lo sacaron, lo llevaron a casa, lo alimentaron y cuidaron, y recuperó su salud. El problema fue que hubo una gran diferencia entre el perro antes y después de que cayera en el pozo. Después de la caída, cuando recuperó su salud y se sintió más energético, empezó a matar a todos los pollos del lugar −cualquier cosa que pudiera agarrar y matar. Tuvieron que deshacerse del perro. No pudieron hacer otra cosa. El animal atacaba todo lo que fuera comestible.

Cuando el perro estaba en el pozo, sobrevivió básicamente del agua de lluvia y quizá de algún roedor que hubiera caído; no había nada más ahí abajo. Entonces desarrolló una disposición de escasez −puramente instintiva, por supuesto; no de la manera que lo hacen los seres humanos con toda su complejidad asombrosa. Después de la experiencia del pozo, donde no había suficiente comida, todo lo que tuviera que ver con comida, aunque el perro no tuviera hambre, lo deseaba de una manera completamente esencial. Se podría decir que el perro se volvió loco. Todavía era una mascota (aún era amable con la gente con la que vivía), sólo tenía esta disposición de escasez −nunca esta suficiente. Podía comer y estar lleno, pero de una manera instintiva nunca podía reunir suficiente comida. Entonces mataba a los pollos, aunque no se los comiera, como respuesta instintiva a un hambre que estaba en su memoria, en sus células, aunque no estaba activa en el tiempo presente. No le hacía ninguna diferencia al perro.

Es sorprendente que los humanos, como seres pensantes, auto-reflexivos e inteligentes, hagan la misma cosa. Qué tan seguido, en algún momento de nuestra infancia, pasa algo que nos da esta sensación de escasez. Y como adultos, aun cuando las condiciones de escasez son irreales, actuamos como si fueran reales, aquí y ahora.

Hay dos disposiciones básicas que tienen los seres humanos: se sienten queridos o no queridos. Los niños saben que son amados, o que no lo son con los sentimientos concomitantes de falta de valorización, inutilidad, inseguridad, o de ser malos, víctimas, etc. (Si en los primeros dos años de vida de los niños ellos saben que son amados, podemos darnos un respiro de alivio, aunque después peleemos con ellos "con uñas y dientes"). Por supuesto, este conocimiento de ser amado o no amado se convierte muy rápidamente en un factor inconsciente de motivación, y es tan total, tan penetrante, que descubrirlo como adulto es sumamente difícil, aun a través de terapias u otros medios. Es como invalidar nuestro programa de vida entero, y la resistencia a esto, como pueden entender, es abrumadora.

Nos sucede a todos: si como niños fuimos amados, esencialmente tenemos un sostén en la vida, una estabilidad que no requiere prueba o refuerzo. Sólo es. Tendremos el estrés habitual de crecer y las neurosis inevitables, pero tales cosas se enfrentarán y se tomarán con calma. No nos descarrilarán. El entorno puede ser un gran factor, y todo el aspecto del condicionamiento del consumismo y muchas otras influencias nos pueden afectar; no obstante, ¡tenemos algo que es crucial! Los niños tendrán respeto a sí mismos, creatividad, confianza y capacidad si *saben*, si sienten, que son básica y esencialmente amados como son, por lo que son, libres de las exigencias y expectativas de los padres para ser otra cosa que lo que son.

Si los niños no se saben amados, o se sienten no amados (lo que es epidémico en el mundo de hoy), entonces toda su vida intentan encontrar amor desde la posición de escasez, como aquel perro. Como adultos, obviamente no actúan de la forma irreal o esencial como lo hizo el perro, pero este es su condicionamiento. Como seres humanos inteligentes, son capaces de considerar lo que este tipo de conducta puede significar para aquellos con quienes viven; o su potencial efecto hacia su jefe, para que puedan mantener su trabajo, y todo eso. Pero inconscientemente buscan amor desde una posición de escasez y carencia, y esto se refleja en un número infinito de idiosincrasias y peculiaridades, así como en distorsiones de la personalidad.

Comúnmente, una niña que se siente no amada chocará con su padre, y siempre se relacionará con los hombres de una manera que indica que ella nunca tiene suficiente amor. "No me pones suficiente atención", o: "No gastas suficiente dinero en mí", o bien: "No me quieres lo suficiente... no estás interesado en mi vida... no te importan mis sueños". Siempre hay algo. Si es un niño el que siente que no ha tenido suficiente amor, a menudo choca con su madre, y como adulto se convierte en uno que va de mujer en mujer, siempre sintiendo el hueco del desamor, siempre sintiéndose malentendido y nunca suficientemente amado, actuando hacia las mujeres como si ellas fueran sus madres, en lugar de ser consideradas como iguales. Obviamente ambas situaciones pueden convertirse en aberraciones sexuales leves o severas. Cuando un niño siente que no es amado, es muy difícil manejar el vacío que siente siempre, inconscientemente y a veces conscientemente también, porque eso es lo que los seres humanos necesitamos más: necesitamos amor, no en el sentido de una relación de pareja, o suficiente sexo, o muchos elogios, sino una forma de amor confiable, tangible, perdurable de forma profunda, confortable, conocida.

Este amor es evidente en las culturas en las que la gente depende de la seguridad de la familia, como las culturas nativas o indias. Entre los menos privilegiados en estas culturas, con frecuencia varias familias viven en la misma casa en tan sólo unas cuantas habitaciones, y de hecho, estas grandes familias extendidas pueden ser la única seguridad que el niño tiene en su vida. Hay una diferencia real en la clase de cercanía que la gente tiene en estas situaciones. Puede haber una sensación de escasez que se aplique a la comida si están hambrientos, o a alguna otra cosa, pero no al amor.

Algunos de ustedes pueden haber sentido esa clase de amor perdurable, pero es poco común en Estados Unidos. Quizás alguno de ustedes con familias fuertemente étnicas sintió ese amor, debido a la profunda vinculación y al compromiso del clan de la familia extendida. A lo mejor no lo pueden sentir con su madre y padre, o entre hermanos, pero cuando toda la familia se reúne –tías, tíos, abuelos– y hay un montón de calidez, afecto, humor y aceptación, entonces pueden sentirlo. Es palpable, y es un placer estar en dicha compañía. Idealmente, ese amor no debe ser relegado sólo y exclusivamente a las relaciones sanguíneas, aunque solemos tener ciertos sentimientos por los parientes sanguíneos que no tenemos por otras personas. Sin embargo, si logramos tener esta vinculación con cualquier grupo, esto se vuelve en una verdadera comunidad.

La ecuación mortal

Muy temprano en la vida, probablemente a unos cuantos meses de edad, empezamos a darnos cuenta de que los objetos de nuestro amor y atención incondicionales pueden corresponder a ese amor o negarlo. La condición de escasez, este sentimiento de que el amor no fue suficiente o de que nunca recibimos suficiente, surgió cuando ese amor nos fue negado. Esto es siempre un gran impacto, porque para el infante es inimaginable. El niño no tiene opción: amar o no amar. El niño sólo puede amar, y así lo espera de los demás. Pero cuando un adulto no quiere al niño, el efecto es tan devastador que da como resultado una forma de retraimiento o de "cerrazón". Por supuesto, generalmente la negación no se da a propósito, con intención. Nuestros padres *trataron* de amarnos. *Pensaron* que nos amaban. Pero eran muy egoístas o inconscientes para darse cuenta de que las acciones que ellos pensaron insignificantes, en realidad eran formas de manipulación agresiva, abuso y desamor hacia el niño (como, por ejemplo, reírse de algo que a ellos les pareció chistoso, pero que para nosotros, como infantes, era terriblemente serio).

El sentimiento que nosotros percibimos de ese trato inconsciente fue algo así como: "Esto es muy doloroso para ser *amor*, por lo tanto no lo es. Y si no lo es, entonces yo no soy amado". Pero también notamos que hubo algo que funcionó, en el sentido de conseguir la atención de nuestros padres. Quizá cuando limpiamos nuestras manos sucias en la blusa blanca de mamá, papá se rio, y sentimos que esto fue una respuesta positiva hacia *nosotros*, a nuestro ser literal. Entonces nosotros equiparamos este "reconocimiento" con amor y nos esforzamos en recrearlo. Cuando la siguiente vez obtuvimos una respuesta negativa de mamá (a veces el niño hace algo inocente y espontáneamente que es simpático, adorable y atractivo, pero que se convierte en artificial y falso cuando se repite con intención o propósito), nos confundimos y sentimos lastimados, reforzando nuestra defensiva, nuestra cautela y este sentimiento de desamor.

Como adultos ahora, tenemos que ser responsivos hacia nuestros hijos en nuestra paternidad. Podemos tratar de ver sus vidas desde *su* perspectiva de desarrollo, y de esta manera evitar darles este problema de escasez. A veces pasaremos por alto cosas que no hubiéramos querido pasar por alto, pero si ponemos atención temprano en su vida, las recompensas valdrán cualquier sacrificio que tengamos que hacer, cualquier cambio que tengamos que efectuar en nuestra conducta inconsciente y en nuestras actitudes no examinadas. Lo mejor que podemos dar a un hijo –más importante que una educación formal– es el conocimiento de que son amados, queridos, gozados. Si durante los primeros dos años de la vida de un hijo tenemos que matarnos de hambre de alimento adulto (metafóricamente hablando) para darle a ese hijo la forma correcta de atención, ¡entonces hay que morir de hambre!

Para dar un ejemplo práctico: muchas madres que cuidan a sus hijos con este tipo de atención, están tan hambrientas de un respiro, sin la presencia constante del hijo (especialmente si tienen una cama familiar que permite al niño dormir con sus padres, y que significa una compañía de casi veinticuatro horas), que están tentadas a ignorar al niño o a negarle su presencia amorosa, afectuosa, por una o dos horas (o cinco minutos) sólo para tener una conversación tranquila, ininterrumpida con su compañero o su amiga. Anteponer nuestras necesidades imaginarias por encima de las necesidades reales e imprescindibles de nuestros hijos no vale el precio. Cuando un niño tiene que gritar "mamá" una y otra vez para conseguir nuestra atención, debe quedarnos claro que dejamos fuera al niño, que estamos en un trance, sin responder a las necesidades del pequeño porque sentimos la necesidad de atendernos a nosotros mismos y nuestras ansias por encima de las del infante.

Los niños necesitan y quieren límites firmes y justos. Dentro de ese contexto, también necesitan cantidades abrumadoras de atención amorosa y exclusiva. Esto es lo que permite que desarrollen autoestima, autoconfianza y confianza en los demás.

Preparar a las incomodidades de la vida

Un niño que es querido adecuadamente durante el primer año de su vida, es un ser humano suficientemente grande para ser capaz de asimilar, responder y ajustarse a las muchas circunstancias negativas de la vida. Por otra parte, un niño que no se siente amado, generalmente está dispuesto a tomar todas las situaciones negativas como reflejo directo, o como prueba, de que no es amado y no es digno de amor, y tomará tales circunstancias como si fuera atacado personalmente, más que responder directamente a la situación con claridad y creatividad. Los sentimientos de desamor generan reacciones inconscientes, ciegas, habituales, en lugar de respuestas sólidas, inteligentes y objetivas. Por ejemplo, ¿por qué siempre hay unas cuantas personas capaces de integrar un impacto horrible de lo que ven o experimentan (aun en circunstancias de guerra) y, como resultado, ser aún más humanas? Mientras que hay otros a los que tal experiencia los vuelve locos; los hace seres humanos más violentos, enojados y siniestros que antes. ¿Puede tener que ver con sentimientos de auto-valorización inculcados en la infancia? Por ejemplo, en los terremotos de la Ciudad de México, la India e Italia hace unos años, hubo de diez a treinta mil muertos. En tales situaciones, el que quedó vivo tiene que observar sufrimientos extraordinarios y ocuparse de ellos. Idealmente, uno quisiera servir ayudando a la gente, brindando a quienes perdieron sus casas un lugar para quedarse, alimentos o cobertores. Nuestra capacidad de servir de esta manera, o de derribarse o caminar pasmado y abatido, dependerá de cómo fuimos amados de niños.

En los primeros años de vida de un niño, hay miles de incomodidades: fiebres, pañales húmedos, ruidos fuertes en el entorno; los padres pueden pelear, los compañeros de juego pueden hacer cosas desagradables o actuar de manera muy agresiva. Aun con los mejores padres, siempre habrá trastornos para el niño. No importa qué tan atenta esté la madre, habrá momentos en los que esté fuera de la habitación cuando el hijo la busque y empiece a llorar. Pero si el contexto general de la vida del niño es de seguridad y amor, entonces las incomodidades serán un tema aparte, fácilmente asumidas por el niño en una actitud de autoconfianza y auto-valorización. Por supuesto que, por naturaleza, habrá niños más vitales, más fogosos que otros, por lo que no podemos esperar que siempre enfrenten todas las molestias con manifestaciones externas de paciencia y serenidad sin fin. Sin embargo, en conjunto, la respuesta interna del niño *puede ser* suficientemente grande, sin divisiones profundas ni alteraciones por el estrés y las tensiones de la vida cotidiana.

Si tuviéramos la seguridad de sentirnos sin ningún problema, tácita e incondicionalmente amados, no sólo tendríamos la capacidad de aguantar cosas que no tienen nada que ver con nosotros o cosas frente a las que no podemos hacer nada (como congestionamientos de tránsito o ser despedidos de un trabajo), sino que también podríamos intercambiar las molestias en confort (esto es, sustituir la incomodidad por una situación más viable o más confortable, y viceversa, si esto nos fuera útil), cuando fuera socialmente relevante. Por ejemplo, cuando se visita a los suegros (con o sin el nuevo bebé), quizá tengamos que soportar circunstancias que sentimos sumamente incómodas —como tolerar el discurso negativo de los suegros, o su lenguaje negativo hacia la vida, su agresividad física o psíquica, o su manera abusiva de avergonzarnos. (Por supuesto, nuestros suegros pueden ser las personas más amorosas, como pueden serlo nuestros propios padres o nuestros colegas. Desafortunadamente, esta misma gente no necesariamente entiende la manera en la que nosotros sentimos que es importante estar o hablar con un hijo). En cualquier caso, esta circunstancia presenta una necesidad razonable en la que deseamos intercambiar la inconformidad por confort. Si tuvimos esa seguridad como niños, seremos capaces de hacerlo fácilmente y con gran diplomacia. Sacaremos lo mejor de ello. Si no tuvimos esa seguridad, sería casi imposible.

Los horrores del "amor" condicional

Mucha gente que siente desamor básico ha desarrollado inconscientemente un mecanismo con el que se *imagina* amado si cumple ciertas condiciones. Estas condiciones serían las que sus padres usaron como soborno (o chantaje) para ganar afecto o atención (que un niño no amado, en su desesperación, equipararía con amor). Un ejemplo puede ser el de un padre o madre que estableció una expectativa (explícita o no, pero muy cargada) de que su hijo fuera un prodigio musical o artístico, o de que tuviera las más altas calificaciones en la escuela. Es muy probable que tal niño equipare las expectativas/deseos/demandas del padre o madre con la condición necesaria para ser amado (o para conseguir amor). Esta neurosis condicionada continuará a lo largo de la vida si no se le examina, se le reconoce y se le trata, y motivará las decisiones, acciones y respuestas de la persona a varias situaciones.

Eso es exactamente lo que sucede en Bosnia, donde se ha forzado a los niños a un molde de definición cultural y no se les ha permitido ninguna individualidad en su expresión. El odio racial entre los musulmanes, los serbios y los cristianos no se puede razonar en una discusión sensata. Esa gente no tiene una individualidad, sólo puede reaccionar ciega y violentamente bajo el efecto de una psicosis de masas. Cuando el gobierno comunista regía el país, la psicosis religiosa estaba incluida en la psicosis política de las masas. Pero una vez que el gobierno se fue, tenemos lo que tenemos hoy. Lo mismo es verdad con los camboyanos que asesinan a los vietnamitas. No hay una excepción social, cultural o religiosa a la física de la psicología y la consciencia humanas.

Un ego rígido no es capaz de participar en el proceso creativo. Cuántos de nosotros nos hemos encontrado participando en un proceso creativo, entrando en un territorio previamente desconocido (ciertamente esto se aplica, en principio, a la vida espiritual, en un nivel diferente), y nos hemos descubierto atemorizados, literalmente asustados de que no seríamos capaces de regresar. Sin embargo, este es el punto: si nos entregamos a nuestro arte o a nuestro amante, o a lo que sea, "nosotros" no regresaremos. Habremos sido alterados, cambiados, transformados, habremos crecido como seres humanos, a veces de manera inconmensurable. Pero la mayoría de las personas están tan aterrorizadas de "no regresar", que no se dejarán caer en oportunidades tan brillantes. Un ego seguro se da cuenta de que no se perderá (en el sentido de ser disminuido o de volverse loco), porque no hay peligro. Un ser humano maduro puede permitirse caer en un romance amoroso, en profunda intimidad o vulnerabilidad. Obviamente, cuando la persona completa está entrando en relación con lo Divino, una relación en la que la persona será consumida, existe el hecho de que mientras más seguro sea el ego, más deseosos estamos de permitir que la Influencia Divina haga lo suyo con nosotros, por decirlo de alguna manera. Mientras más rígido el ego, hay, comprensiblemente, más desconfianza. La rigidez está causada por proyecciones, expectativas, discriminación, etcétera.

Trascender el des-amor

¿Has escuchado alguna vez a un niño gritar: "Quiero a mi mamá"? Como si el niño supiera *verdaderamente* lo que está pidiendo.

Nunca en la historia de la humanidad un niño le ha dicho a su mamá "Te quiero a ti", sabiendo conscientemente lo que decía. ¿Cómo podría un niño tener un concepto tan verdaderamente sofisticado o refinado? Generalmente, un infante bajo tales circunstancias quiere confort, seguridad, un límite firme y justo, o ayuda para "mostrar poder" ante otro niño u otro adulto (además de mamá). Por supuesto, nunca podremos convencer a un niño de lo que *verdaderamente* quiere, hasta que tenga treinta y cinco o cuarenta años. (Serán todavía niños a esa edad, pero tendrán algo que es mucho más susceptible a un tipo diferente de convicción, lo cual es afortunado para todas las formas de desarrollo o transformación propia, la sanidad del mundo y la continuación de la raza humana). La realidad es que quieren saber *quiénes son*; pero en términos psicológicos, quieren tener la capacidad de sentir amor. Desafortunadamente, nada en la bolsa usual de trucos de la psique puede producir esto después de que el desamor tomó el control, ni siquiera un montón de amor bueno y genuino. Un montón de amor confiable y de respeto genuino y reconocimiento *pueden comenzar* a reparar la grieta, y eso es importante, aunque no logran hacer la diferencia completamente. Sólo la "re-programación" de las elecciones de vida de desamor de la niñez es capaz hacer la diferencia total.

Toda nuestra terapia y la increíble cantidad de trabajo sobre nosotros mismos tienen como objetivo llegar al punto en el que decidimos que no éramos amados para retomar la decisión de otra manera. La mayoría de la gente nunca hará esto —no tiene la paciencia, la fortaleza o las agallas suficientes. Las pocas personas que lo logran es gracias a las terapias que han tomado y los han empujado a esto, y también se les ha tomado como ejemplo para otros: "Mira, tú también puedes hacerlo". Pero la mayoría de la gente *no puede* hacerlo porque se requiere tal tenacidad, compromiso y voluntad para viajar con inflexible honestidad hacia sí mismo, a través del dolor y la soledad, que la persona promedio no persistirá. La mayoría ni siquiera empezará.

No sentirse amado puede aminorar el trabajo espiritual, si uno está involucrado en tales cosas. Puede ser sutil, pero si uno es verdaderamente serio acerca del trabajo de transformación, no quiere ni siquiera interferencias sutiles. Para algunos, no sentirse amado es un obstáculo del que se tiene que ocupar y quitar del camino como un paso fundamental, nada más. (No hay necesidad de embellecerlo o exagerarlo). Es útil tener una actitud así: "Este sistema de creencias intenta desviar todo hacia su propio uso, su propia visión. Tengo que quitarlo del camino, porque entonces, necesariamente, podré tener más integridad en relación con lo Divino".

El sentimiento de escasez *puede* ser trascendido al darse cuenta de que no hay escasez, ya que todos tenemos un punto de referencia para la comunión con otro ser humano. Y aunque es cierto que las personas son invulnerables, resistentes, territoriales, protectoras, defensivas, etc. (podríamos dar una lista entera de las tendencias que la gente expresa para evitar la comunicación básica y clara, y ni se diga la comunión), porque temen resultar lastimadas y que se aprovechen de ellas, ser victimizadas, abandonadas —las cosas estándares comunes—, aun así, todavía existe este punto de referencia para la comunión. ¡Definitivamente! Aunque no nos sintamos amados ni dignos de ser amados, al mismo tiempo *nosotros hemos amado*. Los hijos *aman* a sus mamás y papás y hermanos y hermanas y tías y tíos, y a todo el mundo y a todo —gatos y plátanos y truenos…. Entonces sí tenemos un punto de referencia para la comunión profunda. Pero puede ser que no tengamos un punto de referencia para la *respuesta* apropiada al amor o a la comunión cuando viene hacia nosotros. ¡Puede ser que estemos bloqueados por nuestro impulso obsesivo, generalmente compulsivo, de conseguir la misma cosa que no creemos tener cuando ya la conseguimos en realidad! Tenemos un punto de referencia para un tipo de comunión en un sólo sentido, y no nos damos cuenta de que puede ser una calle de dos sentidos. Lo que *podemos* hacer es dar por amor, sin saber si nos va a regresar (y generalmente sin creer que, de hecho, *puede* regresar). Por eso algunas personas luchan muy duro con este trabajo de convertirse en verdaderamente humanos. No creen que son dignas de amor; que son, de hecho, amadas. No lo digo intelectualmente. Uno no se sienta y dice: "No soy digno de amor". Lo digo fundamentalmente. No *sabemos* que somos amados, y es muy difícil hacer este trabajo cuando esta actitud impregna todo; porque aun cuando la gente nos ama, estaremos agradecidos y vulnerables, sintiendo algo… un destello de la realidad… pero todavía tendremos dudas y sospechas. "¿Es real?, ¿puedo *confiar* en esto?"

Demonstrar el afecto

Es natural para mí observar muy de cerca a los padres con hijos —mucha de mi inspiración para escribir viene de observar la dinámica entre adultos y niños. Hay un fenómeno común evidente cuando los padres, o tías y tíos, dicen a los niños chiquitos: "Vengan a darle un abrazo a mamá", o "Ven a darle un abrazo a tu tío Juan", o cosas por el estilo. Algunas veces a los niños *les gusta mucho* dar abrazos y besos a la gente que aman, y derrochar atención y afecto a la gente cercana. Algunas veces, simplemente no les gusta.

Tales respuestas de los niños son excepcionalmente agradables porque ellos son tan inocentes. Cuando un pequeño nos acaricia, sin que lo hayamos solicitado, sabemos que es real. (A veces esta expresión dura hasta la adolescencia). Cuando un niño abraza a su mamá o su papá con toda su fuerza, es totalmente genuino, no una cosa de protocolo de "beso en la mejilla", que hacen cuando es lo que se espera y para lo que han sido entrenados, para satisfacer las expectativas de la sociedad educada.

Yo era tan despreocupado que cuando mi primer hijo venía y me abrazaba con todo su entusiasmo, gozo, alegría y fervor, como hacen los niños, me desorientaba. Ese tipo de afecto espontáneo es completamente salvaje, y yo era una persona rígida. Así son los niños. No te acarician de la misma manera como lo hacen los adultos, desesperadamente, por necesidad y por dolor. Sólo correrán en una explosión de afecto, te darán un abrazo y saldrán corriendo. Sin problema y sin motivo ulterior.

A veces me parece triste y también desafortunado el hecho de que raras veces confiamos en nosotros mismos lo suficiente como para disminuir nuestras expectativas y dejar a los niños ser espontáneos con su afecto hacia nosotros. Si nos ponemos a pensar en nuestras muestras de afecto, aunque estemos incesantemente enamorados de alguien, no lo acariciamos *todo* el tiempo. Hay momentos en los que nos tocamos, y momentos en los que estamos profundamente involucrados en una tarea de trabajo, o consumidos por una distracción fascinante. No quiere decir que no amamos a nuestra "pareja" en esos momentos, sino que estamos siendo espontáneos hacia nuestros seres queridos de una manera que no es *directamente* ofreciéndoles atención (que siempre es tácita, siempre es sólo brillando y burbujeando bajo la superficie). ¿No deberíamos dejar a los niños que tengan la misma libertad?

A veces, incluso los adultos sensibles e inteligentes no permiten el espacio a los niños para expresar su amor a su propio paso, a su manera propia:

"¿Dónde está mi beso de esta mañana?", dicen mientras el niño sale a jugar.

"¡Oh! es verdad, se me olvidó", contesta el niño, corriendo a cumplir su deber.

La mejor manera de animar a los que queremos a que expresen su afecto espontáneamente, es expresándolo así nosotros mismos.

Para los niños, toda esta dinámica de "dale un abrazo a mamá" es un indicativo de nuestra tentativa para estructurar *nuestro* entorno para atender *nuestras propias* inseguridades y *nuestras* estrategias de supervivencia. Estructuramos nuestro entorno separando cada evento, y luego tenemos una respuesta automática para cualquier circunstancia concebible. Sería mucho más enriquecedor para nosotros ser más espontáneos y genuinos, permitir al universo o a la vida desplegarse de acuerdo con *su* inercia, en lugar de tratar de jugar a ser Dios.

Los niños pueden acostumbrarse a darse cuenta de que la calidez, el amor, el afecto y la atención pueden estar totalmente presentes en una mirada, una caricia, un vistazo o un abrazo. No tiene que haber una inmersión constante y abrumadora ni un nivel burdo de atención. Es muy importante comunicarles esto. De otra manera, cuando tengan nuestra edad y se enamoren, cada momento insignificante de falta de atención de su pareja parecerá una señal de que él o ella están poniendo atención a alguien o algo más, y que no los quieren. Tal persona tendrá una atención intensa y obsesiva sobre su amante, porque tienen que saber constantemente que son amados. Están siempre lloriqueándole a su pareja de manera silenciosa (o hablada), rogándole que les den retroalimentación constante en gestos físicos actuados que indiquen que los aman o que se preocupan por ellos. Tal inseguridad y tensión no ofrecen la disposición más agradable para vivir.

El destructor más grande del amor es esa necesidad desesperada y frecuentemente agresiva de ser reconocido todo el tiempo, esa necesidad de colgarse y aferrarse. Los niños tienen que aprender que la comunicación se logra con algo más que una larga diatriba o monólogo, o que un abrazo de veinte minutos o que cuatro horas de jugar con dados sin parar. Deben aprender que una comunicación completa, llena de calidez y amor y amabilidad, se puede dar con un simple roce de los dedos en un brazo o con un "ajá". ¿Cómo van a aprender si *nosotros* no sentimos eso, ni se los expresamos genuina y felizmente cada vez que lo sentimos? Siempre es el momento adecuado para expresar nuestro amor hacia nuestros hijos. No tenemos que esperar el momento perfecto. De hecho, no hay un momento perfecto para la expresión natural de los sentimientos de amor, cariño y afecto.

———————

Si amamos a nuestros hijos, y la forma de relacionarnos con ellos en el amor es abrazándolos, entonces no importa cuán difícil sea una etapa de desarrollo, no debemos dejar de abrazarlos. (Hasta cierto punto, por supuesto. Si tienen veintisiete años y su cuarta convicción por traficar con heroína, no tenemos que tratarlos como si tuvieran tres años y fueran muy simpáticos.) Es equivocado retirar el afecto espontáneo y genuino como castigo para ellos, sea consciente o inconsciente de nuestra parte. Por ejemplo, cuando entras al comedor y encuentras que tu mejor vajilla de porcelana —la vajilla que has atesorado *más que nada* en toda tu vida— está hecha añicos en el piso, no dejes de abrazar a tu hijo durante tres semanas porque estás furioso por el accidente. Si normalmente lo abrazas diario, entonces abrázalo diario, *y* hazle saber que estás muy triste porque tu vajilla está rota. No dejes de abrazarlo, y no continúes culpándolo por algo por lo que él probablemente siente (y quizá siga sintiendo si tú mantienes ese sufrimiento evocado) un gran remordimiento.

Lo que cuenta es la acción. La acción comunica. Mantente actuando como que lo amas, aun si no lo estás sintiendo, y, antes de que te des cuenta, lo estarás haciendo, sin importar cómo te sientas.

Afecto "igual"

Una de las cosas más dañinas para un niño o niña es cuando el padre muestra afecto a la madre, pero no a ellos, o la madre muestra afecto al padre, pero no a ellos. Algunos adultos encuentran más sencillo darle afecto a su pareja que a un hijo. Esto es muy desafortunado, siempre es el resultado de un condicionamiento infantil del adulto que forma parte de su relación neurótica con la vida y es generalmente bastante inconsciente. (He observado que cuando se señala tal manifestación a los adultos, generalmente se defienden –muy vigorosamente– y brindan todo tipo de explicaciones, excusas y razones de por qué su comportamiento neurótico está justificado o es correcto).

Si se demuestra más afecto al otro padre que el que se demuestra al hijo, este supondrá inevitablemente que la diferencia se da porque, de alguna manera, ellos son peores o inferiores que el adulto que está recibiendo más afecto que ellos. Esto no sólo es devastador para la autoestima del niño, sino que puede alterar significativamente la matriz entera de expresión de sus sentimientos. Al pequeño generalmente le parece que el otro padre recibe algo más de cualquier manera, pero si tratamos de ser escrupulosamente iguales en cierto sentido, ellos lo sentirán y apreciarán. Obviamente habrá algunas diferencias dramáticas en la forma de afecto entre padre-hijo y padre-madre, pero el niño aprenderá bastante rápidamente que las situaciones diferentes tienen sus cualidades y propiedades únicas.

Si uno es padre soltero, entonces es el afecto a los amigos el que debe balancearse. Mantén el afecto a los amigos y el afecto a tu hijo tanto claros como bien definidos.

————————

Uno de mis estudiantes alemanes es de mi edad. Ahora vive en Estados Unidos, pero creció en Stuttgart, Alemania. Cuando era niño, tenía un medio hermano y vivían con su padre y su madre. Él era el hijo mayor. Su padre se volvió a casar, su medio hermano era del segundo matrimonio. La manera tradicional básica que en esa época se usaba en Alemania para servir la cena, y se usaba en su casa, era la siguiente: el padre comía primero, después la madre y el hijo menor y, si sobraba algo, y a veces no sobraba, él comía al final. Era el hijo mayor y tenía que aprender a ser fuerte e independiente. Y tenía que sentarse a la mesa mientras que toda la familia comía. Su padre nunca le mostró afecto, y su razonamiento era: "No quiero que sea suave y sensible, como una mujer. Tiene que ser fuerte, duro, porque el mundo es duro". Este es un ejemplo extremo de trato desigual.

Más comúnmente, los padres con más de un hijo notarán que no se relacionan con sus hijos exactamente de la misma manera. Después de todo, los hijos *son* diferentes uno del otro –únicos e individuales. Por lo tanto, los padres normalmente tendrán idiosincrasias específicas para relacionarse con cada uno. Pero el contexto subyacente de alegría, apreciación y amor potenciales debe ser el mismo para todos. Ciertamente no trataría a un niño de un año igual que a uno de siete, o igual que a uno de catorce; le daríamos a cada uno un tipo diferente de respuesta y atención, porque son gente diferente con necesidades diferentes y diferentes procesos de desarrollo. La forma de relacionarnos con nuestros hijos variará, pero nunca el amor. Ese es una constante.

Con frecuencia un niño preguntará a uno de los padres: "¿A quién quieres más, a mí o a mi hermano?", o "¿por qué amas a mi hermana más que a mí?", o preguntas por el estilo. Es un momento muy profundo cuando el niño hace preguntas así. En esa situación, es sumamente importante para su desarrollo completo, para su punto de vista del mundo, para que su personalidad y su psique –que deseamos que se desarrollen sanamente–, que les hagamos saber que el amor es igual aunque las personas diferentes reciban gestos o formas diferentes de atención y reconocimiento.

Por ejemplo, en mi propio caso, existe una amistad profunda entre una de mis hijastras y mi hija, porque son muy cercanas de edad. Esta amistad ha durado hasta sus años adultos. Una de las razones de esta amistad es porque (no sé cómo le hice, ya que era un padre bastante terrible en las etapas tempranas de mi formación) intenté seriamente tratar a ambas equitativamente, en el sentido de no favorecer a mi hija por encima de mi hijastra. Esto les resultó obvio conforme fueron creciendo. Lo que en el primero o segundo año de su vida juntas era una competencia por mi afecto (experimentando para descubrir si amaba a una más que a la otra), luego se pasó por alto en cuanto se dieron cuenta de que yo no escogería una favorita.

Aun cuando un niño sea el agresor y el otro la víctima, debemos tratarlos equitativamente en el terreno del amor y la justicia, aunque podemos responder a cada uno de modo diferente. ¡Después de todo, los papeles pueden cambiar prácticamente de un momento a otro! A un hijo podemos decirle: "Ya basta, eso es muy rudo", o algo así, y no al otro. Pero no tenemos que decirle al otro en un tono afectado y condescendiente: "Esta bien, cariño. Tu malvado hermano no aventará tu muñequita por la ventana otra vez".

Cuando uno trata equitativamente a los hijos en este terreno, se le habla al instinto del niño, a su ser más profundo. Cuando ven que no los aman más por ser dulces y sumisos, y que no los aman menos por ser agresivos, al alcanzar cierta edad, sentirán naturalmente auto-respeto y confianza. Y más allá que eso, su relación con otros tenderá a ser más justa y equitativa, basada en la claridad más que en la competitividad escondida, la codicia y las necesidades insaciables de control y dominio sobre los demás. Yo creo que la gente que como adultos son sádicos, malvados, intensamente codiciosos o que demuestran algún otro patrón negativo y aberrante de comportamiento, fueron recompensados de una manera distorsionada por ese comportamiento cuando eran niños —y no ser tratados equitativamente fue probablemente el menor de los abusos de los padres. A estos niños se les negó el amor o se les entrenó para que esperaran el amor en forma de una intensa atención, aun negativa, sólo cuando su comportamiento era "malo".

Todos los niños necesitan aceptación, sostén, estímulo y reconocimiento. ¡Esto *habla* a los niños! Ellos piensan internamente: "Si no voy a conseguir una reafirmación dramática por ser malvado, entonces ¿para qué soy malvado?". No es natural para los niños probar la crueldad o la violencia, ni tampoco molestar o avergonzar al otro, sólo para ver qué tipo de reacción genera. Ven estos rasgos en otros y los copian, o experimentan con su amplio abanico propio de emociones y sentimientos presentes para determinar cuál es el contexto mundano para tal comportamiento.

Pueden conseguir reafirmación (atención intensa) del otro chico al que le hacen una maldad, pero de quien *realmente* buscan reafirmación es del padre o de la madre. Si el padre no lo apoya, esto le dice algo significativo. Concluirán que: "Bueno, no necesito hacer esto. No está consiguiéndome el amor que quiero", que es la asociación original, orgánica que hace el niño. Todo lo que hacen —aun el comportamiento negativo– lo hacen por amor. Si no consiguen amor (o lo que ellos asocian al amor –esta atención primaria, reconocimiento–) comportándose negativamente, en cierto punto detendrán el comportamiento negativo. Se detendrán si todavía son suficientemente jóvenes, o suficientemente inocentes, para no haber cristalizado patrones crónicos viciosos –patrones que su mente inconsciente considera que son "quienes son", completamente. En este punto, el individuo deja de tener, absolutamente, voluntad consciente en relación con estos comportamientos mecánicos.

Los niños son muy diferentes de las niñas de muchas maneras, más allá de la fisiología obvia, pero debemos tratarlos equitativamente en lo que se refiere a atención y reconocimiento. No abraces más a las niñas que a los niños. Como padre de un niño y una niña, sé afectuoso con ambos, aun si uno de ellos parece que responde más. Si un hijo saca puros "dieces" en el colegio y el otro sólo tiene calificaciones promedio, pueden reconocer a uno por su escolaridad y al otro por su sentido del ritmo, o sus habilidades mecánicas, o lo que sea.

Balance de afecto: masculino y femenino

Muchos niños pasan mucho tiempo con mujeres, esencialmente –con sus madres, mujeres que los cuidan, o una tía o una hermana mayor. Cuando tienen la oportunidad de estar con hombres, les parece atractivo, porque quieren los tipos de influencias que portan los hombres, que son significativamente diferentes de las femeninas. En términos de la importancia en el terreno de la educación de los niños, este es un enorme factor de advertencia para los hombres.

Es asombroso ver a un hombre que realmente pone atención a un niño. Para la mayoría de los hombres, la idea de ser un hombre en relación con los niños es: "Dales una palmadita en la cabeza, siéntalos en tu regazo de vez en cuando, y deja que las mujeres se ocupen de ellos y les den afecto y comprensión". Sin embargo, conforme la sociedad se torna más iluminada, esto es, más madura, nos estamos dando cuenta de que los niños necesitan *ambos* modelos saludables – masculino y femenino– en sus vidas. Hace veinte o treinta años, ¿qué hombre se hubiera quedado en casa con los hijos mientras su esposa salía, aunque fuera a trabajar? Eso ha cambiado y ahora nos damos cuenta de la importancia de este tipo de equilibrio. Los niños necesitan la compañía de hombres psicológicamente saludables para redondear y rellenar sus propias psiques saludables. [Se cubrirá este tema a profundidad en el capítulo 5, Justo como nosotros: roles modelo].

En muchas familias, especialmente en las que sólo tienen un padre, es el padre quien cuida a los hijos todo el tiempo o es la madre quien lo hace. Sin embargo, los niños necesitan el modelo opuesto en sus vidas para equilibrar su propia energía masculina o femenina. Los pequeños responden de diferente manera a la energía masculina o femenina, porque estas energías son diferentes, muy diferentes. Tienen cualidades, modos y texturas diferentes.

La energía masculina no quiere decir distanciamiento. Hacer el movimiento de acariciar a un niño generaría, en algunos hombres (y también en algunas mujeres, pero estas son más naturales en esto), manifestaciones de miedo, incluso de terror. Literalmente empezarían a sudar, a temblar; la temperatura de su cuerpo subiría –todas las cosas que hace la gente cuando está asustada o avergonzada de algo. Es impactante que lo que parecería una función natural, para muchos hombres no lo es. Por supuesto, esto se debe a su propia carencia de afecto balanceado cuando eran niños.

Para muchos niños (hombres), cuando son pequeños, mamá los abraza y los besa, y eso está bien, pero no reciben ese tipo de atención sentimental de los hombres en sus vidas. Como resultado, es raro ver a los jóvenes (hombres) ser afectuosos, aunque sea muy natural, tan natural para los niños como para las niñas. Todos los niños son muy afectuosos por naturaleza. En muchos casos en los que hubo pocas caricias, el niño crece siendo frío, literalmente vacilante para acariciar a otros. Y han sufrido extremadamente por ello, tanto de niños como de adultos.

Los niños chiquitos corren hacia alguien que aman para abrazarlo. Puede ser su madre, hermano, hermana, maestro, padre, tía, tío o primo. Es mi creencia que, cuando un pequeño corre a abrazarte, debes arrodillarte para que puedas abrazarlo cuerpo a cuerpo. (Digo esto para cuando tienen dos años o un año y medio. Ciertamente las cosas cambian –mientras más grande sea el niño, cambian los límites porque ya no son bebecitos– y hay que usar el sentido común. Obviamente estoy hablando acerca de los padres que desean ser adultos en relación con sus hijos. No estoy hablando de padres que sientan a sus hijas en su regazo para conseguir una erección. Espero que sea obvio). Pero si te agachas para saludarlos, entonces estás cara a cara. Es un tipo de relación completamente diferente. Todo lo que tenemos que hacer es poner una mano en su espalda o su brazo con sentimiento genuino, amor, cariño y afecto. No hay misterio en eso.

Extracto del diario de Lee, 3 de junio de 2005

En nuestra escuela alternativa local, la enfermera es una "abrazadora", es tan acogedora que los niños del kínder han empezado a picarse los dedos con alfileres (intencionalmente) para poder ir a la enfermería y ser acogidos y abrazados. ¿Qué dice esto de su vida en casa? Y esta es la escuela alternativa a la que los padres New Age y los padres con "estilos alternativos de vida" mandan a sus hijos. Y entonces, ahora, imagina cuán desesperadamente vacías estarán las vidas de los niños de otras escuelas. Tragedia objetiva.

Acerca de consentir o asfixiar

La idea de consentir a un hijo (*consentir o no consentir, esa es la cuestión*) pesa mucho para la mayoría de los padres. Ciertamente hay un tipo de paternidad intrusiva, asfixiante y dominante que es devastadora y humillante para los niños, pero lo que el mundo reprimido y negativo hacia la vida llama "consentir" es lo que yo llamaría afecto normal y paternidad normal. (La gente dice que yo fui consentido. Pero no puedo haber sido, porque mi madre todavía se rehúsa a mudarse hacia el Oeste y vivir conmigo. Si hubiera sido consentido, ella hubiera venido hace diez años. Viviría conmigo y yo le estaría lloriqueando, y todavía me compraría mis pantalones y mis suéteres, y me estaría haciendo mis tostadas de canela de la manera en la que a mí me gustan y que sólo ella sabe hacer). Entonces, la próxima vez que andes fuera y alguien te diga: "Oh, estás consintiendo a ese niño hasta echarlo a perder", toma a tu hijo, bésalo o bésala, y di: "¡Es cierto!".

Una amiga que tiene un recién nacido me dijo que siente tanto amor por su hijo que sólo quiere quedarse en casa todo el día y besarlo y abrazarlo. Estaba preocupada de asfixiarlo con afecto, y quería saber si había un peligro con eso. La consideración que hicimos es que *nin-*

guna cantidad de afecto es demasiada, que puede ser útil en términos de relación con nuestra familia e hijos, y con todo, incluso nuestras plantas. Lo que hace a una madre una "madre asfixiante" es que no permita al niño ser él mismo. Si uno usa el afecto como una forma de castigo/recompensa, una forma de control, un soborno como manifestación de nuestra propia inseguridad y necesidad, o para hacer tratos con un hijo, causa problemas. Para la mayoría de los adultos, cuando damos amor y afecto a un hijo, pensamos en nuestras mentes que, como les dimos tanto afecto, ellos nos deben algo, y lo que nos deben es ser *buenos* —hacer sus tareas, practicar el piano, no molestar a su hermanito o hermanita, por ejemplo. Por supuesto, esta es *nuestra* versión de bueno, y podría ser cualquier cosa como no mostrar miedo en el consultorio del doctor o del dentista, practicar a hablar quedito, sentarse quieto dos horas cada día. Lo que sea, siempre es subjetivo.

Sin embargo, si estamos ofreciendo afecto sencillo, amoroso, que no pide o exige nada a cambio, que no está motivado por inseguridades desesperadas, ninguna cantidad es demasiada. De cualquier manera, tenemos que calcular cuándo establecer límites, cuándo fijar lineamientos para nuestros hijos. Cada padre y madre debe hacer esto, porque los niños necesitan límites para comprender cómo funciona la sociedad humana. Pero ninguna cantidad de afecto asfixiará al niño, si el afecto es la atención limpia, adorada, que ha surgido del amor, sólo porque ellos *son*. No tienen que *ser* nada, ellos *son* lo que son y quienes son. Ese es el milagro.

Lo que asfixia a los niños es no permitirles aprender sus propias lecciones, ser ellos mismos y contestar cuando tienen que hacerlo. Estoy seguro de que a algunos de nosotros, cuando respondimos por primera vez a nuestros padres, nos golpearon y nos hicieron callarnos a la mala. Debe haber sido una experiencia singular; lo es para todos los niños. Los deja confundidos y enojados. Los pequeños tienen que ser capaces de expresarse de una manera que se sientan seguros, escuchados y, aun así, amados y aceptados. Cuando no concuerdan con los padres, a la mayoría de los infantes se les hace sentir mal, equivocados, rechazados, no queridos y no amados. Al mismo tiempo, supongo que hay una manera de enseñar a los niños a discutir sus desacuerdos con nosotros sin ser insolentes, demasiado exigentes, etc. Cada padre tendrá que aprenderlo –en el proceso. Entonces, déjenlos ser niños. Crecerán muy pronto.

ACERCA DE LA ATENCIÓN

Es sabio desarrollar una cultura en la que a nuestros niños se les dé una formación ideal, elegante, sensible, compasiva y atenta. "Atenta" es mucho más importante que muchos de los otros descriptores: uno puede ser un desgraciado furioso (hablando relativamente), de tipo torpe, impráctico, tonto, y aun así nuestros hijos desarrollarán autoconfianza y autoestima, a partir de las cuales tendrán la capacidad de actuar creativa e íntegramente, y de hacer distinciones claras de manera sólida y activa. Si les damos una cierta calidad de atención inmediata, lo que van a percibir es que nos ocupamos de ellos y que significan algo (¡y que nosotros somos imbéciles!).

Responde inmediatamente: diles que los oyes

Si un niño dice: "¿Me arreglas mi juguete esta tarde?", y usted contesta: "Ajá", y luego no lo arreglas, no sólo se volverá rápidamente más y más exigente, sino que se sentirá decepcionado, abandonado, no importante. También empiezan a darse cuenta de que no eres de fiar, no eres confiable; obviamente no es una relación saludable entre padres e hijos. No digas distraídamente: "Seguro, hijo, seguro", y luego te olvides de su petición. No te los sacudas con un "bueno" rápido, sabiendo que lo más probable es que se te olvide. Voltea hacia ellos, dales tu atención total y diles que lo resolverás y cuándo. Entonces, hazlo cuando lo prometiste (o antes), pero no después. Debemos tener presencia de ánimo clara, deliberada, cuando nos comunicamos así con nuestros hijos.

Nueve de cada diez veces debemos escuchar a un niño la primera vez que llama. Esta atención inmediata a sus necesidades es una forma de reconocimiento de que ellos son importantes y valederos, pero más allá, es una afirmación de que *son*. Si los niños no sienten que son escuchados (que, dado las cuotas de distracción de los adultos, es una percepción correcta), empiezan a gritar para llamar la atención cada vez más fuerte. "¡Mami, MAMI!". Muy pronto estamos con los nervios crispados y decimos: "Está bien, está bien". Pero no debería molestarnos que ellos nos griten. Si hubiéramos escuchado la primera vez y dicho "¿sí?", en la mayoría de los casos no hubiera sido necesario insistir más. Sin embargo, existe un fenómeno psicológico asombroso; por ejemplo, una madre puede escuchar a su hijo murmurar en un susurro mientras duerme (cuando ambos duermen en la cama familiar) y, durante el día, no escucha al niño llamarla hasta la sexta vez, aunque esté despierta y el niño esté parado junto a ella. El subconsciente siempre está poniendo atención, y aunque la neurosis está guiada desde ahí, se manifiesta en los niveles exteriores de consciencia.

Los niños pueden crecer exigiendo locamente atención, porque ellos no saben si los hemos oído, y nosotros, los adultos, tenemos que examinar por qué nuestros hijos creen que no los hemos oído. *Siempre* hay una razón, y los niños generalmente son muy certeros en sus reacciones inconscientes (o conscientes) ante nuestro comportamiento. Con frecuencia somos inconscientes de nuestro comportamiento, ya que tenemos filtros que interfieren con la auto-observación clara. Cuando tenemos la atención libre, oímos a nuestros hijos cuando nos llaman.

Una manera de hacer saber a los hijos que estamos poniendo atención cuando repiten algo más de una vez, es responder: "Te escuché la primera vez, y…" (por supuesto, debemos decir esto sólo si *estábamos* poniendo atención y si los *oímos*, no decirlo sólo por el efecto) "…tan pronto como termine, te daré mi atención". Entonces, si el niño sigue clamando por nuestra atención, está bien, porque su lapso de atención es corto y ellos viven en el ahora, en el momento, no en el después. Pero, asegúrate de que ellos sepan que los oíste. Tenemos que estar preparados para interrumpir nuestra "importante" conversación con otro adulto en cuanto haya una pausa naturalmente conveniente, para dar a nuestro hijo lo que necesite, y después continuar con la plática. Obviamente, si necesitan algo que nos involucre y que consuma tiempo, podemos decirles claramente que los ayudaremos en cuanto acabemos con nuestra conversación, y entonces terminarla sin demasiada indulgencia.

Sin embargo, supón que mientras tanto ellos se hicieron pipí en sus pantalones y te dicen: "Te lo dije…", yo contestaría: "Tienes razón, me dijiste, y en este caso no te puse atención suficientemente aprisa. Gracias por decirme, y quizá la próxima vez te pondré atención más rápido". Como adulto, no debe uno ser descaradamente ignorante o abiertamente egoísta como para decir algo que justifique nuestra falta de atención, o como para hacer sentir al niño que el ser obediente estuvo mal, como: "¿Por qué no fuiste tú solo? No tenías que esperarme. Ahora fíjate, tengo que echar a lavar tu ropa, como si no tuviera bastante ropa que lavar".

Mucha gente no está de acuerdo conmigo, porque si yo estoy ocupado en una tarea, por ejemplo cocinando, y él tiene que ir al baño, dejo todo y lo llevo al baño. Más de una persona, con obvio desagrado, me ha dicho: "Ellos pueden esperar uno o dos minutos". No lo sé. No pienso que un niño deba aguantarse las ganas de ir al baño si no es necesario. Es más probable que nuestra cacerola pueda esperar mejor que su pipí o popó.

Denles chance a los chamacos, sólo son niños. Bríndenles atención en los primeros tres años y será asombroso lo que aprenderán de esto y lo competentemente independientes que quieren ser y son capaces de ser. Cuando tienen dos años, podemos pensar: "¿Qué saben ellos?". ¡Todo! Necesitan que los oigamos la primera vez que nos llaman, de manera que lo que saben no les sea negado o reprimido. Tienen que ser reconocidos antes de que tengan cinco, seis o siete años, después es demasiado tarde.

Desafortunadamente, algunos niños se han acostumbrado a gritar constantemente por atención, porque saben que es la única forma de conseguirla. Aun cuando alguien les da atención de inmediato, ellos siguen gritando de cualquier manera —no se dan cuenta de que ya la consiguieron. En tales casos hay que darles la seguridad de que *tienen* nuestra atención. Cuando un chico tiene esta costumbre, es muy difícil desarraigarla y darle la vuelta.

Atención relajada y natural

Dentro de nuestra comunidad, los adultos se dan muchas recomendaciones acerca de las maneras de estar con los niños: "Haz esto… No digas esto… Sé positivo…", etc. Pero es importante no estarles citando las reglas a los niños cuando estamos realmente con ellos. Ningún niño quiere oír a un "experto" que le diga a su mamá y papá cómo estar con ellos. Quieren honestidad. Quieren saber lo que es real para sus padres, no la realidad para otros. La educación acerca de la formación de los chicos debe ser personalizada –vivida como propia– no sólo repetida como perico, como un tocadiscos con la aguja rota. (¿Se acuerdan de ellos? Con esto estoy delatando mi edad).

Si estamos pasando tiempo con los hijos y uno de ellos dice o hace algo inapropiado, ¿qué hacemos? ¿Recordamos todo el material que hemos memorizado acerca de cómo tratar a los niños y sacamos un truco de esta bolsa? Por supuesto que no. Tener una atención relajada y natural con los niños significa que: estamos ahí, el niño hace algo y respondemos naturalmente, desde el cuerpo [a diferencia de responder desde las ideas o los "deberías" presentados por la mente]. Respondemos amorosamente como un solucionador de problemas creativo (los dos no son mutuamente exclusivos). No necesitamos preocuparnos por si estamos cometiendo un error. Si somos honestos con ellos, esto no hace una diferencia que conduzca a una neurosis en el niño.

Debbie, una mujer que conozco, es un ejemplo de alguien que es natural y espontánea con la atención. Si un niño necesita algo y viene a ella cuando está ocupada, ella se detiene, les da total atención y regresa a su trabajo. Asiste a los niños de una forma muy natural y cálida, y eso es todo. No necesita seguirlos por todos lados. Una vez que sienten que consiguieron lo que necesitaban, no sienten el impulso de mantenerla involucrada.

Podemos pensar que necesitamos dar a los niños atención *constante*, pero no es así. Si un niño nos da esta impresión, podemos estar seguros de que sucede porque no les estamos dando lo que necesitan cuando lo necesitan, o porque no lo hemos hecho en el pasado. Ningún niño necesita nuestra supervisión constante. Están contentos en su propio mundo la mayor parte del tiempo. Hemos visto esto cuando los niños están jugando a la fantasía, a disfrazarse, a construir un fuerte, o lo que sea, casi no nos necesitan. Lo que *necesitan* es saber que nuestro amor y atención es confiable, y que está ahí esperando en caso de que necesiten buscarla en cualquier momento. Entonces, por ejemplo, juegan y cada rato corren hacia ti y abrazan tu pierna (cuando son pequeños y no pueden alcanzarte) y te besan. Los ves, los besas y les sonríes, y regresan a jugar. Un minuto, noventa segundos, y ellos saben que todavía son significativos para ti, y eso es todo. Sienten tal amor tácito e incondicional hacia nosotros, sus padres, que suponen que nosotros sentimos lo mismo por ellos. Ellos sienten de esta manera hacia nosotros, hasta que nosotros les probamos que sus suposiciones no son ciertas. Esto es el principio del fin de su inocencia y de su felicidad profunda y sin motivos. Un día triste.

La actitud y el humor que traemos a nuestro trabajo tienen gran impacto en nuestros hijos. Podemos estar realmente ocupados con algo –nuestra atención total destinada a nuestra tarea, obsesionados con terminar esta cosa–, cuando viene un niño. Si nuestras prioridades son las correctas, no importa qué tan salvajes seamos, aun si estamos volando alrededor de la oficina haciendo un millón de cosas, si nos necesitan, cambiaremos para atender lo que ellos necesitan. No le ladraremos al niño ni le diremos que regrese después (no van a *necesitar* luego lo que necesitan justo ahora). Si les ladramos significa que estamos *identificados* con nuestro trabajo, en lugar de estar reposando en nuestro ser esencial. ¿Vale la pena destrozar la fe y confianza de un niño en nosotros, porque estamos muy ocupados para darles una liga o un vaso de agua?

Si nuestra atención está en *nuestra* opinión del momento (la opinión de que el niño es una molestia, por ejemplo) porque necesitamos seguir cocinando, ellos se quedarán alrededor de la cocina, romperán cosas y tirarán la harina en todo el piso, hasta que consigan nuestra atención, o se escabullirán a otro espacio a enfurruñarse, profundizando la necesidad inconsciente de rebelarse y dramatizar. ¡Podemos contar con eso! Cuando el niño tiene un año y medio, está absorbiendo *todo* y cristalizándolo en una visión del mundo que puede durar toda la vida, que va a ser subyacente a toda conducta, que influirá y formará todas sus opiniones, creencias y manifestaciones para toda la vida. Por supuesto, todas estas consideraciones también aplican a nuestras relaciones con otros adultos. De hecho, si no las aplicamos con los demás, la probabilidad de que las apliquemos con los niños es muy pequeña. Cuando estamos con niños, necesitamos darnos cuenta de que hay otros seres humanos viviendo con nosotros. Tienen las mismas necesidades, esperanzas y capacidades para dar y recibir amor, aunque su estado de desarrollo no sea el mismo que el nuestro.

Yo deseo para mis hijos que sean cariñosos, compasivos y socialmente conscientes, y que tengan el sentido de diferenciar entre liberar vapor de ácido sulfúrico a la atmósfera desde una fábrica y tener otro tipo de relación con el ambiente –la diferencia entre matar a la Tierra y alimentar a la Tierra. Puedo esperar que tengan este tipo de sensatez, pero no puedo hacer que la tengan. Sin embargo, si criamos a los niños con amor cariñoso y atención, naturalmente desarrollarán ideologías, filosofías y estilos de vida significativos. Puede que no desarrollen este estilo de vida o esta ideología significativa en la que nosotros vivimos, esto es en su ciudad natal o en el campo de trabajo que nosotros elegimos, pero la desarrollarán por sí mismos. No necesitamos entrenarlos para ser adultos buenos y conscientes socialmente. Pero si les damos amor y atención por lo que son, no pueden llegar a ninguna otra conclusión. (No que no puedan, teóricamente, pero no lo harán). Lo que nosotros queremos que sean, puede ser o no ser parte del programa. Depende de que nuestras expectativas sean resultado del amor o de la neurosis.

Si dan a los niños toda la atención que necesitan y los aman en sus primeros años de vida, entonces estos niños tendrán una sabia y madura independencia cuando crezcan.

Los niños primero –la práctica más sublime–

Si las rutinas predecibles de nuestras vidas se interrumpen por las necesidades de nuestros hijos de instante en instante, aun si nuestros momentos especiales se interrumpen, recomiendo que usemos el tiempo ayudando a nuestros niños y estando con ellos y que no antepongamos *nada* a sus necesidades, a menos que tengamos que hacerlo.

Si tenemos una cita con el doctor o con el dentista y no podemos estar con el niño, ocasionalmente tendremos que hacer excepciones, pero sólo por una razón válida. Si, por el contrario, estamos en una conferencia inspiradora y el niño dijera: "¿Por qué tengo que estar aquí? Estoy aburrido", y el adulto replicara: "Tengo que escuchar esta conferencia. Tú sabes que mi bienestar depende de ella", esto le mostrará algo acerca de la hipocresía. (Por supuesto, un adulto en esta circunstancia no sabría que está siendo hipócrita; creería sus propias excusas). El niño está conectado instintivamente con el Universo. Él o ella saben que ninguna conferencia hace la diferencia entre el éxito o el fracaso en la vida espiritual o mundana de nadie. Es muy importante no colmar al niño con deseos adultos que no aplican ni pueden aplicarse a él, ni lo incluyen.

En las familias con ambos padres, el niño es afortunado, porque un padre generalmente está disponible para jugar con él o ella y cuidarlo. Pero supongan que son padre o madre soltero y que quieren oír esa conferencia, ir al cine, dormir con su nuevo romance, y que no pueden conseguir quién lo cuide, o que no creen en niñeras, o lo que sea. (Básicamente yo desaconsejo el uso de niñeras antes de que el niño tenga dos años, aun miembros de la familia, como abuelos, o hermanos de los padres, aunque la mayoría de los papás no pueden manejar esto −¡*tienen* que salir!. Depende de qué tan comprometidos están con la pureza de la paternidad, que se traduce en qué tan comprometidos están con la salud general de la psique del niño −que obviamente se extiende a sus cuerpos también, por ejemplo, la técnica psicosomática de "la mente sobre la materia". Supongo que si alguien fuera exactamente como el padre o madre, tuviera los mismos principios de vida y la misma relación hacia los niños, etc., serviría como niñera, pero nadie es un sustituto paternal satisfactorio). Entonces, si desean desesperadamente oír esa conferencia y el niño no quiere, mi recomendación siempre será: dejen la conferencia y hagan algo con el niño que él disfrute.

Cuando un niño es nuestra responsabilidad, no debemos forzarlo a ajustarse a las circunstancias *en las que nosotros queremos estar*, porque no queremos perdernos de algo. Saquen al niño a jugar, o si parece que se quiere quedar pero está siendo demasiado exuberante, hablen con él y exprésenle el hecho de que las circunstancias exigen un cierto tipo de comportamiento, y que el tipo de comportamiento que ellos están mostrando no es el que se debe expresar en ese espacio. Nunca le digan: "Los niños deben ser vistos y no oídos", ni de broma. Ellos no captarán la broma. Son sandeces. ¡Basura absoluta! ¡Mentira! A veces los niños *no deben* ser oídos, y otras veces sí. Algunos espacios requieren silencio, otros no. Los niños deben tener un tiempo en el que puedan gritar y hacer ruido y saltar por las paredes. ¿Qué más pueden hacer con toda su energía? El principio esencial de la vida es: debemos proveer lo que requieran las circunstancias. Debemos ser responsables por las necesidades de nuestros hijos, a pesar de nuestras preferencias personales. Nunca nos *perdemos* de nada, ya sea una conferencia o una noche con nuestro romance. ¡Siempre habrá innumerables conferencias e innumerables noches posibles!

Si somos responsables de un niño, sacrificamos nuestros deseos insignificantes por sus necesidades, incluso por sus deseos, en muchos casos. (Si no queremos ser responsables, quizá, para empezar, no deberíamos ser padres). Necesitamos ser responsables *sin importar nada*, y entender que todo depende de las circunstancias. Particularmente si uno está solo con el niño, y no está el otro padre para llevarlo al parque mientras nosotros escuchamos la conferencia. Muchos padres le lloriquearán al niño, actuando más infantilmente que él, en lugar de actuar de una manera justa e imparcial.

No importa cómo nos sintamos, el punto es hacer lo que es necesario. Si nuestro hijo es infeliz en cierto entorno, vamos a otro. Si es infeliz en ese segundo entorno, vamos a un tercero. Tratamos de entretenerlo hasta que esté contento; y si él está contento, nosotros debemos estarlo también. El factor motivador para la acción no puede ser el cómo nos sentimos nosotros. No importa si tenemos o no una "emoción real" asociada al niño en ese momento[9]. No importa. El niño no sabe las diferencias sutiles que recorren nuestra compleja psique. Todo lo que el niño sabe es si hay o no hay cuidado, y si hay una respuesta que sirve. Esto es todo. El imperativo es servir.

Supongamos que uno quiere ir al baño, solo, sin el niño. Es importante que seamos capaces de renunciar a esto, si fuera necesario, sin guardarle rencor al pequeño, porque el rencor o culparlo, menoscaban el objeto del sacrificio. Además, no nos hace daño, ni a ellos, que nos vean hacer pipí. Es muy poco interesante, y probablemente se aburran después de algunas veces y nos dejen que nos las arreglemos solos en el baño. Sin embargo, si les negamos la libertad de observarnos, pueden suponer que los estamos apartando de algo verdaderamente

---

9. "Emoción real" (o emoción "superior") se usa aquí en contraste a una emoción inferior, como explica el trabajo de enseñanza de Gurdjieff. Las emociones inferiores son versiones esencialmente idealizadas o egoístas de algunos estados genuinos, como tristeza, alegría, miedo. Mientras que la emoción real surge del ser esencial, como una respuesta verdadera a una circunstancia.

maravilloso y se sentirán enojados, relegados o amenazados. (Y si lo que hacemos cuando hacemos pipí es tan fascinante, quizá debamos ver más adentro de nosotros mismos, ¿hmm?)

Nuestros hijos necesitan límites y educación, por supuesto, pero lo que más necesitan es a nosotros, nuestra aceptación. Y recuerden que esos años tempraneros se pasarán rápido, muy rápido, antes de que nos demos cuenta. Entonces, atesórenlos mientras duran –no ignoren las necesidades de los hijos. Pongan al niño primero; eso es la práctica real. De hecho, hay momentos en los que las tareas cotidianas de la vida son prácticas superiores, pero a veces tendemos a no ver esas cosas en términos de su importancia real. Ver lo que es necesario y anhelado en el momento y satisfacerlo, siempre es una práctica muy superior.

Acerca de los abuelos

¡Los abuelos nunca reemplazan el cuidado paterno! Es decir, los abuelos son grandiosos. Gracias a Dios por los abuelos, ya que los niños pueden adquirir la experiencia de los mayores. Pero dejar a los pequeños dos semanas con los abuelos para que podamos ir a la playa cuando son pequeños –cuando tienen dos, tres o cuatro años– no sirve a los hijos.

Los hijos son una gran responsabilidad, y con frecuencia no estamos preparados cuando decidimos que queremos tener niños. No tenemos idea de qué tan grande es la responsabilidad. Y una vez que los tienen: "¡No esperaba esto!". Y empezamos a buscar caminos para descargar la intensidad de lo que significa ser padre. Algunas personas se enamoran de la responsabilidad y otras no la quieren para nada.

Extracto del diario de Lee, 9 de junio de 2005

Aquí hay una distinción para algunos de ustedes, aquellos que están haciéndose mayores: los abuelos no son padres. Sus nietos no son sus hijos. No les sirve a los niños que los abuelos ejecuten funciones paternales, ya sea sentimental o físicamente. Amor, cariño, ternura, afecto, deleite, aprecio, respeto, reconocimiento, sí, por supuesto, y dentro de eso, los nietos no son y no deben ser tratados ni mencionados como hijos por los abuelos. Tener nietos no es tener una segunda oportunidad "para *hacer lo correcto esta vez". Los abuelos <u>no</u> son los padres de los niños. Por supuesto, obviamente estoy hablando de circunstancias ordinarias, no estoy considerando casos especiales, como cuando un padre o los padres son burdamente abusivos o incapaces de cuidar a los hijos y el cuidado real, perdurable y a veces de por vida, recae en uno o en ambos abuelos. Estoy hablando de la situación común en la que el ser abuelo es una parte natural del flujo de la vida a través de las generaciones. Es muy importante para todos los involucrados: los abuelos, sus hijos (ahora padres por derecho propio) y los nietos, que no se crucen los límites ni se confundan las responsabilidades. Nuestros nietos no son nuestros hijos, y no somos los padres de nuestros nietos. Esta distinción es uno de los elementos clave en una cultura que honra la necesidad real y el valor de los verdaderos "sabios mayores", los sabios que se convirtieron en sabios a través de envejecer maduramente, con un entendimiento digno de confianza de la experiencia completa de una vida. Sin esta distinción, toda la raza humana es como una enorme amiba de una célula, definida por la neurosis, persuadida por la neurosis, y, en última instancia, como una fuerza que perpetúa eternamente un campo neurótico. Si esta es la manera como están las cosas, esto debe romperse y transformarse si se desea alcanzar una conclusión satisfactoria a la gran experiencia del conocimiento de uno mismo, al potencial Despertar a la Comprensión de la Verdad, y a permanecer en ese Despertar. ¿Imposible? Sí, bastante. Y es la única meta digna de nuestra energía, nuestra atención, nuestra voluntad y nuestro ser.*

Capítulo 4

Impresiones acerca de la inocencia

El conocimiento de los aspectos dolorosos de la existencia humana no necesariamente destruye la inocencia, pero sí destruye la ingenuidad. Hay cierta clase de inocencia, como la inocencia de Buda cuando era el príncipe Sidarta (antes de que dejara el castillo y viera al hombre enfermo, al hombre viejo y al hombre muerto), que no reconoce las duras realidades de la vida como es. Pero hay también otra clase de inocencia, una que tiene que ver con un tipo de visión igualitaria, que realmente necesita el conocimiento de la vida en toda su gloria y su miseria –la luz y la oscuridad– para florecer. Es la clase de inocencia que ve a negros y a morenos y a amarillos, y a homosexuales, católicos, judíos y budistas como iguales. Esta clase de inocencia necesita información, un "despertar" acerca del mundo como es, para ser capaz de desarrollarse plenamente. Básicamente, para que permanezca esta inocencia, un niño necesita sabiduría en su vida, no sólo espacio y educación. (Algunas de las personas muy bien educadas en la Europa del siglo XIX fueron individuos crueles, duros, sin vida, pero eran sumamente "cultivados"). Cómo impacta tal conocimiento a la consciencia y a la psique depende tanto de la sensibilidad del niño como de la forma en la que el conocimiento se imparte.

Debemos conservar a los niños inocentes tanto tiempo como sea posible. Uno de los resultados será que, cuando finalmente la falta de inocencia de los demás empiece a sacudirlos, su inocencia generalmente será lo suficientemente grande para absorber el golpe. Mientras que, si el niño es muy pequeño o muy delicado, no tendrá suficiente profundidad, suficiente "densidad", para absorber el golpe de la falta de inocencia de los demás. La propia inocencia de la madre puede estar reprimida frente al dolor de los demás, lo que es otra razón para permitir que la inocencia del niño sea fuerte, y tan perdurable en su ser en todos los niveles, que cuando se enfrente al "horror de la situación" (como lo llamaba G. I. Gurdjieff), pueda acomodarlo o incluirlo, más que desconectarse o encerrarse por ello, o rendirse ante él. Si son demasiado débiles, la tendencia es "irse con los ganadores". Y en número, poder, fuerza y recursos, los que carecen de inocencia son ciertamente los "ganadores". En una de sus canciones acerca de la generación de los "*flower child*" ("jóvenes de las flores") de los años sesenta, Jim Morrison dijo: "Ellos tienen las armas, pero nosotros tenemos la gente". Pero ya no es así. Ahora "ellos" tienen ambos.

Extracto del diario de Lee, 10 de mayo de 1990

Una de las cosas más dolorosas en el mundo es ver la destrucción de la inocencia de un niño, no por la Sabiduría, la cual no destruye la inocencia, más bien le ayuda a poner los pies en la tierra con la experiencia de la realidad, con la profundización de la compasión y la ampliación de la experiencia en general (así como el crecimiento de las habilidades para la vida), sino por la desilusión de las expectativas naturales del niño hacia los adultos.

El niño no tiene razón alguna para esperar que el adulto, o los adultos, en su vida sean algo menos que completamente confiables, amorosos y atentos, naturales e íntegros, sanos Psicológicamente, claros y fuertes, y alertas y receptivos Físicamente. La inocencia no espera el abuso, la crueldad o la desventaja; espera instintivamente eso que sabe que es la única manifestación espontánea, perfecta, libre y obvia en un momento dado. Sin embargo, la inocencia tiene que hacer frente a la estrategia de la supervivencia, al dolor psicológico, al egoísmo, a la motivación neuróticamente afectada del inconsciente, al adulto inseguro o simplemente confundido. Tal respuesta promueve la desilusión y la represión natural, así como el entierro de la inocencia para evitar el dolor, la culpa y la incertidumbre de la vida.

Por otra parte, la sabiduría es la madurez progresiva de la inocencia tal como es (también confrontada) expuesta a las realidades de la condición humana: las leyes de la mente, las realidades del mundo inferior, las condiciones del mundo medio, hasta los misterios del mundo superior. Esto no debe evitarse (no hay que proteger al niño de la "dura realidad"), más bien debe permitirse que descubra estas cosas a su propio ritmo y lugar, a su propia velocidad, como un resultado natural del crecimiento y la educación. Por otra parte, no debemos excusar nuestras idiosincrasias neuróticas y sus efectos en los niños, suponiendo que nuestro egoísmo y nuestro atrevimiento (crueldad) es sólo una lección que los niños tienen que aprender, como parte de su crecimiento.

Hay una línea muy delgada, un límite sutil, entre lo que genera sabiduría sin destrozar o aprisionar la inocencia, y aquello que sin duda marca un punto, aun cuando se trata de aprendizaje para el niño, pero un aprendizaje de defensa o autoprotección y una desilusión ante la inocencia Natural y ante la confianza natural hacia sus padres y otros seres queridos.

De hecho, es tan doloroso ver la erosión de la inocencia, no sólo mientras sucede, sino también en retrospectiva (ver cómo ocurrió, o que ya ocurrió, <u>sentirlo</u>), que yo deseo, para la mayoría de la gente, que nunca se den cuenta de su rol en este sentido. Pienso que el remordimiento, si se tiene la profundidad para sentirlo, sería insoportable. No creo que la mayoría de la gente sea lo suficientemente fuerte.

Mientras más tiempo podamos conservar la esencia[10] del niño libre, mejor estará después. Debemos tratar de mantener a un niño "como niño" tanto como sea posible y no desterrar el "reino de los Cielos" demasiado rápido. Si podemos mantener a un infante inocente hasta los seis o siete años, ¡lo estamos haciendo milagrosamente bien! Cuando tengan veinticinco, eso será de un valor inmenso. Su vida mostrará efectos profundos gracias a la conservación de su inocencia viva y protegida durante su niñez, en términos de pureza, integridad, compasión y amabilidad. Como adolescentes pueden tener algo de problema (o no) con el proceso de individuación, un momento definitivamente intenso aun para los individuos más conscientes. Si hemos conservado al niño básicamente inocente, esto es, hemos cuidado de que no se cristalice[11] hasta que tenga diez años, la presión de su grupo de compañeros será aplastante. Una pandilla de niños de diez años no querrá a un

10. esencia o Esencia: la cualidad básica o esencial de una persona, lugar o cosa que no es la manifestación de la psique, de la personalidad o del ser separado.
11. Cristalizar: en este caso el autor se refiere a una forma de endurecer o rigidizar la psique del individuo, basada en la necesidad de defenderse en contra de las exigencias amenazadoras o los embates de la gente y las condiciones (incluidas las agresiones de los medios en los sentidos de los niños) en su entorno.

niño de diez años extraño y raro; lo querrán aislar, sacarlo del grupo, torturarlo, a la manera en la que los niños de diez años lo hacen, que puede ser muy dolorosa. Al mismo tiempo hay una atracción profunda o un magnetismo innegable hacia tal inocencia. El chico inocente siempre encontrará otros que sean inocentes como él. Hay amigos para todos. Puede haber unos cuantos años rudos para un niño normal como este, pero después en la vida la recompensa será astronómica.

IMPRESIONES

Los niños, en su inocencia, tienen todas sus "puertas" (esto es, las sensoriales y las emocionales) abiertas, y así aceptan lo que ven sin discriminación. Lo que quiere decir que si crecen en un entorno de enfermedad y discordancia lo aceptan como si fuera verdad, como si fuera la manera en la que es *toda* la vida (a diferencia de *alguna* vida, como "...algunos están enfermos, algunos están sanos"). Su visión total del mundo y el espectro completo de su perspectiva están saturados de la discordancia de su experiencia de su vida temprana. Debemos exponer a nuestros hijos a un espectro de vida tan amplio o profundo (dentro de la razón –no exponerlos al asesinato, la tortura o la guerra–) como sea posible en sus años formativos. Esto significa diferentes tipos de música, de arte, variedad de personas, culturas, etcétera.

Es muy importante lo que el niño ve y quién lo influye. Las primeras impresiones –las que se hacen más temprano en la vida del niño– son las más fuertes, porque se dejan pasar sin discriminación. Si el niño lo razonara con "entendimiento infantil", pensaría: "Esta es la primera vez que veo este comportamiento; y ya que la gente a mi alrededor obviamente sabe lo que está haciendo y cómo es, esta debe ser la forma como se hace y siempre se hará. Por lo tanto, juzgaré todas las cosas similares de acuerdo con esto". Por supuesto, los bebés no usan realmente tal razonamiento, pero el impacto es el mismo, porque así es la percepción inconsciente en esta etapa de desarrollo. Las primeras impresiones sirven como plantilla para cualquier influencia subsecuente que se presente.

Nosotros, como adultos, damos por hecho lo que sabemos; nos hemos identificado completamente con todo. Pero esta personita a la que le hablamos y que vivimos con ella, no sabe *nada* de lo que nosotros sabemos; les llevamos una ventaja de veinticinco o treinta años. No tienen nuestra sabiduría, experiencia de vida, habilidades ni entrenamiento académico, tampoco nuestra discriminación, nuestro pesimismo ni nuestras creencias sociales y políticas tendenciosas y subjetivas. Lo que les decimos es todo fresco, todo nuevo; entonces, lo recogerán o captarán como si fuera la sóla y única exclusiva realidad, aquello a lo que nosotros los exponemos y cómo lo hacemos. Recogerán *todo* —no sólo el contenido, también el contexto—, incluidas nuestras actitudes sutiles y tácitas, y nuestros sentimientos, en la forma en la que los introducimos a un espacio, por ejemplo. Por lo tanto, debemos ser verdaderamente maduros y limpios, sin prejuicios y libres de falsedades condicionadas, para no transferírselos a nuestros hijos.

Los tipos de alimento de impresiones con los que nutrirlos

En las comunidades espirituales y sociales, en todos los medios culturales, hay vastas diferencias de opinión sobre qué tipo de alimento de impresiones[12] es sano para el niño. Algunas personas dicen que se les dé todo: mientras más alimento de impresiones —mayor variedad, más colores, más sonidos— mejor. Yo no soy tan liberal. Déjenme darles algunos ejemplos importantes.

Libros… historias… cine… música

Para dar a los pequeños impresiones iniciales positivas hacia la vida, hay muchos buenos libros para niños para escoger: libros con una buena historia, con mucho color, con buenos caracteres y con buenas moralejas —como amabilidad, servicio y generosidad. Sin embargo, algunos de los libros que se encuentran en las librerías para niños no son muy buenos, aunque sean muy populares. Las imágenes pueden ser maravillosas, las pinturas y el arte, preciosos, pero el lenguaje es espantoso. Muchos libros populares para niños están saturados de lenguaje estúpido, insultante, negativo. Los autores de libros para niños no tienen idea de qué tipo de educación es saludable para los infantes impresionables en etapa de crecimiento. Las ilustraciones maravillosas

---

12. George Gurdjieff describió tres tipos de "alimentos" que necesita el organismo humano para sobrevivir: alimento físico, alimento de impresiones y alimento de aliento o sutil.

no compensan un lenguaje depresivo.

Cuando los niños me piden historias, y si me acuerdo bien de ellas, les cuento historias zen, sufíes y de los santos, en lugar de los tradicionales cuentos de hadas. A la mayoría de los infantes les encantan las historias de Jesús. Un niño de cinco años piensa que es grandioso que Jesús haya bajado de la barca y haya caminado sobre el agua, y que el apóstol Pedro haya dicho: "Me gustaría hacer eso". Y el niño dice: "Sí, ¡me gustaría hacer eso también!". Las imaginaciones de los pequeños son tan fantásticas, tan brillantes, que es bueno darles imágenes que las alienten, más que imágenes de miedo o truculentas. Yo tendería a leer a los niños libros realistas y positivos hacia la vida, más que libros cruelmente violentos o idealistas "ligeros y adorables".

Los cuentos de hadas contienen numerosos arquetipos del submundo. En un libro que leí recientemente, el autor sugiere que los cuentos de hadas pueden usarse ya sea para ventaja o para desventaja del niño; la diferencia consiste en cómo se lea el cuento. Si se lee con toda naturalidad, si todo el material sobre dragones repugnantes y brujas y hornos, lo que sea, se lee sin excesiva dramatización, entonces (en la investigación que hizo el autor) los niños nunca tienen pesadillas. Si el cuento se lee desde el punto de vista de que los demonios son malos y quieren atrapar al héroe o la heroína, y la lectura enfatiza un juego pesado entre lo claro y lo oscuro, los niños desarrollan una relación enfermiza con sus propios submundos.

Algunas personas dicen que a los niños se les *deben* leer cuentos de hadas sobre monstruos; que necesitan aprender que hay monstruos en la vida; que la vida no es totalmente de un sólo sentido... y todo eso. Sin embargo, yo creo que depende del cuento de hadas. Yo no recomiendo particularmente las versiones originales, crudas, de los cuentos de los hermanos Grimm. Son demasiado lúgubres.

Como ya lo mencioné, para mí es vital preservar la inocencia del niño tanto tiempo como sea posible. Por eso recomiendo la discriminación en términos del alimento de "impresiones". Mantendría alejados los cómics de sangre, entrañas y "mal" sombrío, así como toda la perversión sexual extraña, tanto como sea posible. Con un niño chiquito yo vería una película en la que se mostrara una muerte, pero no vería una de "cuchilladas". Podría ir a una en la que los niños vieran violencia, pero no los llevaría intencionalmente a una en la que el propósito fuera asustar lo más posible, o tan sangrienta y violenta que nadie puede aguantar.

¿Sería dañino para la inocencia del niño llevarlo a una película sobre el SIDA, o deben esperar los padres a que los pequeños empiecen a preguntar sobre estos temas? Para un niño de ocho, nueve o diez años, claramente depende de él; no diría que hay una regla fija. Depende del resto de su experiencia —quién les está ofreciendo información, lo que ya saben, su sensibilidad y cosas así. Existe la posibilidad de que los niños ya tengan estos temas presentes y que muchos hablen de ellos entre sí. (No sé si los niños hablan específicamente del SIDA, aunque adivino que sí pues es un tema prevalente en nuestra sociedad, pero ciertamente hablan acerca de la guerra, la muerte y la discriminación).

Por ejemplo, con películas como *Star Wars*, si le decimos al niño la historia de la película y le explicamos ciertos argumentos acerca del Emperador y del buen lado de La Fuerza, así como todos los arquetipos míticos —si lo decimos de manera que comunique ciertas ideas "superiores", ciertos principios—, entonces adquiere un valor. Si sólo describimos las escenas de las batallas, es totalmente inútil.

Los niños tienden a enfocarse en las perspectivas más dramáticas… en las escenas de las batallas. Generalmente a los tres, cuatro y cinco años, las imágenes es lo único que captan. Sin embargo, *contarles* la historia les comunica algo más. Siempre recordarán las escenas de las batallas (no hay manera de que el niño *vea* la película y no vea las batallas, y a los soldados y a las tropas de asalto intervenir), pero lo que *oyen* se registra en un nivel distinto. Los niños empiezan a comprender los principios metafísicos a la edad de siete u ocho años. Para ellos, las ideas no son tan inusuales, es sólo física. Para la mayoría de los niños, lo que es sobrenatural es natural; esto es, antes de que los condicionemos a ser suspicaces y cerrados a lo "desconocido".

Debemos "darles de comer" impresiones positivas de la vida, hasta el punto de tocar música especial para ellos, como las Misas de Bach. Lo que los niños ven, oyen y sienten, y lo que aprenden de lo que ven, oyen y sienten, puede afectar dramáticamente su conexión con todos los aspectos de la vida. No hay prisa para educar a los niños acerca de las impresiones negativas de la vida, como la violencia y la crueldad de la vida. Estas impresiones llegarán de cualquier manera, sin importar lo que hagamos. En nuestra cultura, cualquier niño que pasea en un auto y ve los anuncios espectaculares, o cualquier niño que hojea una revista con muchas fotos, no puede evitar las impresiones negativas.

Impresiones de la televisión

Uno de los aspectos más tristes de la tecnología de hoy es que los niños, aun los pequeños, están expuestos a demasiada televisión, juegos de video y películas a una edad muy temprana. Entre otros expertos y defensores de los niños, Joseph Chilton Pearce, autor de *Magical Child* [*El niño mágico*] (Plume, 1992) y *Evolution's End* [*El fin de la evolución*] (HarperOne, 1993), dice que una situación paternal ostensiblemente amorosa hacia el niño puede verse altamente comprometida por la televisión que está presente desde la infancia.[13] Las facultades imaginativas no están presentes cuando nace el bebé. Se desarrollan más tarde: a los tres, cuatro, cinco o seis años. Pearce dice que si uno sienta a los niños frente a la televisión, es como alimentar sus mentes con comida predigerida. Están recibiendo imágenes que no tendrán que aprender a crear por sí mismos, y entonces no se desarrollan sus facultades imaginativas y esto los limita. Cuando crecen, estos niños no pueden imaginar, no pueden visualizar, no pueden proyectar. Consecuentemente, se les niegan algunas de las facetas brillantes del desarrollo sano; el desarrollo de su creatividad queda chato y torcido.

Cualquiera que haya pasado cerca de una televisión con un pequeño que nunca la haya visto antes, sabe cómo se fascina por ella, sin importar el tema. Esa pantalla brillante y todas esas imágenes; es algo tremendamente hipnotizador. ¡Aun las televisiones en blanco y negro! (¿Existen todavía? Otra vez estoy delatando mi edad).

Mientras más tiempo se le dé al niño para que encuentre su propio camino y para que aprenda a su paso natural de desarrollo sin "ayuda" mecánica sofisticada, más durará su inocencia; y el niño tendrá mayor comprensión, amplitud y profundidad. Este furor contemporáneo de poner a los niños frente a las computadoras a los tres y cuatro años

---

13. Es vital considerar aquí también los trabajos de Jerry Mander. Por favor vea: *In the Absence of the Sacred* [*En ausencia de lo sagrado*]. Sierra Club Books, 1992; y *Four Arguments por the Elimination of Television* [Cuatro argumentos para la eliminación de la televisión]. Nueva York: Harper Perennial, 1978.

de edad es terrible –una parodia. Mientras más tiempo se permita a los niños desarrollarse dentro de los límites de su naturaleza orgánica, a su propio modo, más tiempo se quedarán inocentes. Hasta cierto punto, mantendrán dicha inocencia aun a través de periodos de grandes penas, dolor y tragedia.

El crecimiento de toda una generación se está atrofiando con la televisión, las computadoras y los juegos de video. Aunque en la superficie parece progreso, de hecho es un crimen peligroso contra la naturaleza y la evolución. Tanto como sea posible, mantenga alejadas de los niños cosas como la televisión, las películas de horror, los juegos de video y los tipos similares de impresiones que alimentan. Ciertamente hay que exponerlos a luces, ruido y color, pero también hay que discriminar los tipos y las fuentes de estas aportaciones.

Juguetes

Los juguetes son una gran influencia en los niños. Los tipos y variedades, aun el material de que están hechos, son relevantes para la educación y el crecimiento de los infantes.

Un recién nacido no necesita realmente una jungla entera de animales de peluche a su alrededor. Es difícil percibir el valor de las cosas de esta manera. Querremos evitar darle muchos juguetes en un sólo momento, como Navidad. Por el contrario, hay que darles unas cuantas cosas en un momento y otras cuantas cosas seis meses después.

Por supuesto, cuando los niños empiezan a gatear, caminar y correr, encontrarán cosas para jugar en cualquier lado: la caja de cartón vacía de un refrigerador o de una estufa pueden ser una casita de juguete; cualquier tornillo, engrane, trapo viejo, palo o piedra se convierten en objetos fascinantes. Algunos juguetes básicos, como un vagón, un triciclo o una bicicleta, patines o un bastón saltarín son bastante esenciales. Los bloques de construcción de diversas clases son grandiosos. El punto es que los niños son tan creativos esencial y naturalmente, que es más saludable permitir que esa creatividad tenga una libertad de acción, en lugar de sofocarla bajo una montaña de juguetes de plástico producidos en masa. Bastan unos cuantos para complementar las cosas que encuentran normalmente en la casa o en el vecindario.

Quizá también queramos censurar los regalos de la familia y los demás. Si alguien les envía un arma o una televisión, o algo más que no funciona en la cultura en la que estamos tratando de educar a nuestros hijos, podemos enseñárselo al niño y decirle: "La abuela te mandó esto; sin embargo, no encaja en nuestra vida. No funciona en nuestra cultura, así que lo vamos a enviar de regreso o intercambiarlo en la tienda en la que puedes escoger algo que funcione para todos nosotros". De esa manera somos honestos con ellos. Cuando ya tienen cuatro o cinco años están listos para escuchar este tipo de explicaciones y para aceptar las cosas que sirven a la educación que están recibiendo. Ellos mismos pueden proponer sugerencias.

De vez en cuando déjenlos escoger cosas de la basura (no de la basura orgánica), como ese molde fantástico en el que estaba empacado tu estéreo nuevo. Déjenlos jugar con muchas cosas diferentes. No cedan a su tendencia de moldearlos como pequeños adultos pragmáticos de cuatro años.

Influencias de los compañeros de juego

Los niños reciben fuertes impresiones de sus compañeros de juego. Cada padre tiene que decidir cuál es su nivel de tolerancia hacia las influencias a las que están expuestos los niños. Yo tengo cero tolerancia: mi criterio es la *inocencia* de los compañeros de juego, no sus costumbres. Soy vegetariano, pero no me importa si mis hijos juegan con carnívoros (o con niños que miran la televisión), siempre y cuando estos sean básicamente amables, generosos y positivos hacia la vida. Trataría de evaluar esas cualidades en los compañeros de juego de mis hijos con anticipación, esto es, antes de que los niños se reúnan. A los pequeños les gusta todo mundo, mientras más pequeños son, más discrimino por ellos. Conforme crecen, menos discrimino por ellos. Pienso que si lo hice adecuadamente cuando eran pequeños, ellos aprenderán a discriminar por sí mismos.

Obviamente, hay ocasiones en las que la selección es sumamente difícil, incluso imposible de hacer. Si vamos a una boda y ahí se encuentra cada uno de nuestros primos olvidados, no podemos impedir a nuestros hijos que jueguen con la multitud de sobrinos y sobrinas presentes. En otra circunstancia, tal vez nos veamos forzados por necesidad a dejar a nuestro hijo en una guardería en la que no podemos escoger a los demás niños que asisten ahí. En tal caso, debemos elegir a la persona adulta responsable con la más rigurosa discriminación.

En lo que a mí concierne, es importante que ni los compañeros de juego ni los padres y otros adultos cercanos a la vida del niño sean abusivos, abiertamente manipuladores o los hagan avergonzarse. Al mismo tiempo, los niños hacen amistades y vínculos muy profundos por razones que no comprendemos. Entonces, sí voy a discriminar, pero no sería tan exigente o tan rígido como para acabar protegiendo o amortiguando a mi hijo tan dramáticamente que el niño acabara siendo totalmente incapaz de relajarse y disfrutar una gran variedad de tipos de gente.

Ropa y zapatos

Distanciamos a los niños de la experiencia de vincularse con la Tierra por forzarlos a usar zapatos cuando están jugando afuera. Siempre que estén jugando en su propio espacio, o en el espacio de un vecino consciente, no debemos obligarlos, de ninguna manera, a usar zapatos, más bien se les debe alentar a jugar sin ellos, tanto en verano como en invierno. (Por supuesto, no en la nieve, pero un poco de frío no hará daño a sus pies sanos). Obviamente (otra vez, por lo menos debería parecer obvio), esto no aplica para quienes viven en la ciudad, sino sólo para las familias que tienen un jardín o un pequeño espacio verde. El cemento y el asfalto no son tierra.

Cuando los adultos usan zapatos para caminar en su propio jardín, aun por uno o dos minutos, mientras conectan la manguera, se les comunica a los niños que los pies son sensibles y delicados y necesitan estar protegidos; y en un plano más profundo, que la Tierra misma necesita estar protegida de nosotros. Un pequeño que pasa gran parte de su infancia descalzo, ya sea que se dé cuenta o no (y aunque los padres lo sepan o no), tendrá una apreciación de las cosas que ningún niño calzado podrá tener; esa es la manera en la que la naturaleza y la vida al natural viven en sintonía con las energías sutiles. Cuando se fuerza a los niños a usar zapatos todo el tiempo, se les niega algo de lo que ni ellos ni nosotros conocemos su valor, pero cuya evidencia es innegable cuando maduran.

Otro aspecto del mismo principio se aplica a la ropa. En un entorno rural podemos animar a los niños chiquitos a usar menos ropa. Sin embargo, en las ciudades o en áreas densamente pobladas, permitir que un pequeño ande desnudo puede originar atención innecesaria e indeseada. Pero cuando se puede, es una cosa maravillosa alentar la desnudez.

Es incuestionable el gusto y el deleite de los niños por la desnudez. Si los dejáramos, andarían desnudos todo el tiempo. Hacerlo, cuando puedan, les ayudará a desarrollar una actitud saludable hacia sus cuerpos. (No obstante, esto supone que los adultos, que sirven como modelo, no estén avergonzados de sus propios cuerpos, ni estén avergonzando al niño con sus comentarios sádicos, como lo hacen muchos adultos inconscientemente al decirle: "Estás *tan* gordo. ¿Tu mamá te da de comer sólo mantequilla?". Y: "Tápate, coquetita desagradable". Y cosas por el estilo.)

Ciertamente, tampoco es nocivo que los padres se bañen con sus hijos. Especialmente cuando el niño abandona la primera infancia, los padres del mismo sexo pueden compartir un baño con el hijo, hasta que este disfrute hacerlo solo.

Viajes

Fuimos a la India con algunos de los niños cuando sólo tenían cuatro o cinco años. Mucha gente pensó: "¿Cómo puede un pequeño de cuatro años apreciar la profundidad y la amplitud de la cultura india? Llevar a los hijos a un viaje así sólo es un desperdicio de dinero, energía y atención. Y además, es muy peligroso para su salud". Pero la misma gente no se da cuenta de que la influencia en un niño de cuatro años es diez veces mayor que la influencia en una persona de treinta años. La mayoría de nosotros no tenemos idea de la clase de capacidades perceptivas que tienen los niños. Es absolutamente increíble, formidable. Observamos esto con los niños que viajaron con nosotros. Ahora son adolescentes, y las impresiones sutiles que absorbieron todavía los están alimentando de muchas maneras.

Mi recomendación ha sido siempre que cuando los niños se puedan llevar a entornos culturales sumamente inusuales (siempre que los entornos sean sensatos, positivos hacia la vida y no peligrosos para la vida del pequeño), ¡debemos llevarlos! Si hay elementos disonantes, simplemente tenemos que explicarles estos elementos. En la India, por ejemplo, casi todos los adultos nos enfermamos uno o dos días. Estuvimos muy enfermos. Pero cuando los niños se enfermaron, sufrieron del estómago y al día siguiente estaban bien. No fue nada. No les molestó con la misma intensidad que a los adultos. Los pequeños estuvieron fascinados por la belleza y las cosas interesantes a su alrededor, y la enfermedad fue sólo algo por lo que tuvieron que pasar, sin darle mayor importancia. Durante ese viaje, hubo niños que no hicieron popó durante dos semanas, y no les molestó (ni psicológica ni mentalmente). Pero si le sucediera a un adulto por dos semanas, estaría tan obsesionado con sus problemas de eliminación que apenas podría recordar que está en una cultura diferente.

La habilidad del niño para literalmente "comer" las impresiones es mágica. Es asombrosa. Aun cuando el cuerpo está luchando con un pequeño estrés, el ser –la esencia del niño- está empapándose, como una esponja, de impresiones útiles y valiosas.

Otros adultos

Alice Miller habló acerca de ser un "testigo iluminado" para el niño. Si no hay alguien en la vida del pequeño que le reconozca quién es, alguien que sea terreno confiable de amabilidad, generosidad y ningún tipo de abuso, no tendrá la oportunidad de crecer saludablemente. Pero si al menos una persona es "testigo" de la inocencia inherente del niño y de su autovaloración, esto puede cambiar su vida para siempre. A menudo, un amigo de la familia cumple este papel cuando los padres o los parientes consanguíneos no lo cumplen (o no pueden cumplirlo). Por ejemplo, mis padres siempre estaban introduciendo amigos adultos que sirvieran como mentores y como testigos iluminados para mí, en áreas en las que a ellos (mis padres) no les resultaba fácil.

En términos de otros adultos en general, siempre he recibido mucha gente "diferente" en nuestra comunidad por un tiempo –días, semanas, meses y hasta años. Sin embargo, muchos de mis estudiantes se sienten incómodos con la energía que proyectan ciertos huéspedes. Estos estudiantes tienen que lograr resolver su visión sobre cómo manejar una gran variedad de influencias, algunas de las cuales no son muy hermosas. Tomando en consideración tanto lo que es "útil para la transformación" como lo que es bueno para nuestros niños, frecuentemente aceptamos huéspedes que no quisiéramos que vivieran con nosotros, pero son huéspedes que añaden, por un corto tiempo, un color que comúnmente no está presente. No quisiera conservar un entorno *totalmente* libre de algunos de los elementos que son "oscuros", en cierto sentido, o que no son el rol de modelo ideal para los niños. Estos elementos ofrecen oportunidades tremendas para todos los involucrados en la mezcla, tanto psicológica como "químicamente". No queremos que los niños crezcan totalmente inclinados hacia un lado, totalmente desequilibrados, aun cuando todo el peso esté del lado de las impresiones "luminosas". Por supuesto, no permitiría que ninguna persona que de *alguna manera* fuera peligrosa o abusiva, cruel o violenta con los niños se quedara con ellos. Pero la gente que tiene hábitos inusuales o giros psicológicos (como el artista brillante o magistral que, por personalidad, se ha recluido en su propio genio hasta el punto de mostrar muy poca expresión exterior), esa clase de "diferente", puede ser útil.

Mucha de la gente que yo encuentro especialmente útil por lo que tienen que ofrecer, son las últimas personas que uno quisiera tener como modelos únicos para sus hijos. Cada individuo tiene que decidir cómo permitir la exposición de los niños a algunos elementos potencialmente negativos para ayudarles a ver el mundo en toda su variedad, y al mismo tiempo asegurarse de que los modelos positivos sean los más fuertes (lo cual lo serán naturalmente para un niño cuya inocencia está intacta), y que los niños estén a salvo de estar sobreexpuestos o ser impactados.

INFLUENCIAS DEL SUBMUNDO

Como adultos, luchamos contra los elementos del submundo, contra el lado oscuro de la naturaleza humana —la perversidad, la crueldad, la discriminación, etc.. Cuando nuestro trabajo tiene esa sensación oscura, difícil o dolorosa, con frecuencia es porque no hemos reconocido ni manejado nuestro submundo de una manera natural. Cuando surgen el miedo, el disgusto, el dolor y el enojo, necesitamos tratar estas energías simplemente como partes naturales y genuinas de nosotros mismos, y no definir necesariamente estos elementos del submundo como "malos", peligrosos o morbosos. Obviamente, hay elementos externos: la guerra, la tortura, el crimen violento y la falta incuestionable de humanidad del hombre hacia el hombre (y la mujer). La habilidad para manejar de forma saludable estos ingredientes inevitables en la cocina de la vida está relacionada con estas cualidades internas en nosotros.

Por ejemplo, si por algún motivo un hombre se siente violento hacia una mujer (o hacia todas las mujeres, lo que es típico, aunque se manifiesta usualmente sólo hacia la mujer con la que tiene una relación), la forma en la que maneje ese sentimiento será un ejemplo saludable para el niño que lo observe, o un evento aterrador y posiblemente traumático. Una madre no puede ser brutalizada –ni física, ni emocional y ni psicológicamente– sin que tenga un efecto devastador en el pequeño. Y si es el padre el que la brutaliza, el efecto es aún más devastador.

Muchos de nosotros todavía luchamos contra enormes demonios resultado de impresiones que recibimos de niños, impresiones para las que no teníamos la visión del mundo requerida para interpretarlas, como un adulto inteligente lo hubiera hecho; impresiones que los demonios de nuestra niñez no nos permitieron manejar naturalmente, o los de los adultos en nuestro entorno cercano. Y no tuvimos adultos comprensivos ("testigos iluminados", para utilizar el término de Alice Miller otra vez) que nos ayudaran a integrar, comprender y digerir estas impresiones.

Si somos capaces de relacionarnos con la oscuridad dominante y la bajeza de nuestro propio inconsciente, nuestros hijos serán más sanos que nosotros y, de hecho, más sanos que cualquiera. La epidemia de mala salud, y de otras sórdidas condiciones físicas y psicológicas, se debe, en parte, a una incapacidad o a una falta de voluntad de manejar el submundo, además de una falta de educación acerca de lo que realmente *es* el submundo. Nunca se nos enseña acerca del submundo, ni cómo vivir con él ni cómo ser amigos de él, y aun así a relacionarnos con el mundo como individuos compasivos, trabajadores e impecables.

El submundo es un tercio de la realidad. En términos chamanísticos, existe el submundo, el mundo medio y el mundo superior, y sentir temor respecto al submundo es manejar el mundo alrededor de este miedo. Los niños aprenden eso y copian ese miedo en su vida. Cuando les toca a los padres, o a cualquiera, enseñar a los hijos acerca de las cosas más desagradables de la vida —como la crueldad, la discriminación y la criminalidad de algunas personas o del mundo—, es importante que el maestro tenga una buena conexión con su propio submundo, con su propio lado oscuro. Ser amigable con el submundo quiere decir que se tiene la franca actitud de que "suceden cosas malas", o como queramos frasearlo. No necesitamos estar fascinados con lo grotesco o lo horrible, pero tiene sentido ser conscientes de su existencia, su realidad, y tener una mirada sana sobre estas cosas. No podemos evitar por completo estas influencias en el mundo en general. Incluso los ermitaños tienen dichos elementos dentro de sí mismos.

Como adultos que tomamos en serio el deseo de que nuestros hijos gocen de salud en general, sensatez y equilibrio, necesitamos mantener para ellos el contexto de "no hay problema" hacia la vida. [Nota del editor estadounidense: Hablando de este contexto de "no hay problema", Lee no se refiere a un optimismo ingenuo que no ve el dolor, la crueldad o la demencia del mundo en general. Más bien, se refiere a una actitud de "esta es sencillamente la manera como es la vida", que descansa en una confianza perdurable, en el sentido de que nuestras vidas están, en última instancia, en las manos de Dios. Si vivimos a partir de este concepto, esto sirve como un modelo invaluable hacia nuestros hijos. Si aplicamos de manera cotidiana esta actitud ante las situaciones que surgen en la vida de nuestros hijos, y atendemos sus necesidades con sentido común y criterio razonables, podemos dejar de lado la sobreprotección y el control excesivo, obsesivo o neurótico]. Aparecerán, a lo largo de nuestras vidas, numerosos factores que aparentarán ser perjudiciales. Pero si *nosotros* mantenemos un contexto de "no hay problema" en general, los que podrían ser elementos negativos en la mayoría de las circunstancias no surtirían tal efecto. Más bien, los niños aprenderán acerca del submundo con los ojos abiertos, sólidamente y con sabiduría, no con miedo ni recelo. Aprenderán a hacer distinciones y a saber discriminar (lo cual ya saben en un grado realmente extraordinario). Y podrán hacer estas distinciones por sí mismos, cosa que les es absolutamente negada en el mundo ordinario.

Cuando yo era muy joven, uno de los amigos cercanos de la familia era un alcohólico empedernido que solía caerse completamente borracho en cada reunión a la que acudía. Yo ya estaba dormido para cuando él estaba "borracho", pero mis padres evitaban escrupulosamente hablar de este tema. ¡No fui consciente de esto hasta que tuve veinte años! No resulté dañado por esta falta de conocimiento, pero tampoco me educaron para enfrentarme a las duras realidades con las que me topé en la universidad, y después. Afortunadamente aprendí rápido y no fui propenso a la autodegradación ni a la debilidad de la autodestrucción, ya fuera por drogas u otras cosas. De cualquier manera, lo que observaba era espantoso, inimaginable en algunos casos, y todavía lo es.

Es interesante ver cómo los conceptos intelectuales no se traducen en una falta de inocencia, a menos que estén relacionados con una experiencia traumática, y entonces la inocencia se pierde rápidamente. Sin embargo, si la experiencia se tiene en un contexto de "no hay problema" o "esta es sencillamente la manera como es la vida", la experiencia del niño se amplía o se profundiza sin rebote (esto es, sin reactividad negativa), y los elementos del submundo de nuestras vidas no afectarán el comportamiento de nuestros hijos de una forma oscura o negativa.

EXPLICAR LAS INFLUENCIAS A LOS NIÑOS

Se deben intentar dos cosas al educar a los niños, dado su estado de inocencia y receptividad: primero, proveer, tanto como sea posible, un entorno de salud, amabilidad, respeto y claridad, aunque a veces esto no siempre sea posible. Segundo, si el entorno contiene alguna discordancia (que la mayoría de los entornos tienen en cierto grado), los adultos en ese entorno necesitan reconocer la discordancia *como discordancia*, en lugar de aceptarla como algo normal, y señalársela a los niños como un elemento de muchos en el panorama de sus vidas. Si el entorno contiene un elemento de claridad y discriminación en relación con lo que es saludable y creativo, los niños responderán a eso subjetivamente, aun si están respondiendo objetivamente al ruido, a la violencia o a lo que esté sucediendo en el entorno. Por ejemplo, si uno se encuentra ante una situación en la que atestigua un accidente automovilístico, y los conductores entran en una discusión fuerte y violenta que el niño está observando con los ojos muy abiertos, se puede aprovechar la oportunidad para explicar que tales reacciones son innecesarias y que se dan en función del enojo mal manejado, sentimientos de estrés, etc.; todo esto explicado de manera que el niño pueda captar, no con una disertación doctoral.

Cuando se lleva al niño a un entorno desconocido (desconocido para el), ya mencioné que hay que explicarle con anticipación qué sucederá. Por ejemplo, si fueras a un lugar donde hubiera mucho griterío y ruido (por ejemplo, dentro de la Bolsa de Valores o en una venta con descuentos en ropa interior en una tienda), debes preparar al niño: "Aquí es donde vamos... y esta es la manera en la que pasan aquí las cosas... No amenaza tu vida y no corres ningún peligro". Sin esta advertencia, los niños frecuentemente reciben estas impresiones de una manera que les causa miedo y aprensión. A veces la energía de la competencia, de empujones y empellones, de gran impaciencia vital, afecta a los pequeños como si ellos fueran el objeto de esa energía. Por eso queremos asegurarles, con anticipación, que ellos no son el objeto de eso y que los mantendremos seguros. No tenemos que preocuparnos por saber si el niño es lo suficientemente grande como para entender el lenguaje literal (los bebés de uno o tres meses no lo entenderán), pero recibirán nuestra comunicación en un nivel sensorial o sensible. Comprenderán la intención y el humor.

Obviamente, si el adulto es del tipo histérico, que piensa que el niño necesita estar protegido de todo, del mínimo esbozo de una impresión negativa, esto repercutirá tan fuertemente como la discordancia en el entorno. Así que la máxima recomendación es que los adultos estén relajados y sean positivos hacia la vida con sus hijos; y eso requiere un esfuerzo por parte de los adultos. Por otro lado, si el adulto es histérico del otro tipo, que olvida que un niño está con él mientras reacciona negativa o exageradamente ante una situación, entonces el pequeño lo tomará como una amenaza directa contra él. En general, la ecuanimidad con nuestros hijos es una buena idea.

En esencia, es casi imposible eliminar todos los elementos discordantes de cualquier entorno, no que uno quisiera hacer eso particularmente. Por otra parte, mucha de la discordancia hacia los niños se crea innecesariamente porque los adultos son algo ignorantes en cuanto a las necesidades de los niños. Por supuesto, están los ejemplos obvios de violencia y abuso: los adultos que no quieren realmente a sus hijos, los presionan y desearían que no estuvieran aquí, etc. Pero mucho del condicionamiento negativo de los niños se da porque los adultos no saben que la televisión es tan dañina, o peor, que una droga como el alcohol o la nicotina. También se da porque los adultos pelean entre sí, creando conflictos profundos y temor en el niño.

La primera vez que el niño presencia la crueldad, lo más importante es que seamos honestos con él. Al atestiguar la crueldad de un ser humano hacia otro, el pequeño nos mirará como diciendo: "¿Por qué hicieron eso?". Ayuda mucho explicarle estas cosas y nunca justificar dicha violencia a través del silencio, la negación o intentos de distraer o proteger al niño de tal realidad.

Es inevitable que el pequeño vea a adultos que gritan, bofetean o pegan a los niños –en el supermercado, en la juguetería, en el cine y en el parque. Expliquen simplemente la verdad de la mecanicidad humana y el condicionamiento de los patrones habituales. No traten de esconderlos o de explicarlos con una razón absurda. Hay que explicarlo de manera que puedan entenderlo; no le ofrezcan una disertación clínica de psicopatología anormal. Un niño pequeño no puede comprender la guerra y la criminalidad al nivel de los motivos neuróticos, porque él no tiene estos motivos que le permitirían entenderlos. Esperen a que tenga la profundidad de entendimiento para conocer qué es esto, antes de entrar en tal detalle. Y *nunca* hagan una broma de ello, como: "Cuidado, nunca le hagas eso a papá [tirar una caja de cereal fuera del carrito, o lo que sea] o tendré que actuar contigo como aquel papá". Aunque riamos o usemos un tono de voz que otro adulto entendería como de broma, el niño no lo captaría.

Al hablarle al niño, uno puede usar el enfoque: "Nunca hay una buena razón para la crueldad. Algunas personas están frustradas y enojadas, y la manera en la que lo expresan es lastimando a otra, y definitivamente no es la mejor forma de manejar estas cosas". Usen este tipo de generalización, que es verdadera, no demasiado intelectual, compleja ni sofisticada. ¡Por supuesto, tenemos que ser capaces de decirle al niño cómo manejar estas cosas positivamente!

Todo esto no significa que debamos tener una actitud de optimismo exagerado hacia el mundo de los niños. Algunos adultos son tan temerosos de su submundo, que han hecho de la vida suaves nubes blancas, unicornios, arcoíris y vetas tenues de música electrónica *New Age* patética. Ciertamente, a los niños no se les debería agobiar con cuentos atroces sobre la falta de humanidad del hombre hacia el hombre, pero tampoco se les debe proteger de dichas cosas de manera poco realista.

En las escuelas públicas de los Estados Unidos, cuando el niño tiene cuatro o cinco años ya sabe todo acerca de violaciones, asesinatos, guerras y todas esas cosas horribles. Y están realmente des-sensibilizados. Algunos de los niños de nuestra comunidad reciben educación en casa, y algunos otros van a la escuela pública, pero juegan juntos. Entonces, los que van a la escuela pública ilustran a los educados en casa sobre todas las realidades de la vida en el mundo. Los niños de cinco o seis años van con sus padres y les dicen: "Quiero ir a ver la nueva película de Steven Segal". Y nosotros decimos: "No, no puedes ver eso". Y ellos continúan: "¿Por qué? Fulano y Zutano ya la vieron. Todos en la escuela pública ya la vieron. ¿Por qué no puedo ir a verla?".

Hablamos con ellos, no los sermoneamos demasiado, charlamos con ellos del peligro de ser insensibles a la agresión y a la violencia a edades tempranas, y ellos lo captan. A veces, cuando ponemos límites a nuestros hijos, ponemos límites que son antagonistas a los límites que tienen todos sus amigos. Pero tenemos que estar dispuestos a defender lo que es integral.

Proteja la inocencia de los niños tanto tiempo como sea posible. Con un niño de dos años, no tendría a la mano libros con fotos de las atrocidades de la guerra, pero tampoco escondería el *Newsweek* o el *Time* a niños de ocho años. Con frecuencia, al mirar las fotos de estas revistas, los pequeños ven cadáveres. La primera vez que se topan con estas fotos, seguramente dicen: "¿Qué es esto?", y a veces hasta lloran. "¿Por qué alguien le hace eso a otra persona?". No les arrancamos la revista de sus manos como si no existieran los horrores, sólo tratamos de explicarles cuando se topan con estas situaciones.

Si la primera vez que se habla a los niños sobre el movimiento de los derechos civiles o el apartheid de Sudáfrica, ellos preguntan: "¿Por qué los blancos odian a los negros?", nosotros mismos tenemos que saber y ser capaces de explicar la naturaleza del odio y del prejuicio. Si negamos nuestras propias tendencias, será muy difícil relacionarnos honestamente con los niños acerca de estos temas. Necesitamos saber, en nuestro propio ser, que la gente hace esto a otras personas. Necesitamos sentir el horror de esto para tener un poco de compasión –tanto al momento de educar al niño, como a la hora de considerar el impacto que estas cosas causan a su inocencia–, a fin de que no empujemos la curiosidad del niño hacia un terror paranoico con respecto a dichas realidades y lo dejemos estremecido, sacudido y asustado, encerrado en un caparazón de desinformación, confusión y paranoia.

Muchos hombres sienten, particularmente con los niños varones, pero también con las niñas, que los pequeños tienen que conocer la clase de mundo en el que se encuentran: "¡Es la realidad de la vida! Déjenlos que aprendan lo más pronto posible". Esta actitud es totalmente mecánica. Los hombres con este tipo de actitud, la adquirieron de su propio padre, y no están pensando por sí mismos. Es una actitud completamente condicionada. Todos nuestros hijos crecerán, tendrán romances, entrarán a la vida y quizás hasta vayan a la guerra demasiado pronto. Mantengan a los niños inocentes tanto tiempo como sea posible.

Para utilizar un ejemplo extremo: en estado de guerra, los niños verán cosas horribles –la madre de su amigo volada en pedazos, por ejemplo. No hay manera de que hagamos que estas cosas estén bien, pero podemos decir: "Sí, es una cosa terrible, y cuando seas mayor, no tienes que dejar que eso se siga haciendo". También diría: "No es correcto, pero no controlamos a toda la gente y no podemos hacer que todas las personas hagan lo correcto. No podemos hacer que la gente sea amable con los demás. Algunas personas son muy violentas y crueles; esa es la forma en la que liberan sus frustraciones…", o algo parecido. "Estas personas no son conscientes", sería otra manera de decirlo. "No son conscientes, no entienden. Si fueran más conscientes serían diferentes". No utilizo este tipo de lenguaje todos los días, porque el concepto es muy oscuro para un niño pequeño. Pero podemos usarlo de vez en cuando, de manera que los niños capten la idea de que son individuos que tienen una opción en términos de su capacidad de ser conscientes, y que pueden escoger la integridad y la acción correcta, aun frente a la presión de su entorno.

A veces, en circunstancias tan extremas, estarán impactados y fascinados a la vez. Querrán ver lo que está pasando. Supongamos que la familia está amontonada en un sótano o en una bodega mientras la ciudad está siendo bombardeada. El niño puede insistir: "Pero yo no quiero estar aquí, quiero estar allá arriba". Ahí es cuando el padre debe decir: "No podemos subir hasta que se detenga el bombardeo. Entonces subiremos tan pronto como podamos y quizá veamos que las paredes están derruidas. A lo mejor no, y estaremos de suerte". No hay forma de hacer aceptable este tipo de tragedia. Muchas culturas dicen: "Sé fuerte", que se traduce en inhibición, como: "No sientas". Yo dejaría que los niños se afligieran tanto como hiciera falta: déjenlos llorar y gritar su angustia a la falta de humanidad del hombre hacia el hombre en tales situaciones.

LAS INFLUENCIAS DEL SUFRIMIENTO Y DE LA MUERTE

En el esquema fundamental de las cosas, al nacer los niños saben en qué se están metiendo, en el sentido de que existe la consciencia antes del nacimiento y antes de la concepción: consciencia que ve más allá de la encarnación. Hay dos tipos de sufrimiento para los niños. Existe el sufrimiento debido a las limitaciones inherentes a la encarnación orgánica, y esto tiene que vivirse; lo cual se traduce en "puro" sufrimiento –no se trata de una reacción hacia algo, más bien es un elemento dado por la física de la existencia. Y hay un sufrimiento que es una reacción al mundo del crimen, de la ilusión, de la guerra, del dolor, de la brutalidad, de la violencia, de la confusión, etcétera.

Es muy fácil para un niño ser encarnado y no estar en contacto con este último tipo de sufrimiento, de forma tal que se desarrolla en él un mecanismo de negación; un mecanismo que no le permitirá conmoverse ante lo deseado y necesitado en el momento, hablando a nivel espiritual y social. Es relativamente fácil proteger a un pequeño de este tipo de sufrimiento, de tal forma que no se despierte en él la motivación innata de trabajar en contra de él. En muchas culturas tradicionales, particularmente en las culturas que tienen una relación poderosa con lo Absoluto, la formación del niño está diseñada para impedir que dicho mecanismo de protección se ponga en marcha.

Pobreza, sufrimiento y dolor: en la India uno se enfrenta con el escenario completo. Antes de que fuéramos a la India, la mayoría de los adultos en nuestro grupo (ingenuos, clase media, burgueses) nunca habían visitado antes un país del tercer mundo y nunca habían visto la pobreza ni la enfermedad *verdaderas*. Estaban horrorizados de cada lugar que veían: "Dios mío, la fealdad, la mugre, el sufrimiento, el dolor". Caminaban a través de la India con esta visión sentimental de las cosas: no era compasión real, sólo estaban simpatizando con sus propios sentimientos de miedo y repugnancia, no con los indios. Ciertamente hay mucho sufrimiento en la India, pero también hay un punto de vista totalmente diferente.

Por otro lado, ¡nuestros niños estaban fascinados, nada asqueados con lo que veían! En algunas partes de la India, hay tan poca comida que los animales son tratados muy cruelmente, porque la comida que estos pueden comer, también pueden comerla los humanos. La gente patea y golpea a los perros cuando los ven. En un área que visitamos, todos los perros eran los animales más horribles que se puedan imaginar; todos estaban enfermos; se les veían las costillas por lo flacos. Los adultos se lamentaban: "Ooooh, pobre perro". Estaban horrorizados al ver a un cachorrito hambriento deambulando por las calles. Pero los niños tenían esta fascinación: "¿Se va a morir?", "¿cuándo se va a morir?", "¿podemos ver?". Tremenda inocencia. Muchas veces tuvimos que advertir a los padres que permitieran a los niños tener sus propias opiniones y que los dejaran ver la vida tal como es, sin imponer los sesgos neuróticamente condicionados de los adultos.

Los niños no tienen el mismo miedo a la muerte que tienen los adultos. Los pequeños de cuatro o cinco años a veces preguntan: "¿Cuándo me voy a morir?". Para ellos es muy sencillo. Pero si ves a un adulto de cuarenta años, todo lo que dicen es: "Me estoy haciendo viejo. Tengo miedo del dolor, del deterioro, de lo desconocido y de la muerte. ¡No, no, agh!". Los adultos tienen esta negación y miedo tremendos a la muerte que no tienen los niños.

En Benarés, ciudad de la India donde la gente va para morir, a lo largo del río hay enormes terrenos de cremación. Se amontona la leña, se pone encima el cadáver y se amontona más leña sobre el cuerpo. Se le añade mantequilla para que queme bien y se enciende el fuego. A veces, el cadáver no está bien amarrado, y cuando el fuego empieza, aunque el cuerpo esté atado, se queman las cuerdas y se asoma un brazo o una pierna. Los niños pensaban que era grandioso: "¡Mira eso!". Mientras que los adultos volteaban sus cabezas y decían: "Qué asco!", sintiendo que era muy extraño, horrible. Pero los niños querían quedarse y contemplar.

Los indios tienen la costumbre de quebrar el cráneo del cuerpo que se está quemando para que no explote. (¡El cerebro se cocina! De la misma manera en la que una lata de comida que se pone en el horno explota por el calor, el cráneo puede explotar). Si no lo rompen, ¡BUM! Los niños esperaban y contemplaban: "¿Cuándo van a romper el cráneo?". Varios de los adultos tuvieron que ser muy cuidadosos para no condicionar a los niños a que era feo, o atroz, o raro, o malo, sino que ellos decidieran por sí mismos.

Una manera en la que los pequeños en nuestra comunidad aprenden acerca de la muerte es a través de la composta. Hace unos años, varios de ellos se interesaron por la pila de composta después de haber esculpido calabazas como linternas en Halloween. Las calabazas estaban vivas cuando las esculpieron, pero vieron que después fueron a dar a la composta y observaron su deterioro durante varias semanas. Para ellos, todo esto fue impresionante e increíble. Fue una de las cosas más asombrosas que habían visto: ¡el nacimiento, la desintegración y la muerte en dos semanas!

También es útil que los niños tengan una idea de la continuidad; esto quiere decir que cuando algo muere, su pez dorado o un periquito, los padres no deben sentirse devastados por el niño. Generalmente el pequeño siente más curiosidad, que desolación. Si les conseguimos otro, estarán felices. Les enseñamos la idea de la continuidad a través de *nuestras* respuestas: la vida sigue, y una forma de vida se convierte en otra forma de vida. El pescadito muerto, enterrado en el jardín, se convierte en parte de la rosa o de las verduras.

EXPONERLOS A
DIFERENTES MANIFESTACIONES

Para educar a los niños, expónganlos a tantas manifestaciones diferentes como sea posible, para que cuando crezcan no estén limitados a una o dos experiencias muy estrechas. Eso es lo que es verdaderamente ficticio o fantasioso acerca de las historias de Tarzán. Supongo que teóricamente es posible, pero en la práctica, alguien que creció en ese entorno probablemente no tendría la fluidez que Tarzán tenía. No sería posible que se adaptara tan pronto ni con tan poca dificultad.

Cuando viajamos a la India, nos quedamos en un pequeño ashram que tenía un orfanato para niñas y una escuela asociada a él. A una de las niñas, de trece años en ese momento, la habían encontrado años atrás viviendo entre una manada de perros salvajes. Gateaba a cuatro patas, comía y ladraba, e iba al baño como los perros. La habían descubierto cuando tenía ocho años y había estado en la escuela y el orfanato durante cinco, pero todavía no había aprendido completamente el lenguaje humano ni las formas humanas de vivir. Aunque era sumamente feliz, brillante y curiosa, era notablemente diferente a las demás, y no demasiado entusiasta para tratar de adaptarse a la sociedad humana. Más bien sobrevivía con el menor esfuerzo. Muy probablemente los perros tenían una cultura más sabia que la nuestra.

Eso sucede a algunos niños. Crecen en un entorno que es tan aislado, que sólo aprenden una o dos manifestaciones: aprenden un sólo tono de voz, por ejemplo. Si están con un padre enojado, todo lo que oyen es el tono enojado de voz; todo lo que ven o sienten es esa manifestación de enojo. Si están en ese entorno por bastante tiempo, será todo lo que puedan aprender durante su vida. Las habilidades de aprendizaje se atrofian si no se usan, ejercitan ni requieren. Cuando estos niños crecen, el simple hecho de aprender a hablar de otra manera les resulta terriblemente difícil.

De vez en cuando, en las sesiones de entrenamiento motivacional, como los cursos de Dale Carnegie, aparece alguien que tiene una sola forma de comunicación. Cambiar ese patrón es sumamente improbable. A veces, ciertas personas se dan cuenta de lo limitado que es su modo y se derrumban y lloran porque no pueden salir de él. Algunas otras aprenden sólo una respuesta emocional y tienen un conflicto similar.

Harry Chapin escribió una canción llamada *Bummer* acerca de un negro que creció en el gueto. Las primeras líneas dicen: "Cada vez que lloraba recibía una bofetada en la cara, entonces aprendió a no mostrar sus sentimientos".[14] Esa persona tenía una sola forma de manifestación. Fue un intimidador en la escuela primaria, traficó droga en secundaria y lo enviaron a prisión a los dieciséis años, donde lo "transformaron de drogadicto a una persona llena de odio". Cuando estuvo en el ejército y fue a Vietnam, le fue muy bien. Lo pusieron en un tanque y se dedicó a matar gente. Esa era su manera de manifestarse. Ninguna emoción excepto furia, la cual utilizó en favor de su tropa. Finalmente, mientras estaba con un grupo de hombres en el tanque, cayeron en una emboscada. Disparó a todos. Los hombres que lo fueron a rescatar después, encontraron a todos muertos menos a él. Yacía en un charco de su propia sangre con una sonrisa en su rostro (la primera sonrisa en toda su vida), porque había salvado a sus amigos. Se daba cuenta de que lo único que sabía hacer bien era matar... la violencia, y en esta circunstancia le sirvió. Pudo salvar las vidas de otras personas. Continúa la historia de la canción con la segunda sonrisa que tuvo en su vida, que fue cuando lo mataron mientras asaltaba una tienda. Murió con su medalla de honor en el puño. Una canción conmovedora. Harry Chapin fue un baladista brillante, uno de los mejores de nuestra época.

Algunos niños sólo aprenden una manifestación emocional y es muy duro para ellos lograr ser felices en confines tan estrechos. Es como si estuvieran en una prisión sin barrotes, pero igual de incapaces de salir. Mientras más manifestaciones se tengan a la mano, mejor. Por ejemplo, puedes exponer al niño a la música clásica de varios compositores, al rock and roll, al jazz, a los blues, a la ópera, a los conciertos folklóricos y en vivo, a la música acústica, electrónica, grabada... o introducirlo a la comida mexicana, italiana, francesa, estadounidense o india, etc., y a artistas, mecánicos, enfermeras, vendedores, etcétera.

Los niños deben crecer sin que les impacten los fenómenos psíquicos (sobrenaturales, metafísicos o parapsicológicos), ni la consideración de la vida después de la muerte. Deben sentir la naturalidad y lo

---

14. *Bummer*, 1975, Sandy Song. Utilizado con permiso.

ordinario de todo tipo de eventos curiosos y mágicos. Como ya lo hice notar, estas cosas deben ser naturales para los niños, porque son reales, incluso comunes y corrientes si nosotros mismos estamos abiertos a verlas y a experimentarlas de esa manera. Por ejemplo, es interesante hablar a los niños acerca de gente como Satya Sai Baba, Uri Geller, Swami Rama o Swami Premananda.[15] Los niños preguntarán: "¿Cómo hacen esas cosas de la nada?, ¿cómo lo pueden hacer?, ¿puedo hacerlo yo?". Personalmente, no trato de explicarle a un niño de tres años que "todo es energía" y que $E = mc^2$. Sólo le digo: "No estoy seguro de cómo lo hacen, pero lo he visto; es real y es asombroso, ¿verdad?". Quiero exponer a los pequeños a toda la riqueza de fenómenos de nuestro mundo.

Pareciera que algunos niños sólo tienen una manifestación; por ejemplo, son callados y reservados, pero déjenlos actuar en un guion de teatro y, de repente: "¡Dios mío, no sabía que podían hacer algo así!". ¡Se vuelven gregarios y extrovertidos! A veces los niños aprenden algo cuando tienen un año y no lo muestran hasta el momento exacto en el que sienten que lo quieren mostrar. (Eso prueba que las cosas que aprendemos cuando somos pequeños están "adentro"). Bajo circunstancias en las que se requieren ciertas cosas, veremos cuán increíblemente hábiles y brillantes son los niños. Pero tenemos *que dejarlos ser* de esta manera, no reprimirlos (o comprimirlos) al grado de que estén tan inseguros o tan asustados que no hagan nada. Tampoco debemos entrenarlos arduamente para exigir que sean altamente calificados en muchas áreas, más allá de sus tendencias naturales, y que sean capaces de actuar bajo nuestras órdenes.

Parte del reto para nosotros, los adultos, es desenterrar todas las cosas que hemos relegado al "clóset" o "ático" de la psique; cosas que son enormemente expresivas y aspectos valiosos de nuestro ser. La

15. Satya Sai Baba y Swami Premananda son sabios indios contemporáneos, famosos por su capacidad de materializar objetos (pedazos de caramelo, piedras sagradas y otros objetos pequeños) de la "nada", o en el caso de Premananda, de su propio cuerpo. Uri Geller es un israelí que manifestó un amplio rango de fenómenos parapsicológicos fascinantes, como psicoquinesia, telequinesia y tele-transportación, muchos bajo condiciones estrictas de laboratorio. Swami Rama fue un gran yogui estudiado por la Fundación Menninger, que fue sometido a pruebas en las que se observó cómo disminuía los latidos de su corazón a grados imposibles de medir, generando temperaturas diferentes al mismo tiempo en cada mano, etcétera.

otra parte del reto es entrenar todos los aspectos potenciales de nuestro ser que bloqueamos cuando éramos niños.

EL PELIGRO DE DEFINIR A LOS NIÑOS DEMASIADO ESTRECHAMENTE

Los niños son viajeros, exploradores, aventureros. Viven en realidades y campos diferentes al mismo tiempo. Para el adulto torpe, condicionado, sólo hay una dimensión, y todo humano predecible y mecánico vive ahí. Está limitado por sistemas de creencias que usualmente son arbitrarios y definidos en su totalidad por ilusiones, ideas falsas y proyecciones, que se asumieron como la verdad exclusiva, basada en suposiciones psicológicas infantiles. Para el niño, que está en contacto con sus reinos imaginarios, cualquier momento de percepción es sólo una intersección que se ha mostrado por un cierto periodo, y que se desplaza a otra parte en el momento siguiente.

Los niños funcionan dentro de muchas realidades y no *saben* que lo hacen de la manera intelectual que lo estamos describiendo aquí. Están intentando ser como nosotros; están intentando "captar" esta cosa llamada vida, tratando de explicarse todo, y están por todas partes. Es muy útil comprender esto acerca de los niños y dejarlos con total libertad para su descubrimiento. Déjenlos, anímenlos a explorar no sólo las dimensiones complejas y vastas de la psicología, también las sutilezas profundas y abstractas de la dimensión parapsicológica, lo cual todos hacen de cualquier modo, mientras no sean condicionados a la idea de que esas realidades "alternativas" son raras, terroríficas o "malas".

Veamos un ejemplo práctico de cómo los adultos limitan a los niños. Cuando un pequeño mira hacia arriba y sonríe, la primera respuesta del adulto es: "Eso es gracioso, ¿verdad?", porque, antes que nada, el adulto cree que sabe lo que el niño está experimentando, y segundo, piensa: "¿Por qué habría de sonreír si no fuera algo gracioso?". Sin embargo, para un pequeño la sonrisa no es necesariamente la respuesta a algo gracioso. Tampoco es la risa. Cuando ríen no es porque algo es gracioso, es porque están alegres, plenos de placer. El deleite libre genera risa.

Los niños chiquitos ni siquiera tienen el concepto de "gracioso".

No viven con una consciencia del sujeto-objeto en la que hay algo separado de ellos que les provoca risa. Ellos contienen todas las cosas, y su risa es puro gozo por este estado. *¡De veras!* Nada es gracioso en un sólo sentido de la idea. ¿Cómo puede algo ser gracioso si no hay dualidad? ¿Cómo podemos, como adultos, reír *por* algo, aun inocentemente? No podemos. Sólo podemos reír hacia adentro o por la inocencia, la alegría, el gozo mismos. En nuestra ilusión, imaginamos que estamos riendo por algo o por alguien separado de nosotros.

Desde la infancia decimos a los niños, o los entrenamos, a que hay ciertas leyes estrechas y que esa es la forma de entender la realidad. Por ejemplo: cuando alguien se ríe, se está riendo por algo exterior a sí mismo; algo le hizo reír; algo le pareció gracioso. Cuando un niño empieza a llorar, le decimos: "¿No te gustó algo?, ¿no te gustó esto?", o "estás incómodo"; con esto le estamos diciendo cuáles son *nuestras* reglas, lo que suponemos acerca de él. Quizá no esté incómodo en absoluto. Tal vez se conmovió por el hecho de que mataron a 500 personas en la India durante un disturbio hindú-musulmán. ¡No tenemos *ni idea* de lo que pasa en un pequeño! Pueden estar llorando por algo que sucede en los extremos de la galaxia, pero nosotros siempre estamos definiendo, definiendo, definiendo, definiendo y limitando por dichas definiciones.

Es mejor no definir nada. No necesitan nuestras definiciones. Los niños son más listos que nosotros. Si nuestros mecanismos sensoriales pudieran absorber la información de la misma manera en la que lo hacen los mecanismos sensoriales del niño, todos tendríamos un coeficiente intelectual de 2075 (algunas personas imaginan que en el año 2075 todos tendremos un coeficiente intelectual de 2075, pero yo lo dudo seriamente, y lo estoy expresando de una manera diplomática).

En cierto grado, los niños vienen con "algo" intacto: algún potencial, algunas cualidades esenciales, más allá de la genética que reciben. Este es un tema muy delicado. Es muy difícil no influir en nuestra relación con el niño de una u otra manera a causa de nuestras creencias, a menos que nosotros, como adultos, seamos realmente, perfectamente maduros (¿y quién lo es?). Aun de forma muy positiva, el niño puede ser limitado o encajonado en la plena expresión de su destino kármico y sutil.

Existen demasiadas expectativas o proyecciones acerca de "nuestro hijo". Por ejemplo, uno de los puntos en lo que no se debe hacer mucho hincapié es a quién se parece el niño; esto es: "Mira, es igualito a su mamá (o a su papá). Hacer estas afirmaciones enfrente del pequeño, es programarlo a que sea igual que esa persona, en lugar de ser él mismo. El sistema de percepción subconsciente de un infante o niño pequeño captará las implicaciones habladas y no habladas. Mientras más energía (o prejuicios) tenga un adulto hacia estos puntos de vista, más impresionado quedará el niño y lo tomará a pecho, tanto en cuerpo como en mente, al ir creciendo.

Es obvio cuando un niño se parece a la mamá o al papá. Aun los recién nacidos tienen ciertas características que son claramente de uno u otro padre. ¿Para qué afirmar lo obvio? ¿Para qué dramatizar, hablar, considerar o bromear acerca de lo obvio? "Se parece tanto a su papá, me pregunto si será también un artista o si será tan bueno con los idiomas". La vida sería mucho más limpia si lo dejáramos en: "Lo que es obvio, es obvio" (para no influir en los puntos de vista que el niño tiene sobre sí mismo), sin dar una opinión o hacer proyecciones que encajonen al pequeño. Sin estas proyecciones, somos propensos a tener una relación más espontánea e inocente con el niño. Será más libre de crecer en su propio ser, en lugar de hacerlo en lo que ellos creen que se supone que sean.

Mucho antes de que el niño cumpla un año, será evidente si posee alguna inclinación hacia una habilidad –hacia la música o las matemáticas o el arte– más allá de su deleite con los sonidos, los colores y el descubrimiento. Ciertamente podemos hacerle asequibles instrumentos y recursos, y darle la oportunidad de aprender. Si él quiere tomar la oportunidad, podemos ayudarlo a que absorba plenamente esas influencias, pero no necesitamos añadirles proyecciones personales y dogmáticas. Mantengámoslo tan sencillo como sea posible.

A los padres les encanta contar historias acerca de sus "adorados pequeños", y lo entiendo. "Mi hija hizo una monada, escucha esto…", o "¿sabes lo que dijo mi hijo?", etc. Platicamos una y otra vez sobre estas cositas adorables porque amamos a nuestros hijos y porque sus experiencias de aprendizaje, su candidez, inocencia y deleite son muy enternecedores. Cuando le decimos a un grupo de gente lo que hizo nuestro hijo, toda esa gente y sus energías se entretejen en la vida del niño de una forma más íntima. Cada vez que alguien, a quien le contamos historias acerca de nuestro hijo, se aproxima a su aura, sus memorias de lo que hizo, en términos de expectativas adultas, proyecciones, etc., influyen en la vida del niño. (Es cierto que estas influencias son casi siempre psíquicas, no físicas, y usualmente son sumamente sutiles, pero tienen un impacto, usualmente invisible ante el observador racional, pero presente de cualquier manera). Algunos de estos principios pueden parecer inverosímiles o demasiado subjetivos al adulto promedio. Pero los niños funcionan en campos sutiles, del mismo modo que lo hacen en el campo burdo de los cinco sentidos. Vale la pena reconocer la realidad de esto. Los niños estarán mejor si no son definidos por las opiniones, suposiciones e imaginaciones de otras personas.

No necesitamos definir a los niños; lo único que tenemos que hacer es servirlos, responder a sus necesidades reales, no a nuestras proyecciones de sus necesidades, y mantenerlos fuera de peligro. Realmente eso es todo lo que necesitamos hacer: asegurarnos de que no caigan en el fuego, de que no se tiren una cazuela de agua hirviendo en la cabeza o de que no se caigan de una ventana de un cuarto piso. Lo mejor que podemos hacer por nuestros hijos es mantenerlos a salvo.

Los niños necesitan límites correctos. Cuando le decimos al pequeño reglas como: "el fuego quema", o "correr enfrente de los autos es peligroso", no los estamos definiendo. Cuando le enseñamos a un niño el protocolo elegante, no los estamos definiendo. La "definición" es: "eres tan lindo" o "escucha qué tan lista es", o "siempre baila cuando pongo música", ateniéndolos a un punto de vista, una acción o un conjunto de parámetros. "Definir" es darles nuestro contenido subjetivo y particular a sus vidas. Queremos establecer y mantener el contexto de sus vidas, pero necesitamos dejar que el contenido surja naturalmente en el transcurso de los eventos.[16]

16. Cotenido y contexto: contexto es la matriz o el campo general en el que surgen todos los eventos específicos, los objetos y todas las formas específicas. Mantener el contexto para la vida de un niño, como aquí usa el término el autor, quiere decir mantener principios o valores universales y amplios, como la amabilidad, la generosidad y la compasión como marco de referencia para sus vidas. El contenido, en un nivel macrocósmico, se refiere a todas las múltiples formas y aspectos específicos de la creación. Como se usa aquí, en un nivel más microcósmico, se refiere a los detalles, minucias y datos particulares que forman los componentes

Todos hemos sido limitados. En algunos casos, la limitación es obvia. En el caso de una mujer, cuando nació, su madre la etiquetó como "PIANISTA". Esta mujer creció con un piano frente a ella, literalmente desde que nació, y estoy seguro de que su madre le dijo a todo el mundo: "Va a ser la mejor, va a ser la *mejor*". Y ahora ella es la mejor. Empezó a hacer *tours* desde que tenía siete años y pulió su entrenamiento en Viena con el profesor más renombrado en Europa. Aun en un sentido positivo, este tipo de definición cristaliza la estructura psíquica del ser y alimenta otras áreas en las que dicha cristalización no es valiosa. Esta mujer dice que, en esencia, ella es más una violinista, y que le interesa más la danza que la música. ¡Pero es pianista! Entonces, surge la pregunta: ¿podría alguien que es extraordinario para algo, satisfacer óptimamente su destino de otra manera? Esta *es* la cuestión y el tema. Supongo que tenemos inclinaciones naturales (a diferencia de habilidades sobreimpuestas) y lo mejor es explorarlas al máximo.

Estoy seguro de que, cuando eran pequeños, muchos de sus padres les decían nombres específicos y les contaban historias sobre ustedes a sus abuelos: "Siempre hace popó en sus calzones". Y crecieron definidos por eso. A lo largo de toda su vida adulta, esa fue su definición, tan sutilmente como eso pueda manifestarse en un adulto (¡o no tan sutilmente!). "Siempre tiene gripa en invierno". "¡Siempre!". Este no es sólo un condicionamiento superficial; es un condicionamiento psicosomático total, muy efectivo. Fueron forzados a un patrón de comportamiento que es estrecho, limitado y generalmente muy difícil de alterar.

Estas limitaciones habituales, mecánicas, irreflexivas e inconscientes tienen que destrozarse para siempre. No deben alterarse hacia una nueva limitación, sino cambiarse completamente, de tal manera que podamos movernos fluidamente entre cualquier manifestación conforme se vaya necesitando –de orador genial a "quedarse sin palabras", de artista brillante a la persona más ordinaria.

No *tenemos* que pasar a nuestros hijos nuestras definiciones y limitaciones aprendidas y habituales. Si nosotros trabajamos duro, si tenemos integridad, si somos responsables, ellos también lo serán; como ellos mismos, no como duplicados nuestros. Si nosotros no lo somos,

---

de una situación, idea o cosa dada.

podemos *hacer* que ellos actúen como gente responsable forzándolos a lavar los platos o lo que sea que los hagamos hacer, pero no necesariamente serán responsables. Crecerán y se casarán con alguien que les haga de todo. Algunos de nosotros sabemos bien, a partir de nuestra infancia, que si tuvimos un padre trabajador y liberal, nos rebelamos, nos hicimos flojos, hicimos lo que hicimos en la preparatoria y en la universidad: vivimos en un chiquero, dormimos con cualquier cosa que se moviera (o lo que fuera que hiciéramos), pero luego, cuando conseguimos nuestro propio departamento y tuvimos una relación seria, fuimos tan responsables como nuestra familia lo fue.

No les enseñamos responsabilidad explicándoles las leyes del estado. Les mostramos integridad, y ellos participan. Si no les mostramos formalidad y responsabilidad en nuestras acciones, participarán hasta cierto grado, conforme se sientan en el momento, pero no lo *captarán*.

Como regla general, para que un adulto sea capaz de ofrecer ayuda a un niño que ya está cristalizado (esto es, atrapado en una definición obviamente estrecha y limitante, a la que fue condicionado por otros adultos), se puede proveer al pequeño con el espectro más amplio y más profundo de manifestaciones posibles, sin fuerza ni presión para que cambie o actúe. Por eso, un aspecto fantástico que debe fomentarse en los niños es su habilidad para investigar y seguir los impulsos y las voces de su imaginación, su curiosidad y sus exploraciones. Denles la libertad de descubrir sus propios intereses y de dedicarse a ellos de la manera implacable, asombrosa y profunda que hacen los niños.

Continuidad en el aquí y el ahora

En el mundo orgánico –el mundo animal; el mundo de la psicología, la mente, el cuerpo y la biología–, para los niños es muy importante percibir un sentido de continuidad, y la mayoría de ellos conocen intuitivamente la realidad de esto. Por ejemplo, los niños quieren que les contemos historias de cuando éramos pequeños. También les encanta preguntar: "Dime acerca de cuando yo era un bebé". Quieren saber que fueron amados, y quieren saber que están vivos, realmente. Quieren fotos de ellos mismos y de sus actividades. Esta parte física es importante para muchos niños, y se fascinan con ella. Es una manera de reconocer tangiblemente la realidad de esta burda encarnación.

Quieren saber que tienen una historia. Quieren saber su mitología, los símbolos y los arquetipos de su encarnación. Quieren prueba de que existen en *esta* dimensión.

Para muchos niños, meterse realmente *en* sí mismos, como una nueva encarnación, puede ser una tarea difícil. Una mujer dice que cuando nació, y a lo largo de un par de años, estuvo totalmente desorientada. No quería estar en la Tierra, en un cuerpo humano, era tan limitante. Recordaba de donde venía y que no había querido salir de ahí. (Una vez que ya estamos aquí, tenemos que estar aquí; tenemos que hacer este viaje y no hay un vehículo de crecimiento transformacional mejor que este. Mientras estemos desorientados por el otro mundo, no podemos estar *aquí* y progresar. Es una explicación simplista, pero absolutamente verdadera en esencia).

Estamos haciendo un experimento muy radical con nuestros hijos en la cultura de nuestra comunidad, porque tenemos como práctica no tener cajas de zapatos ni libros con recuerdos llenos de fotografías de nuestro hijo haciendo de todo: montando a caballo, probando sus zapatos nuevos, usando un moñito rosa, jugando con los gatitos. En cierto sentido les estamos pidiendo no tener una historia en la cual confiar, más allá de la memoria (que, como adultos, pronto aprenderán que no es confiable). Estamos trabajando para que nuestros hijos estén *completamente* en el presente, tal como es, con tan pocos datos pre-condicionados como sea posible; esos datos que normalmente lo programan todo, a través de la vida, basados en sus tendencias. Nuestros gustos, nuestras preferencias culturales, nuestras habilidades para relacionarnos, todo puede estar teñido (positiva o negativamente) por los eventos ambientales o circunstanciales de la niñez; pero la idea es ser real, estar con las cosas como *son*, no como las impresiones históricas subjetivas las hayan diseñado. De cualquier manera, todo está influido en cierto sentido sin importar lo que hagamos, pero la idea es relacionarse con nuestras vidas conforme se van desplegando, con lo que es relevante *ahora*, más que con lo que era relevante *entonces*. Para los estándares del mundo, no tener una historia no es sano.

Lo que estamos haciendo es más cercano a la forma en la que se educa a las personas en las tribus –conectadas, vinculadas con la Tierra. Lo que le indica a un niño de una tribu que está aquí, es que siente su conexión con la Tierra de una manera que no es dependiente de algo que está referenciado en sí mismo. Más bien, la existencia está referida a la tribu, a los rituales continuos de la tribu y a su relación con la Tierra. Ciertamente los pueblos tribales tienen mitos profundos, pero son cósmicos, universales o tribales, no individuales o personales (aunque hay un reconocimiento significativo a la familia, al linaje o a los ancestros). Esta es la historia que surge de un contexto objetivo, más que de tendencias subjetivas.

Lo que estamos haciendo al limitar el número de fotografías que tomamos de nuestros hijos (hacemos algunas excepciones, hay algunas fotos por aquí y por allá) es meramente experimental –aunque antes de que surgieran las cámaras, simplemente no existían las fotografías. Al seguir estos principios, nuestros padres, hermanos y hermanas están convencidos de que estamos haciendo un daño serio a nuestros hijos al negarles la satisfacción de tener pruebas tangibles de su historia. Lo que estamos haciendo es extraño para la psique del mundo contemporáneo. ¡La gente convencional cree que les estamos negando un derecho a nuestros hijos!

Lo que pasa con las fotografías es que cada adulto que define a un niño a través de una foto especial, ¡está realmente afectando al niño! Cuando una abuela posesiva y neurótica (gracias a Dios por la existencia de muchos abuelos, abuelas, bisabuelos y bisabuelas sanos, sensatos y maravillosamente sabios) toma una fotografía de su nieta, ¿tenemos idea del tipo de energía psíquica que la abuela impone sobre el niño? Todos aquellos a quienes la abuela muestra la foto, se proyectan psíquicamente sobre el niño. Por supuesto, como ya lo mencionamos antes, todos lo hacen con tan sólo escuchar historias sobre el niño, pero una foto le da a la gente un "blanco" más certero. Es como un dispositivo que afina su proyección psíquica. De nuevo, todo esto es muy sutil en comparación con todas las formas de abuso físico y emocional que los padres y otros adultos cometen contra los niños, pero también las influencias sutiles –las psíquicas– tienen su efecto.

Cuando la abuela ve la foto y dice: "Esta es mi nieta", no hay distancia entre la abuela y la nieta; esta conexión elimina la distancia, aun si la abuela está en Nueva York y la nieta en California. Esto es la base de la oración para la curación. Si de veras queremos ayudar a alguien, aun la oración más débil será eficaz, porque el elemento más fuerte para el éxito es la intensidad de la intención o del deseo. Si no nos importa, y lo estamos haciendo por obligación, se puede rezar hasta el cansancio antes de que la oración toque a la otra persona. Este es el principio.

En lo que a mí concierne, es bueno enviar una foto del niño cada tantos años, para que no estén totalmente fuera de la vida del pequeño. Lo haría, a menos que los abuelos vivieran cerca de la familia y vieran al nieto con frecuencia. Así no sentirían la necesidad de una foto frecuentemente. Recuerden que esta es mi opinión personal. Me consideran un loco en muchos círculos, o por lo menos un defensor fundamentalista y dogmático de los niños.

Tomar películas de los niños puede ser aún peor que las fotografías. La fascinación y la curiosidad que algunas personas pueden verter hacia el objeto del niño son como una forma de contaminación. Cada niño tiene una atmósfera a su alrededor y una relación con nosotros como sus padres. El individuo promedio no tiene la energía para perturbarlas, pero algunos lo hacen. Cuando colocan su energía sobre un niño en particular, afectan la atmósfera del proceso de desarrollo de ese pequeño. Puede ser sutil para la mayoría de la gente, pero es innegable para quien está sensibilizado a tales cosas.

En el mundo ordinario, no le ocurre gran cosa al individuo cuando alguien ve su fotografía, porque la mayoría de la gente es tan densa y está tan arraigada en su habitual mecanicidad, que el hecho de que alguien "vea" no tiene mayor efecto en ellos. Pero en una vida que se vive de manera más consciente y refinada, sí tiene efecto, porque una persona así está menos protegida.

Asumir las responsabilidades

La primera vez que fuimos a la India, quedamos abrumados al ver las increíbles responsabilidades que tenían los niños pequeños. Veíamos a un niño de ocho años con un hermanito de la mano y una hermana en su cadera, caminando y cuidándolos, *verdaderamente* cuidándolos. Es muy impresionante. Pero puede ser que crezca demasiado rápido. En la India lo tienen que hacer. Pero si sus hijos no tienen que manejar responsabilidades adultas cuando son pequeños, no los fuercen. Déjenlos crecer *naturalmente* de la manera en la que los seres humanos se supone que crecen. Un niño de siete años es muy joven para limpiar la mesa, cocinar la cena, lavar los platos y guardarlos. Es muy pequeño. Puede *aprender* a hacer estas cosas, y a hacerlas bien; a los siete años puede llevar sus platos a la cocina y tener un poquito de responsabilidad, pero debería estar jugando. No debería actuar como adulto cuidando de la familia. Como todos deberíamos saber, crecemos demasiado rápido. No hace falta hacer crecer a los niños más rápido de lo que es necesario. No les demos responsabilidades de adolescentes a los niños de seis, siete, ocho o nueve años, porque todavía no son adolescentes.

De cuando en cuando uno de mis hijos me dice: "¿Cuántos años debo tener para manejar?". Yo digo: "dieciséis, diecisiete", lo que sea. Ellos replican: "Los papás de Fulano y Zutano los sientan en sus piernas para manejar el coche". Desde mi punto de vista, no es correcto. A los niños les encanta. Están contentos. Ríen. Te abrazan, están excitados. Pero no está bien tener a un niño de cinco años sentado en tus piernas manejando un coche. Cuando lleven a sus hijos de cuatro años al mar de vacaciones, no se duerman mientras juegan solos en la playa. Pensarán que es sentido común, pero no lo es para mucha gente. Dicen: "Mis hijos están bien entrenados por mí, se pueden cuidar solos". Como decimos: "Sus últimas palabras famosas".

Cada vez que mi madre viene de visita y ve a mis hijos grandes, me dice: "Has hecho un buen trabajo", pero ella no escucha una sola palabra acerca de la manera de educar a los niños en la que yo creo, como lo he señalado en este libro. Eduquen a sus niños conscientemente y no sientan la necesidad de aceptación por parte de la familia y los amigos. No es un concurso de popularidad. Todo es por la salud y la felicidad, por el bienestar general del niño.

Capítulo 5

Justo como nosotros
Modelos

odos los niños buscan modelos, héroes. Para mí (y para la mayoría de mis contemporáneos), en sexto grado, era Davy Crockett. ¿Qué hacía un niño en esos días sino cantar la canción "Davy, Davy Crockett, Rey de la frontera salvaje"? Era una epidemia nacional, y toda nuestra dimensión de conciencia (además de una Coca Cola, un *hot-dog*, un dulce y nuestra incipiente conciencia sexual) se resumía en el viejo actor Fess Parker (todavía recuerdo su nombre años después).

¿Quiénes son los héroes de ahora? Davy Crockett no era cruel ni vengativo. Tenía algo de honor, algo de integridad, incluso algo de inocencia. ¿Dónde están nuestros héroes hoy en día, dónde están nuestros modelos? ¿Mamá y papá? Mamá está ocupada trabajando para ser una mujer completa, manteniendo un trabajo, satisfaciendo sus habilidades artísticas y compitiendo con papá. Papá está ocupado trabajando largas horas para pagar las cuentas, luchando con su sentido de virilidad e indignado por el ambiente político y social contemporáneo.

De niños fuimos a la iglesia, sinagoga o templo, y nuestros padres nos pedían fijarnos en el sacerdote, el ministro o el rabino. En la mayoría de los casos, un pequeño no tiene que ser muy listo para ver a través de las apariencias externas. "¿Este debe ser nuestro modelo religioso?, ¿nuestro modelo espiritual? Olvídalo, prefiero estar perdido en tierra salvaje", decimos.

Muchos de ustedes saben a qué me refiero. Iban a la iglesia cuando tenían seis años y veían hipocresía e inmadurez. Iban a la sinagoga a un evento judío realmente sagrado y veían al rabino, cubierto de joyas, en un traje distinguido, mirándose en cada espejo del lugar y coqueteando con todas las mujeres casadas. Los niños no pierden detalle. Aunque no saben qué hacer con eso intelectualmente, su respuesta sensorial es certera.

Una mujer que conozco describió que cuando tenía ocho años vio al sacerdote ofreciendo la hostia en la Comunión, y que las mujeres le tomaban la mano, la acariciaban y le sobaban los dedos. ¡Y él lo aceptaba, lo consentía! Probablemente él no las tocó más allá de ese momento, pero era su manera de coquetearles. Y esta mujer dijo: "Tenía ocho años, miré aquello y dije: 'La religión apesta. ¿Debo creer en esta basura?'". De ahí en adelante todo se le hizo más difícil. ¡La inocencia destrozada! Los niños son muy brillantes y sensibles, y no se les engaña fácilmente (nunca), por lo menos no orgánicamente.

Por supuesto, no todas las autoridades religiosas son así de neuróticas; además, el entrenamiento que reciben no incluye la salud ni la sensatez psicológicas. Hablando de manera más realista, los criterios para ser sacerdote, ministro, etc., no exigen verdadera madurez humana. Cantidad de problemas con el poder, la codicia y la perversidad sexual pasan, no sólo desapercibidos, sino totalmente ignorados. ¿Dónde *están* nuestros modelos espirituales?

Los niños tendrán que escoger modelos. Muchas veces los padres hacen la elección por sus hijos, en cierto grado, al definir los entornos a los que los exponen, como películas violentas, programas estúpidos de televisión y juegos de video aún más violentos. (Un psicótico sádico que se enamora y no es correspondido, con una lágrima resbalando en su mejilla y el corazón destrozado, no es mi idea de un modelo grandioso o saludable para un niño impresionable).

¿Quiénes son nuestros modelos sociales y políticos? ¿Hombres que mienten, roban, perversos sexuales y nada fiables en absoluto? Los medios son tan tendenciosos, tan sesgados en sus escenarios de publicidad, que acabamos con modelos de avaricia, egoísmo, vanidad, seducción y promiscuidad. Estamos tan ocupados "satisfaciendo nuestras necesidades", que no sabemos que existe nadie más (excepto como recurso para satisfacer nuestras necesidades), ya no digamos siquiera tener la inspiración para verdaderamente servir a los demás en sus necesidades.

———————

Los patrones básicos de un niño generalmente quedan establecidos antes de que haya cumplido los tres años. Cuando crecen, podemos verlo claramente —es como si hubieran estado entrenados en la escuela para actuar de cierto modo, cuando lo único que hicieron fue vivir con alguien durante dos años y medio. Podemos preguntarnos, ¿cuánto puede aprender un niño en unos meses? Sin embargo, vemos cómo asimilan de manera radical las actitudes de los adultos que los rodean, desde el nacimiento. En casos de divorcio, es sorprendente ver que el niño se parece tanto al adulto que se fue. No se puede negar. No son sólo los genes, es la influencia física desde el nacimiento.

Los niños no crecerán haciendo, intencionalmente, algo diferente que los adultos que los rodean. Ellos *quieren* ser como nosotros. Hablarán como nosotros, se moverán como nosotros, actuarán como nosotros. No tenemos que insistir diciéndole: "Hazlo de esta manera, hazlo de esta manera". Con que seamos el modelo apropiado, ellos lo seguirán. El niño sabe instintivamente la diferencia entre el comportamiento humano correcto y el comportamiento humano torcido o aberrante. Si los modelos del niño viven correctamente, el niño seguirá su comportamiento y crecerá sano —psicológica y personalmente fuerte y equilibrado. Si los modelos viven vidas de neurosis, psicosis y depravación, el niño copiará el comportamiento de la misma manera, pero crecerá con dolor profundo, sufriendo la crisis interna (y usualmente inconsciente) del conflicto entre lo que ellos saben instintivamente que es correcto y cómo están viviendo o comportándose realmente.

Cuando se conviertan en adultos, los niños buscarán relacionarse con personas que se parezcan a los que fueron sus modelos. Si hemos sido modelos amables, comprensivos y considerados, nuestros hijos crecerán y buscarán gente parecida. La formación amable y considerada se perpetúa a sí misma. Nuestros hijos repetirán en sus vidas lo que aprendieron de nosotros. Si somos amables, considerados y comprensivos, se relacionarán con ese tipo de personas.

Podemos decir a nuestros hijos: "Sólo quiero que seas feliz", pero si somos violentos con ellos, ¿cómo pueden ser felices? Crecerán y se relacionarán con alguien que sea violento con ellos también. Si crecen siendo golpeados, como adultos buscarán inconscientemente replicar su niñez, y probablemente se relacionen con alguien que los maltrate.

Ocasionalmente la cadena se rompe gracias a un adulto consciente. Pero nuestra sociedad contemporánea está ejemplificada por quienes no son capaces de romper el patrón, gente que va tan lejos como justificar sus abusos echándole la culpa a la víctima, como el ladrón que se cae en la escalera de la casa que está robando, o resulta herido por el propietario cuando lo descubre y lo detiene, y luego demanda a la víctima de su delito.

Si queremos que nuestros hijos sean felices, debemos tratarlos con amor, atención y consideración. Ellos serán felices y encontrarán personas para vivir y trabajar que también sean así: consideradas, amorosas y amables. Es sentido común, bastante lineal realmente, y esa es la conclusión.

Si somos crueles, tratarán de ser crueles. A veces no serán capaces de serlo, pero tratarán. Si estamos constantemente enojados, ellos lo estarán; si somos violentos, serán violentos, no importa qué les digamos. Por lo tanto, nuestras primeras responsabilidades como padres son: no ser crueles, no ser violentos, no avergonzar a nuestros hijos, no descuidarlos. Ser respetuosos, responsables y confiables. Todo lo demás se dará por añadidura.

El mecanismo de defensa

Como padres, lo que más servirá de modelo para nuestros hijos serán nuestras respuestas automáticas y nuestros reflejos condicionados, o nuestros comportamientos conscientes. Cuando los niños son "sacudidos fuera de su Esencia", por decirlo de alguna manera, cuando pierden su inocencia, empiezan a desarrollar mecanismos de defensa en contra de la objetividad, es decir, en contra de las verdades que conocen en su interior. Nos ha sucedido a todos en diversos grados.

Un mecanismo de defensa actúa porque alguien en quien confiamos nos dijo implícitamente, por su comportamiento, que nos defendiéramos en contra de la claridad y la verdad. Los individuos confiables en nuestras vidas –padres, maestros, hermanos, tíos, tías, etc.– nos dijeron implícitamente que desarrolláramos estos mecanismos de defensa para protegernos de la vida como es realmente, y nos instruyeron con su comportamiento, consciente o inconsciente, sobre la manera de ver las cosas bajo sesgos subjetivos. No necesariamente nos dieron instrucción directa, pero nos enseñaron por la acción, o por cómo fuimos tratados, y no sabíamos que teníamos una opción, esto es, que no forzosamente *teníamos* que escuchar. De hecho, estas personas confiables nos dieron las órdenes condicionantes que al principio impusieron la ilusión bajo la que entonces funcionamos; y esas mismas órdenes ahora continúan manteniendo la ilusión.

Por ejemplo, cuando nuestro hijo viene a casa y nos dice: "Morgan me mordió", o "Mickie me pateó", y volteamos indignados gritando: "¡Qué! ¡Ese bastardo!". Eso es todo: ellos ven y oyen eso, y entonces surge el mecanismo de defensa en contra de la comprensión, de la generosidad y la compasión.

Dicen: "Randy me dijo que es bueno comer hiedra venenosa".

"¿Qué? Qué tontería. Randy está *equivocado*".

¡Aquí vamos otra vez!

En su lugar, hay que intentar esto. Cuando el niño dice: "¡Morgan me mordió!", debemos decir: "¿Eso hizo? Así son algunas personas a veces. ¿Cómo te sientes ahora?". El niño puede quedarse sorprendido, ahí parado, como diciendo: "¿No vas a preocuparte por mí?".

Nuestra actitud puede ser: "Sí me preocupo por ti, pero te ves bien. No estás sangrando. No tienes nada malo. Pudiste caminar a casa con tus dos pies y decirme que te mordieron. No exageres".

Comúnmente, las madres dicen a sus hijas que hagan esto o aquello en relación con su apariencia. Por ejemplo: cada vez que su hijita se pone un lindo vestido, la reacción de la madre es tan exagerada, tan complaciente y reactiva a la belleza de la niña, que esto le enseña a la pequeña a desarrollar un mecanismo de defensa en contra del placer sencillo, ese que no tiene vanidad ni presunciones. La madre nunca tiene que *decir* cosas como: "Una niña siempre debe usar vestiditos rosas y nunca pantalones, porque se ve como niño". Pero si cada vez que la niña se pone un vestido rosa, la madre la halaga y suspira, y cuando se pone pantalones y camiseta, la madre es desatenta, entonces la niña saca como conclusión que es importante enfatizar las apariencias por encima del ser. Cuando hacemos esto tan evidente, entrenamos los mecanismos de defensa de los niños.

Los niños son increíblemente perceptivos a los mínimos gestos, los cambios de entonación o las expresiones faciales, y las conclusiones que sacan de lo que ven y oyen están basadas en la lógica de un niño de dos, cuatro o seis años, no en la lógica de un adulto entrenado, inteligente, sabio y experimentado. Una mujer me contó que su madre nunca le permitió perforarse las orejas para ponerse aretes, diciéndole que ningún hombre se casaría con ella si tenía "agujeros en las orejas". Esta estudiante es ahora una adulta de edad media y sus orejas siguen sin estar perforadas (aunque encuentra que los aretes de clip, que usa todo el tiempo, son terriblemente incómodos). ¿Qué hace el niño con esta información totalmente subjetiva? La convierte en una religión de por vida.

Los niños perciben todo lo que hacemos, y quiero decir ¡todo! Pueden estar en otra habitación, pero escuchar nuestro tono de voz o alcanzar a ver nuestra postura es suficiente para que perciban cada matiz de lo que estamos haciendo o diciendo. Están siendo entrenados de modo bastante metódico, lo queramos o no.

Sin embargo, este mecanismo de defensa no es malo en sí. Puede actuar en nuestro beneficio o en nuestro perjuicio, dependiendo del contexto. Por ejemplo, es posible que, a pesar de las inhibiciones y represiones del adulto en algunas áreas, este pueda tener el contexto para una relación positiva fundamental con el niño. Una madre puede ser amorosa y mantener una relación amorosa con su hijo, aunque tenga miedo a la sangre o a las arañas, u odie los huevos revueltos demasiado tiernos. Puede ser cualquier cosa… una inhibición para saber qué hacer con el perro que fue atropellado y al que se le están saliendo las entrañas en el jardín frontal. Puede estar en la casa descontrolada, gritando: "¡John, John, quita al perro de ahí, no lo puedo soportar!". Esta es una inhibición que probablemente no inhiba esencialmente al niño en su desarrollo de una imagen positiva y un eje positivo entre su ego y su ser, debido a la relación amorosa que *ya* existe como contexto o ámbito.

Una relación fuerte es capaz de soportar algunos golpes. Sin embargo, dada la mecánica del proceso de desarrollo, y el hecho de que no podemos adivinar cuántos comportamientos afectarán al niño, hay que hacer como dice el refrán: "Más vale prevenir que lamentar".

No discutan enfrente del niño

Cuando los padres se enojan, no necesariamente será devastador para el niño. No tenemos que ser modelos perfectos enfrente de nuestros hijos y reprimir todo aquello que pueda ser un tanto negativo. Sólo tenemos que ser completamente honestos con nosotros mismos y nunca culpar al pequeño por nuestros propios problemas. Si somos amorosos, afectuosos y reconocemos al niño, aunque puedan disgustarle las disputas entre los padres, no estarán traumatizados por ellas. (Obviamente, siempre y cuando las disputas entre los padres no se conviertan en peleas a puños. Esta clase de padres no pueden amar apropiadamente al niño).

Cuando los padres comparten la cama con el hijo, y mientras él duerme comienzan a pelear, el niño se inquietará y despertará inmediatamente. Si le dicen al pequeño con toda intención: "No eres tú. Mamá y papá están teniendo una discusión. No tienes nada que ver con esto. No es acerca de ti; tenemos algunas dificultades y las arreglaremos", el niño se volverá a dormir y lo hará plácidamente, aunque los padres se sigan peleando entre sí. Los niños quieren sentirse seguros y protegidos en el amor de sus padres, y nunca quieren ser la causa o el origen de un desacuerdo entre ellos.

Conforme el niño crece, recomiendo que no peleen con su pareja enfrente de él, a menos que sean capaces de mantener el altercado sin criticar a la otra persona. Si se puede limitar la discusión a los hechos, o a las preferencias, está bien, aunque las voces se intensifiquen y la situación se torne acalorada. Si las discusiones entre los padres tienden a deteriorarse hasta el punto de gritarse cosas verdaderamente despreciables, entonces no importa lo que tengamos que hacer, no debemos hacerlo enfrente de los niños. Ellos no logran interpretar correctamente el abuso a un ser querido por parte de otro que es igualmente querido.

Esto *debe* crear conflictos, crisis y divisiones dentro del niño, siempre malsanos y muy dolorosos emocionalmente. Frecuentemente, las dificultades en la salud física de un niño son el resultado psicosomático del conflicto y de la confusión sobre la lealtad hacia los padres.

Si estamos en una relación con una pareja y tenemos un hijo, y si vemos una forma en la que nuestra pareja, por su comportamiento, daña a nuestro hijo, tenemos que ver todas las formas en las que *no está* lastimando al niño, y trabajar para mantener esas áreas *despiertas* en él. (Por supuesto, a través de nuestro comportamiento estaríamos trabajando para equilibrar esas áreas en el pequeño en las que nuestra pareja no está sana, por lo tanto estaremos fortaleciendo al niño para que supere las debilidades que tomó del otro padre). Cuando el niño crezca, será capaz de atender sus propias áreas no despiertas o "dormidas". Debemos hacer eso en lugar de discutir o pelear con nuestra pareja todo el tiempo. Así podemos tener una relación maravillosa tanto con la pareja como con el niño. El resultado es que todos se benefician.

Como ya lo mencioné, no tenemos que actuar el rol del adulto perfecto. Sólo hay que ser honesto con uno mismo y con el niño. Si sufrimos un colapso y lloramos, podemos decir: "Todos tenemos un límite, y yo llegué al mío, no eres tú. No es tu culpa". Él dirá: "Bueno". Eso es honesto, y lo pueden aceptar porque los niños observan a los adultos y ven el estrés y las tensiones que soportan sus padres.

Debemos estar abiertos a estar avergonzados enfrente de nuestro hijo, a llorar enfrente de él, a no ser capaces de clavar perfectamente un clavo enfrente de él, especialmente si se es un hombre cuyo hijo cree que él puede hacer cualquier cosa. Si protegemos nuestra vulnerabilidad y nuestra humanidad ante nuestro hijo, también sacrificamos una enorme cantidad de "alimento", esto es, cuidados que estaríamos recibiendo del niño, y tampoco le daríamos este alimento a él.

No se quejen con sus hijos

Otra cosa útil que hay que recordar es que no debemos lloriquear frente a nuestros hijos, como: "Oh, la vida es tan terrible, nunca nada funciona para mí, soy *taaaaan* desafortunado". Eso es lloriquear. No se quejen enfrente del niño. Recuerden que son ustedes los padres o los adultos quienes cuidan del niño. No es sano, psicológicamente, para el pequeño si te conviertes en niño y lo conviertes a él en padre: tu confesor, aquel de quien buscas confirmación, reconocimiento y apoyo. Nunca debes caer en la terrible costumbre de hacer al niño cumplir el rol que la pareja debería cumplir. A veces, debido a un divorcio o a una situación de un solo padre, o incluso cuando la pareja está junta, pero sólo un padre ejerce la paternidad, el padre o madre está tan desesperado por tener el tipo de asociación que comparten los adultos maduros, que inconscientemente (a veces por debilidad descuidada, a veces por neurosis profunda) empieza a poner al niño en ese rol o esa posición. Seguramente, alguna vez han visto a una señora de cuarenta años coqueteando con su hijo de doce, como si fuera su esposo. Este comportamiento sólo puede influir al niño de manera malsana, y a veces inflige daños de por vida en las habilidades del pequeño para tener relaciones adultas sanas y satisfactorias. Una mujer así podría decir: "Todo es tan difícil sin tu papá por aquí, y hay tanto trabajo que hacer. Es tan complicado, no sabría qué hacer sin mi hombrecito que me ayuda", etc. El niño piensa que necesita ser padre para su madre; que necesita cuidar a toda la familia.

Si nos quejamos frente a nuestros hijos, ellos pensarán que necesitan cuidarnos a nosotros. Lo que sea que nuestra pareja no esté haciendo, el niño piensa que él necesita hacerlo. Por ejemplo, si ve a mamá llorando, pregunta: "¿Qué pasa?", y ella contesta: "Papá y yo tuvimos un pleito", entonces el niño siempre responderá: "¿De qué se trata?". Si la madre dice: "Él trabaja tanto que ya nunca lo veo; nunca me ayuda en la casa, nunca me trae flores; no piensa en mí, siempre está tan ocupado trabajando", o algo parecido, si se queja con su hijo así, el pequeño se molestará con el padre porque la lastima a ella o tratará de hacer las cosas que está pidiendo, imaginando que así se sentirá satisfecha y feliz. Este comportamiento es conmovedor, pero no vale la división interior que genera en un hijo que está desgarrado entre sus lealtades y que actúa como padre cuando sólo debe ser un niño.

En cambio, si el hijo viene cuando estamos llorando y nos abraza, podemos abrazarlo y dar las gracias, en lugar de quejarnos con él. Si pregunta: "¿Qué pasa?", podemos decir: "Hoy me siento triste y me gusta que me abraces". Eso es todo, y dejarlo ahí.

Ellos elegirán la compasión

Los niños poseen un auténtico sentido de la integridad humana. Los seres humanos —seres humanos completos—, llevados por sus propios instintos, aborrecen los actos inhumanos. Eso le pasa a cualquier niño normal. Pero en Estados Unidos, en estos días, con la proliferación del uso de la cocaína (especialmente del *crack*), las mujeres drogadictas, alcohólicas, aun las adictas a la nicotina y a la cafeína, están dando a luz a bebés que ya son adictos o propensos a la adicción. Hemos sabido de niños que nacen adictos a las drogas o que en los primeros dos años de su vida están tomando drogas por causa de sus padres; estos niños crecen con sentimientos humanos anormales. Sin emociones, sin consciencia, ¡nada! Asusta pensar en eso. Un niño así podría matar a su hermano o hermana y no sentir nada. Literalmente nada. Ningún remordimiento, decir sólo: "Ah, bueno", y seguir con su vida.

Los seres humanos normales tienen un sentido genuino de compasión, aborrecen la violencia y la inhumanidad, la tortura, la guerra, la brutalidad, la violación. *Está* en nosotros, está arraigado en nosotros; es lo que somos como raza, junto con la posibilidad inherente de vivir vidas conscientes, compasivas y autorreflexivas. Permitir a los niños desarrollar sus propias opiniones es muy útil, porque si les imponemos las nuestras, ellos reaccionarán en contra de ellas sólo porque quieren ser dueños de sí mismos cuando crezcan. Harán cosas que no estarán a la altura de las que desearíamos para ellos, sólo porque están reaccionando al hecho de haber sido condicionados. Si los dejamos desarrollar sus propias opiniones, llegarán a un tipo de opiniones que podremos honrar y respetar. Sentirán y harán cosas caritativas por los demás, tendrán sentimientos profundos hacia el estado del mundo. Uno de los mejores estímulos en el entorno que permite que los niños sientan la compasión y aprendan a practicarla, es servir como modelo de esta humanidad compasiva.

Muchos niños de cuatro o cinco años han torturado un bicho, matado algún insecto o lastimado algún ratoncito que hayan cazado. (Adivino que hasta Mahatma Gandhi o Albert Schweitzer hicieron esto cuando niños). Cuando crecí tuve toda clase de animales, y aunque todos pensaban que yo era un niño muy amable, me ocupé de arrancarles las alas a las moscas. No sé por qué los niños lo hacen. Supongo que es experimental. Cuando un adulto atestigua este comportamiento, se le hace fácil tratar de imponer una actitud al pequeño. Ciertamente tenemos que contestar las preguntas de los niños honestamente, y servir como guías, pero no debemos tratar de imponer nuestras opiniones a la fuerza. Aunque pensemos que nuestras opiniones son las más refinadas, compasivas, las mejores que un ser humano pueda tener, dejemos que los niños observen y lleguen a sus propias conclusiones.

Yo aprendí observando a mi padre, que tenía una integridad social enorme. Era amable, no solía emitir juicios ni criticar. Pero tenía una ideología política apasionada. En la época de McCarthy en Estados Unidos, estuvo en la lista negra. Escribió para el *Republic*, un periódico socialista durante la depresión de la década de 1930. Sin embargo, cuando se hizo viejo, dejó atrás la parte activa de su compromiso político, aunque siempre conservó una aguda consciencia sociopolítica basada en su amor por la dignidad, la paz, la amabilidad y la humanidad en general. Se dedicó a cultivar su arte y a cuidar a su familia.[17] Yo aprendí viviendo con él, no de que él me dijera qué hacer y cómo ser. No sabía que estaba aprendiendo, pero lo estaba haciendo.

Una de sus pinturas era una marcha de protesta, en la que la policía estaba apaleando a los manifestantes. Era un autorretrato, pero si no te fijabas cuidadosamente no podías identificar su cara. Un día que la estaba observando, mi madre me preguntó: "¿Sabes qué es?".

Contesté: "Gente manifestándose".

Ella dijo: "Somos nosotros. Tu padre estuvo en una protesta en la que la policía llegó a caballo y apaleó a todos".

Quedé estupefacto: "¿Él estuvo ahí?". No tenía ni idea.

Mis padres tenían altos ideales sociales y espirituales, pero no me fueron impuestos. Se me permitió descubrir las vidas y los amores de mis padres en mi propia forma y a mi propio ritmo. Y a veces, instintivamente, alcanzaba la bondad y la compasión básicas que ellos manifestaban, en lugar de llegar a otras influencias del ambiente de

---

17. Louis Lozowick fue uno de los más destacados litógrafos de su tiempo. Su trabajo se encuentra en las colecciones permanentes del Instituto Smithsonian, del Museo Whitney en Nueva York y del Museo Metropolitano de Arte, así como de otros museos del mundo. Véase: *Survivor From a Dead Age: The Memoirs of Louis Lozowick* [Sobreviviente de una era muerta: las memorias de Louis Lozowick], Virginia Hagelstein Marquardt, editora. Washington, D.C.: Smithsonian Institution Press, 1997.

mi juventud (como un amigo brutalmente cruel o adultos malvados o borrachos, padres de uno o dos amigos ocasionales).

Si mostramos a nuestros hijos la sabiduría de vivir correctamente, cuando crezcan podrán reconocer quién es feliz y quién no, quién es fuerte y quién no, quién es confiable y quién no. Cuando ven que algunos ídolos contemporáneos —estrellas de rock, del cine o astros del deporte— son menos íntegros, menos confiables y felices que nosotros, revisarán intuitivamente su educación y verán cuál ha sido el tipo de educación que les hemos brindado.

Los niños harán ciertas consideraciones, sacarán ciertas conclusiones y las almacenarán para uso futuro, mucho antes de que manifiesten cambios en su comportamiento basados en dichas ideas. Nuestro trabajo como padres es ser consistentemente rectos e íntegros, amorosos y solidarios, y no esperar a ver respuestas inmediatas superficiales cuando un niño aprende una lección de vida importante acerca de la generosidad, la amabilidad, el no prejuzgar, o lo que sea. Si buscamos pistas sutiles, ¡ahí estarán!

Entonces, tengan fe en el buen ejemplo que han dado, pues la fe que han inculcado en su hijo (en su bondad inherente, en su brillo inherente, en su integridad inherente) demostrará que está bien fundada. No sólo eso, sino que él *sentirá* la fe de ustedes en él, y para eso no hay sustituto.

EL ROL DE LA MADRE

La madre divina

Comúnmente decimos "Padre" cuando nos referimos a Dios, porque hemos masculinizado lo Divino, pero básicamente es como a una Madre que vemos y buscamos a Dios. Cuando no tenemos el amor esencial y el cuidado materno que necesitamos, podemos dudar de Dios, ¡o de que *exista* un Dios! El siguiente extracto [adaptado de *The Alchemy of Love and Sex* (*La alquimia del amor y el sexo*) de Lee Lozowick, Presscott, Arizona: Hohm Press, 1996, 6-9] expresa esta idea y sus implicaciones con mayor detalle.

Los psicólogos nos dicen que los niños perciben el mundo de una manera no dualista, al menos durante los primeros meses de su vida. Pero prácticamente son totalmente dependientes de la "Mamá". Si tienen hambre y lloran, la Mamá está ahí (o debería estar). Si tienen frío o algo les duele o se sienten solos, "otra persona" —Mamá— está ahí (otra vez "o debería estar", si la Mamá es una madre responsable y amorosa). Pero el niño no ve a la Mamá como un ser separado de él o ella, como viniendo de "allá afuera" para dar alimento o confort. Para el niño, la Mamá es como una extensión de su propio cuerpo. El mundo del niño es indistinto: no hay Mamá y yo, sólo hay la experiencia inclusiva de sensación, necesidad y satisfacción.

A cierta edad, quizás a los seis o siete meses, o antes, las percepciones del niño empiezan a cambiar. Él o ella comienza a ver a la Mamá "allá", y ella representa el grandioso y misterioso "otro" o Dios para el niño.

El pequeño no ve ni hace distinciones intelectuales o científicas entre "mujer" y "hombre". Más bien, él o ella captan una huella orgánica (mental, física, psíquica...) de la "cualidad esencial de mujer" o de la "cualidad esencial de hombre". Y la huella de mujer que el niño capta es bastante distinta de la que capta de hombre. El niño ve a la Mamá como dios. Es comprensible. ¿Qué ofrece la Mamá? Cariño, calidez, atención, cuidado. De forma inconsciente el niño sabe que creció y salió del cuerpo de la Mamá. ¿Cuánto más "creadora" puede ser ella? No es lo mismo para Papá. Él no llevó al niño dentro, el Papá no sintió la vida dentro de sí, y el niño no se vinculó con el hombre de la manera que se vinculó con la mujer, aunque la mitad del código genético sea de él.

No importa lo que digamos o pensemos, no es lo mismo un Papá amoroso que una Mamá amorosa. Típicamente, a los hombres les gusta cargar a su hijo de vez en cuando (cuando no tienen nada mejor que hacer), pero aun cuando los hombres acarician a sus hijos, no es como la caricia de la mujer. Es imposible que sea igual. Entonces, cuando el niño ve a Mamá y siente: "Esto es Dios", eso no sucede en un nivel de consciencia autorreflexiva. Esta huella surge de un instinto puro, fundamental, orgánico.

Si el bebé es una niña, instintivamente siente: "Tengo la misma huella. Cuando crezca voy a tener que ser dios... Caramba, esa es una gran responsabilidad". ¡Y sí lo es! La huella dice: "Soy dios: sirve, sirve, sirve y sirve más". La huella dice que hay que cuidar a todo el condenado mundo. ¡Es un trabajo horrible ser dios! ¿Quién en su sano juicio querría esa responsabilidad? Nadie. Sin embargo, la niña de ocho, nueve o diez meses ya lo sabe: "Un día voy a ser responsable de ser dios, porque soy, en mi esencia, MUJER".

La mayoría de los hombres adultos, como todos sabemos, son todavía niños (o, cuando mucho, adolescentes) en el nivel emocional. De alguna manera, la niñita sabe esto y siente la herida profunda de la sociedad, una herida que sólo Dios puede sanar. ¡Qué responsabilidad tan formidable! Y la mujer crece con esa huella muy, muy profunda. Es un instinto implícito, tácito, generalmente inconsciente, que es fundamental en toda actividad.

¿Qué le sucede al niño varón? En el momento en el que empieza a darse cuenta de la dualidad, capta una huella proveniente de "Dios"/ Mamá que dice: "Soy niño. No tengo la misma huella que Mamá. No estoy seguro de que me guste. Quiero ser dios. Quiero ser. Quiero ser. Quiero ser".

La falta de educación en relación con este tema ha causado miseria y violencia inenarrable, sin mencionar los inconcebibles desequilibrios morales, sociales, psicológicos, psíquicos y espirituales en nuestro mundo contemporáneo. Basados en esta falta, los hombres se entrenan para ser dioses como reacción patriarcal al hecho innegable y orgánico de que la mujer es dios.

Aunque paradójicamente los hombres crecen siendo entrenados para ser dioses, en su interior dicen: "Yo no soy dios. La mujer es dios". ¿Qué tipo de reacción psicológica creen que causa esto? Enojo, frustración, culpa, dudas sobre sí mismos, miedo, estar a la defensiva y otros. ¿Y qué causan estos conflictos internos? Dolor, violencia, abuso y ceguera. Los hombres menosprecian a las mujeres degradándolas, hiriéndolas, brutalizándolas y aprovechándose de ellas. Estas son las maneras de intentar ignorar u olvidar lo que saben que es verdad, orgánicamente. La reactividad de los adolescentes contra las diosas toma forma negando la verdad de ellas.

Ciertamente hay hombres más sensibles que los que acabo de describir. Aun así, muchos no son conscientes de la indignación psicológica sutil que se filtra a través de las grietas. Toda la dinámica psicológica masculina es una reacción en contra del conflicto de ser entrenados para ser dioses y saber que no lo son.

Por supuesto, hablando de manera retórica y no dualista, todos somos Dios: hombres, mujeres, toda la creación. La retórica está bien y es útil, pero ¿qué hay acerca de la realidad orgánica que nos mueve? ¿Qué hay acerca de los veinticinco o cincuenta años llenos de negación y de otras estrategias inconscientes del ego que han formado literalmente el cuerpo, la mente, la salud y todas nuestras reacciones y creencias? El hombre no puede sólo decir: "Sí, todos somos Dios", y esperar a estar sanado, aunque eso sería agradable y encantador. Pero no funciona de ese modo. Tenemos que desarraigar las motivaciones inconscientes y trascenderlas con claridad y a través de la desintegración de los hábitos de vida negativos. Esa es una operación que dura toda la vida.

El niño vive y crece como resultado del alimento que recibe de la Mamá, y eso obviamente no cambiará. Los hombres no pueden nutrir con leche física, con sustento nutritivo de su propio cuerpo de la manera en la que lo hacen las mujeres, aunque los hombres pueden darle una mamila al bebé. (Quizás es diferente en otro planeta, pero en la Tierra, mientras exista el Homo sapiens, *los niños maman de la Mamá). La huella de quien da el sustento, de donde surge la vida, seguirá siendo de la mujer.*

La Madre Divina se ha visto en las grandes tradiciones espirituales como la cuidadora del mundo y, en un sentido limitado, como la cuidadora de la humanidad. En sánscrito hasta nombran Ma a la diosa mujer. Para Ramakrishna, Kali Ma (una forma de la Madre Divina) era su deidad favorita.[18] *Ramakrishna amaba tanto a Kali que, por un tiempo, se convirtió en mujer en la práctica y en consciencia. Usó ropa de mujer, vivió entre las mujeres y actuó como mujer. Las mujeres, a su vez, lo amaron realmente y lo aceptaron como a una de ellas. Trataba a cada mujer como la Madre Divina. Aunque viniera una limosnera sucia al templo, Ramakrishna se inclinaba a sus pies porque ellas eran la Madre, Kali. Cada mujer era Kali. No era que quisiera a las mujeres como diferentes o como los polos opuestos a los hombres. Era que amaba a la Diosa.*

¿No sería bueno que los hombres crecieran con la huella de reverencia hacia la Madre Divina: la reverencia que merece por ser la que da el sustento al mundo? Si no fuera por Shakti, no estaríamos aquí. (Si no fuera por Shiva tampoco estaríamos aquí, pero si sólo estuviera Shiva y no Shakti —que es una situación puramente hipotética, un concepto de que sólo hay vacío—, sería una existencia muy sosa).[19]

¿Acaso no sería interesante que los hombres fueran tan maduros y naturales en su masculinidad a tal punto que también se transmitiera una huella masculina objetiva? Es difícil imaginar una sociedad así porque no está en nuestra experiencia de clase media. No sabemos lo que sería si los hombres y las mujeres honraran a las mujeres como Mujer, como Shakti, y honraran a los hombres por lo que son, esencialmente. Me gustaría ver a un grupo de personas viviendo juntas con un reconocimiento genuino de esto, sin considerar los mecanismos psicológicos que provocan que los hombres menosprecien a las mujeres, y que las mujeres respondan con miedo o con enojo. Sí, me gustaría.

18. Ramakrishna fue un santo indio (hindú) del siglo XIX, conocido por su devoción a la diosa Kali.
19. *Shiva/Shakti*: en el hinduismo, aspectos arquetípicos masculino y femenino de lo Divino, referidos al Contexto o consciencia (Shiva) y a la forma y manifestación (Shakti).

El problema hoy

Durante los últimos cincuenta años, mucho del instinto maternal se ha enterrado en el mundo moderno, debido a la obsesión tecnológica abrumadora que la mayoría de la gente tiene en sus casas. Hornos de microondas, televisión, videos, los dos padres trabajando... todo esto ha conducido al casi completo entierro de las respuestas maternales instintivas arquetípicas de la mujer con su hijo. Por supuesto, las mujeres todavía tienen estas respuestas maternales (tienen que tenerlas), pero no tienen acceso confiable a ellas, en el sentido de ser capaces y estar dispuestas a dar lo que los niños necesitan de la madre. No están dispuestas a poner de lado sus burdas autocomplacencias usuales y su fascinación por los aparatos tecnológicos y su magia, así como la seducción que sienten por una vida de compras, entretenimiento y vida social, para sólo ser *Madre* para sus hijos. Esto es una pérdida impactante, triste y profunda para las generaciones modernas.

Lo que se requiere para ser Madre es una atención singular, casi celosa, hacia el niño (y obviamente la capacidad de hacer lo que se tiene que hacer en la práctica, esto es, cocinar, cuidar de la casa, etc.). Esto significa que las distracciones de las obsesiones mundanas, como tomarse dos horas en la mañana para levantarse, bañarse, arreglarse el pelo y maquillarse, deben suprimirse.

Primero que nada, la madre tiene que *estar ahí*. Si el niño está frente a la televisión todo el día, no está la madre. Aun si ella está en la cocina, no está la madre presente con el hijo para expresarle ternura, saciedad y placer, y a ese niño le falta lo que orgánicamente significa el cuidado materno. Las heroínas de las telenovelas, Bugs Bunny o cualquier otro superhéroe, difícilmente son modelos o reemplazos de la Madre.

Todo el comportamiento social negativo que experimentamos como epidemia en el mundo occidental se da porque ninguna de estas personas, cuando eran niños, tuvo ternura, saciedad y placer expresados hacia ellas. No es una sorpresa que ese comportamiento negativo epidémico aparezca en nuestro mundo, cuando una madre corre a la habitación, recoge al niño a toda velocidad, corre afuera de la casa, avienta al niño en el asiento del coche, lo saca rápidamente, corre al supermercado, lo recorre a toda prisa, sin poner ninguna atención al niño… se detiene a platicar con una vecina mientras el niño está gritando, y sólo lo voltea a ver para decirle: "Estoy hablando con mi amiga, ¿te puedes callar?", y sigue conversando con su amiga.

Ya que la mayor parte de lo que aprende un niño se da en los dos primeros años, si una madre *realmente* se entrega al cuidado materno, su atención durante estos dos primeros años debe estar totalmente enfocada en el niño y sus necesidades, aun a costa del su propio bienestar. Mi recomendación es que, durante dos años, la madre básicamente no tenga vida propia; esta, más bien, pertenece al niño.

Para la madre de un niño pequeño, cinco minutos de conversación adulta son un tesoro de Dios y, a veces, sucede que la mujer extraña tanto la conversación adulta, no importa cuánto quiera a su hijo (ese no es el asunto), que está dispuesta a comprometer su atención al niño para poder gozar de diez o quince minutos de conversación adulta ininterrumpida. No obstante, recomendamos que durante dos años la madre deje pasar sus preferencias y la felicidad derivada de asuntos como este, y enfoque su receptividad y su alegría en el crecimiento, desarrollo y expansión del niño. En cualquier caso, este enfoque es una buena práctica para servir sin egoísmo. Las necesidades básicas de la vida —alimento, descanso (quizá no tanto como la madre quisiera o está acostumbrada, pero suficiente) y demás— retomarán su lugar naturalmente, en sincronía con los nuevos patrones de la maternidad.

Sobreproteger a nuestros hijos varones

En estos días, la tendencia de los niños a ser más agresivos que las niñas es común, en gran medida, porque las madres los han asfixiado o sobreprotegido en lugar de ofrecerles atención maternal. Los han controlado tanto que no les permitieron ser ellos mismos. No se trata de que los niñitos deben ser animales salvajes ni de que las niñitas necesariamente tienen que ser siempre delicadas, contenidas y corteses. Pero se ha encajonado a los niñitos en el convencionalismo, en el viejo edicto de "los niños deben ser vistos y no oídos", y ellos culpan a sus madres por esto. También culpan a las mujeres por esto, porque la Madre es todas las mujeres, es Mujer, para el niño.

Me han preguntado si los hombres odian inherentemente a las mujeres y si se debe esperar algo de los niños en términos de sus incesantes ganas de molestar a las niñas. En cierto nivel cultural, todos los hombres tienden a temer a las mujeres, y por eso buscan dominarlas y controlarlas, a través de la violencia y el sometimiento. Sin embargo, los niños no tienen que crecer necesariamente con esa influencia. De hecho, no deberían. Con el tipo correcto de cuidado por parte de los padres, no crecerán con el mismo grado de influencia negativa que la mayoría de nosotros tiene. Los modelos predominantes masculinos para el niño deben ser lo suficientemente conscientes como para no animar estas modalidades de comportamiento anticuado; y los modelos predominantes femeninos no deben ser exageradamente sensibles, al grado de ver montañas ahí donde sólo hay molinos y hombres malos –cochinos demonios chovinistas– en cada esquina o detrás de cada mirada intensa. Por supuesto, esta dinámica sucede tan temprano en la vida, que para cuando somos adultos el odio a la imaginada fuerza limitante de las mujeres ya está incrustado profundamente.

Los hombres también *disfrutan* de la compañía femenina y desarrollan un tipo de consciencia social. Hombres y mujeres aprenden a ser aceptables socialmente entre sí. Ciertamente, los hombres todavía experimentan la conquista de la caza (ese comportamiento primario) y definitivamente buscan la compañía de mujeres para poder presumir su destreza de cazador. Pero también hay un nivel en el que los hombres disfrutan de la energía femenina, el confort suave y receptivo de la naturaleza femenina. Quieren ser acogidos con amor y afecto verdadero. Esto es lo que los niños (hombres) necesitan de sus madres: límites, por supuesto, pero dentro de un contexto en el que se cultiven la delicadeza, la aceptación y el amor.

En el momento en el que me divorcié, mi madre me dijo: "Ven a vivir conmigo". (Me daría todo lo que yo quisiera: "Lavaré tu ropa. Ven a vivir conmigo, te daré la habitación que tenías"). Y a muchos de nosotros nos gustaría que nos cuidaran así. Claro que queremos ser hombres y mujeres adultos, pero como nunca nos cuidaron, nunca nos dieron el cuidado maternal apropiadamente (no asfixiados ni sobreprotegidos, sino bien cuidados por la madre), queremos eso. Y nuestra madre es nuestra madre aunque seamos mayores (¡pero mantuve mi situación de vida independiente a pesar de la tentación de convertirme en "pequeño" otra vez!).

La importancia de la retroalimentación

Cuando en nuestra comunidad sentimos que una mujer que es madre ha perdido por un momento la noción correcta de ser madre, le damos nuestra información. "En el mundo de afuera" no se puede decir cualquier cosa que sea demasiado verdadera, demasiado real, demasiado amenazadora, a alguien que es insegura, llena de culpa, orgullosa y que niega el verdadero estado de su psique y personalidad. Una amiga primeriza puede preguntarle a una mujer con tres hijos (todos sanos, felices y benditos): "¿Cómo esterilizas las botellas y cómo eliminas la ictericia?", y cosas así. Pero si la madre experimentada se sienta realmente con su amiga y le dice: "Creo que tienes que fijarte en que estás eludiendo el afecto y la intimidad con tu hijo", la amiga clavaría a la otra madre en la pared y nunca volvería a jugar *mah jong* con ella. Es *muy* poco usual que una madre sea lo suficientemente abierta con otra madre como para preguntarle: "¿Cómo lo estoy haciendo?", y *preguntarlo* de corazón. No obstante, esto es algo que tenemos que hacer si vamos a educar a nuestros hijos en línea con los principios de educación que hemos discutido.

Obviamente los padres también están incluidos en esto. Debemos pedir información y ayuda de otros padres que sean sensatos, sabios y experimentados; quizá podamos decir "exitosos" en el dominio de la paternidad consciente. Pero preguntar a otros padres: "¿Cómo lo estoy haciendo?", es muy amenazante. Si estamos sobreprotegiendo a nuestro hijo, pero simplemente pensamos que lo estamos amando, dándole afecto genuino, cariño y comprensión, y otro padre nos dice: "Parece que lo estás asfixiando; tu afecto es artificial; lo que estás haciendo es darle a tu hijo lo que sentiste que *tú* nunca tuviste, lo que *tú* quieres, y es sobreactuado, dramático, está vacío, no es real, no es limpio, está motivado por impurezas", nos sentiremos destrozados y furiosos con el que nos da el consejo.

Consejos de las mujeres de la comunidad

La educación en nuestra comunidad es mucho más un diálogo que una fórmula. Constantemente estamos haciendo preguntas y trabajando los detalles.

¿Dónde va una a encontrar la visión y en qué está basada realmente? ¿Dónde encuentra una los principios subyacentes que una puede checar y luego trabajar

sobre los detalles? Toda la práctica espiritual que una hace, cualquiera que sea el camino, puede proveer lo anterior. Cada mujer debe tomar en sí misma la guía más profunda que ella tiene en su propia tradición.

Para nosotras, esto significa poner siempre en primer lugar a nuestro Maestro, a nuestra tradición y a nuestra práctica y apoyarnos en la sabiduría que está encerrada en esos recursos. Si así lo hacemos, *si recurrimos conscientemente a ellos, entonces dispondremos de un manantial. Podrán cometerse errores (y sí se cometerán), pero se podrán trabajar y habrá una guía interior. A través del amor de Dios y del amor a su hijo y a su pareja, la madre encontrará el fundamento de todo lo que hace.*

No podemos enfatizar demasiado la necesidad de la mujer de tener una cultura de mujeres y amigas que la apoyen, porque todas tenemos "momentos", como todas las madres, en los que todo parece un infierno, nos jalamos los pelos, sentimos que no podemos escapar y que nos vamos a derrumbar. La paternidad es una exigencia enorme. Si queremos acercarnos a la paternidad queriendo que la educación sea una parte integral de nuestra vida y nuestra práctica, será mil veces más demandante que para quien se adscribe a los valores del "mundo convencional", en el que la educación de los niños (o la paternidad) es cuando mucho un asunto secundario. La paternidad será mucho más demandante y nos hará tocar lugares que todavía no conocemos de nosotros mismos.

La maternidad realmente avivará el fuego, sacudirá nuestra propia consciencia de una manera que no podemos percibir con anticipación. Necesitamos el apoyo de otras mujeres con quienes podamos hablar y estar con ellas. Las madres necesitan ser cuidadas maternalmente; las madres necesitan a otras mujeres que las puedan abrazar. Sin embargo, no se desanimen. Las mujeres se sorprenderán al ver qué tan rápido surge la "madre" dentro de su cuerpo. Lo que somos instintivamente, orgánicamente como madres, ¡aparecerá!

Ninguna madre nueva, especialmente primeriza (es diferente la segunda vez) que está radiante por la belleza de esta nueva experiencia, quiere que le digan que está dañando psicológicamente a su hijo desde el primer día. Ninguna madre quiere ni un sólo indicio de esto a kilómetros de distancia. Pero si vamos a educar a nuestros hijos verdaderamente en línea con estos principios, debemos estar dispuestos a recibir retroalimentación.

Si la mujer es honesta consigo misma, esto despeja en ella todas las capas de material que la mantienen alejada de lo que es instintivo. Siempre sabrá qué hacer, creativamente. No tendrá que luchar contra esto. En general, este tipo de práctica –honestidad intransigente consigo misma– abre la puerta al instinto y es un manantial natural burbujeante durante todo el tiempo que la madre cuide al hijo.

EL PAPEL DEL PADRE

El niño tiene que adaptarse a dos fuerzas para crecer. Una fuerza, generalmente representada por la madre, es la placentera del amor y la intimidad. Pero la otra fuerza a la que el niño o la niña se tiene que adaptar para crecer es la fuerza de la obligación, la exigencia de mayor aprendizaje, adaptación y cambio de comportamiento. Esta fuerza generalmente está representada por el padre.

Desafortunadamente, la vinculación con el padre rara vez está presente en las familias modernas. Quizás el Papá cargará al bebé un poquito, pero es más común que los hombres se sientan incapaces frente a los niños pues no saben cómo cambiar un pañal y, probablemente, estarán muy ocupados con otros proyectos. (Ciertamente esto fue verdad para la mayoría de *nuestros* padres).

Este es el porqué, cuando un niño es pequeño, él o ella debe tener mucha atención masculina. Cuando nace el bebé, el padre debe cargarlo muy seguido. De otra manera el bebé se vincula enteramente con la mamá. Esto crea un desequilibrio interno que se expresa frecuentemente más adelante como una aberración psicológica. Una vez que el niño se vincula con lo masculino al igual que con lo femenino, entonces tiene la oportunidad de manejar su naturaleza masculina, una oportunidad que no se presenta bajo otras circunstancias. Parte de la salud de la cultura tiene que ver con cómo se relacionan los niños.

El niño se vincula automáticamente con la madre porque ella lo cargó, cuidó, alimentó y mantuvo vivo dentro de su cuerpo durante nueve meses. La madre necesita solamente un mínimo esfuerzo para continuar profundizando y ampliando este vínculo, pero Papá tiene que trabajar en ello: tiene que atraer activamente al niño para vincularse profundamente. La célula de esperma que forma parte del milagroso proceso creativo no es suficiente para mantener el proceso de vinculación una vez que el niño nació.

En nuestra comunidad, tan retrasada como parezca, la mayoría de los padres ayudan esencialmente igual, cuidando al bebé cuando está enfermo, por ejemplo. (¿Cuándo nuestros padres se ocuparon de nosotros cuando éramos pequeños y estábamos enfermos? Por Dios, cuando un bebé tenía fiebre, diarrea, vómito, ¡era trabajo para la mujer!).

Idealmente, el proceso de vinculación empieza con la vinculación con ambos padres y luego continúa conforme crece el niño, con la compañía masculina de forma natural a través de amigos, modelos, etc. No debe creerse que tan pronto salen los niños adelante y empiezan a caminar, dejemos que las mujeres se encarguen de ellos. Debe haber una continuación de la compañía masculina, juego masculino, influencia masculina. Obviamente, a lo largo de toda esta plática estamos suponiendo que la compañía masculina disponible para el niño o niña será completamente sana, positiva hacia la vida y cuidadosa, y será una presencia madura. El hombre que mima a su hijo en lugar de ofrecerle afecto amoroso, o el padre que exige que su pequeño "cumpla" (por ejemplo, que desempeñe cierto rol social forzado o que sea un gran futbolista a los tres años y cosas por el estilo), *no* es el tipo de modelo masculino que educa a los niños a que confíen en sí mismos y sean maduros en relación con su propia masculinidad o su lado masculino, o en relación con otros hombres. Hay hombres que quieren que sus niñitos sean guerreros, y creen que la única manera de hacerlos "hombres" es a través del dolor. Esta forma de paternidad es una manera de demoler la inocencia y la alegría. He visto a padres que si ven llorar a sus hijos en público, los golpean y les dicen: "Si lloras otra vez, te voy a golpear más fuerte", y de esa forma hacen que los niños dejen de llorar, por miedo. Esa no es la forma de paternidad que produce adultos productivos y sin conflictos. Por otro lado, si el niño cuenta con una dinámica masculina sana, no podemos tener a un grupo de hombres sentimentalmente sosos paseando por ahí, u hombres pavoneándose, coqueteando con mujeres todo el tiempo. Debemos tener hombres que confíen en su masculinidad; hombres que tengan relaciones sólidas con su pareja, que estén satisfechos trabajando en su relación y siendo hombres. Y las mujeres tienen que ser madres, no ogros sobreprotectores de sonrisa tonta. Si la relación del padre con el hijo es profundamente amorosa y suficientemente bien vinculada, el padre puede reparar el daño causado por la falta de vinculación y de amor de la madre.

Con las parejas, recomendamos que el papá "esté ahí", tan cerca del 50 por ciento del tiempo como sea posible. También recomendamos que él se sacrifique por un par de años. Para algunos hombres poco comunes, la presencia atenta hacia su hijo no es un sacrificio; para los hombres poco comunes es grandioso: la maravilla de ver a su hijo crecer es tan brillante que eclipsa todo lo demás. Por supuesto, esto es lo ideal. Idealmente, el padre querrá estar con su hijo, porque ciertamente el hijo querrá estar con el padre, en cualquiera de los casos.

Lo que se necesita, tanto por parte de los hombres como de las mujeres, es que seamos reales, sólidos, comprensivos, amables, generosos y amorosos a partir de un contexto de sabiduría y sensatez. No demasiado suaves e inseguros, pero tampoco muy duros e insensibles.

Pregunta: He sido madre por diecisiete años y, por supuesto, no he sabido hacer lo correcto durante los últimos dieciséis. Ahora tengo muy claro que ser madre es trabajo para Dios. Pero aún me doy mucha importancia a mí misma. Quiero saber cómo no darme esta importancia con el nuevo bebé, cómo manejar la frustración y el enojo.

Lee: Si existen la frustración y el enojo, están ahí. Mantenlos como asunto tuyo y no como asunto del bebé. Eso es todo, es muy sencillo, realmente…, pero no siempre es fácil. El mejor padre no es un ser humano perfecto psicológica o personalmente. Mantenemos nuestros asuntos para con nosotros mismos y no hacemos de ellos asuntos de nuestros hijos. Eso es todo.

La enseñanza más influyente para los niños es cómo los padres sirven de modelo. No es lo que los padres dicen, sino cómo viven los padres. Si estás enojada o eres egoísta o cualquier otra cosa, pero lo manejas bien, tu hijo no *captará* enojo ni egoísmo. Captará una calidad de madurez que se maneja bien; no el enojo ni el egoísmo.

Por ejemplo, en mi opinión, soy más como mi padre que como mi madre (aunque algunos de mi familia no están de acuerdo). He asimilado a ambos, pero soy más como mi padre que como mi madre, porque mi padre era una presencia más dominante; no porque fuera exteriormente gregario o sociable. No lo era. Mi madre era muy platicadora y activa, y cada vez que iba a comprarme ropa cuando niño, era siempre mi madre quien me llevaba. Ella fue siempre la *personalidad* dominante en mi vida, pero mi padre era la *presencia* dominante. Él era muy tranquilo, tenía un estudio de arte separado de la casa. Hacía su trabajo y rara vez externaba su opinión. ¡Mi madre *siempre* externaba su opinión acerca de todo! Muchos de los aspectos de mi personalidad que mis estudiantes piensan que son resultado de la práctica espiritual, no lo son. Son sólo el resultado del rol que mi padre ha modelado.

Una de las cosas que nos preocupa cuando tenemos malos hábitos es que nuestros hijos los adquieran también. Por ejemplo, me encantan los dulces. Podría comer azúcar desde el minuto que amanezco hasta el momento de irme a la cama en la noche. Y tengo una capacidad física muy grande para absorber el azúcar. Desafortunadamente, también soy muy vanidoso (además de arrogante), y si comiera todo el azúcar que pudiera y que quisiera comer, no podría pasar por esa puerta. Con frecuencia la gente me ofrece galletas y dulces y me dicen: "¿Quieres?", y contesto: "Quisiera todo el plato, pero no lo tomaré". Tengo un enorme antojo por el azúcar de cualquier forma, pero no le pongo azúcar al café, aunque prefiero el café dulce. (Esa es una de las cosas que me encantan de India. La cultura espiritual es maravillosa, pero el café de India es espectacular porque es sumamente dulce, néctar puro. No es que el café sea tan bueno, es el azúcar en el café que es bueno). Tengo muchos malos hábitos. Simplemente no los complazco. Y la glotonería y la comida son mis malos hábitos. Soy un glotón desmedido. Simplemente no me complazco en la glotonería. No son los malos hábitos lo que comunicamos a nuestros hijos, es nuestra dramatización y nuestra permisividad con los malos hábitos. Si manejas tu psicología, lo que capta el niño será disciplina y presencia en lugar de psicología y malos hábitos. Entonces le estarás haciendo un gran favor a tu hijo.

Capítulo 6

Establecer límites
El desafío de los límites responsables

i amamos a nuestros hijos, tenemos que ser responsables por ellos más allá que sólo ser modelos o maestros de algún tipo. Por supuesto, los niños tienen que ver hombres y mujeres con virtudes como paciencia, honestidad, justicia, amabilidad y demás, pero, por lo menos como un corolario a esto, la responsabilidad básica con los niños es la de ser confiables con la disciplina; no necesariamente disciplina punitiva, sino disciplina en términos de ser capaces de establecer límites firmes y justos. Los niños necesitan aprender las definiciones, los límites y los alcances tanto de su mundo como *del* mundo. El niño educado sin límites confiables es un niño que crecerá confundido, inseguro de sí mismo y de su comportamiento, y que actuará negativamente en un intento desesperado de que se le impongan límites.

Los límites primarios son aquellos que son inalienables, como los límites entorno a la salud física básica, como: "No puedes beber líquido destapacaños, no puedes atravesar una calle sin detenerte a ver si vienen coches, no puedes brincar en el fuego", etc. Los límites secundarios tienen que ver con las circunstancias y pueden variar (o no variar) de acuerdo con la situación. Estos límites secundarios pueden cambiar conforme el niño va creciendo y desarrollando mayor capacidad y nivel de habilidad.

La mejor educación es inútil sin los límites apropiados. Algunos de mis amigos más cercanos (y estoy seguro que algunas de las personas que usted, lector, conoce) son adultos bien educados, refinados y bien informados, y sin embargo, son confusos psicológica o emocionalmente, casi incapaces de relacionarse y, a veces pareciera, apenas humanos. Entonces, la educación es importante, pero no lo es todo. Primero vienen los límites apropiados; en segundo lugar, nuestra presencia con nuestros hijos, esto es, *estar* con ellos, y en tercer lugar vienen los elementos formales de la educación: los datos, por así decirlo.

El autor y educador John Holt mantuvo una visión similar a la del "concepto del continuum" de Jean Liedloff,[20] que dice que si tan sólo dejamos a los niños desarrollarse y ser quienes son, sin expectativas ni miedos, crecerán siendo inocentes. (El fruto de este enfoque será la *inocencia sabia*, como diríamos). Esta visión es refutada por aquellos que sienten que los niños necesitan ser controlados, y estrechamente dirigidos y monitoreados.

Mi visión está en medio de estas dos. Darle al niño demasiada libertad por simple negligencia, como cuando los padres están muy ocupados, por ejemplo, desarrolla a un niño muy neurótico. Y "asfixiar" a un niño o agobiarlo por la simple necesidad de dominar, controlar y manipular, destroza la inocencia y es dañino psicológicamente.

Los padres conscientes tienen que establecer límites que hagan sentido; límites que puedan explicarse al niño. Podríamos pensar que la gente hace eso, pero muchos realmente no disciplinan a sus hijos de un modo racional. La conclusión es mantener límites honestos, sensibles, explicables, pero al mismo tiempo prestar atención y saber dirigir con la dulzura necesaria.

Los niños necesitan y quieren límites. Cada niño sabe lo que es estar contento y lo que es sentirse miserable, que es por lo que piden límites. Forzarán los límites como una forma de descubrir por sí mismos hasta dónde pueden llegar, pero el niño que conoce sus límites, y para

---

20. Tanto el trabajo de John Holt como el de Jean Liedloff han sido sumamente influyentes en el enfoque educativo recomendado por Lee Lozowick. En el capítulo 9 (Educación para la vida) se hablará más sobre estos principios.

quien los límites son confiables, es un niño feliz y seguro de sí mismo.

Entre los dos y los cuatro años es crucial tener una respuesta inmediata a las circunstancias y una disciplina justa y no arbitraria, porque es cuando los niños adquieren la mayor enseñanza acerca de los límites. Un aspecto importante en esa etapa es el de establecer las consecuencias por romper los límites. Necesitamos saber *qué* hacer y *cuándo* hacerlo, rápidamente. Es inútil establecer consecuencias para un niño pequeño una semana después de que algo sucedió; una semana después es un universo distinto para ellos. Las consecuencias deben adecuarse a la desobediencia y estar en sincronía con el evento, de manera que el niño sepa a qué se refieren.

Queremos ser tan amables y amorosos con nuestros niños, y no causarles penas de ninguna manera, que a veces nos equivocamos en términos de proveer un tipo de disciplina amorosa que ellos ansían. Los niños de dos a cuatro años empiezan a actuar de modo negativo si no están obteniendo los límites que requieren. Nos harán saber que necesitan asegurarse de que nuestro amor por ellos es responsable y sabio, en términos de establecer límites firmes pero amorosos.

A veces, cuando un niño, quizás un hermano, ve que otro niño rompe las reglas y siente que las consecuencias disciplinarias para el niño que rompió las reglas no fueron suficientemente duras, preguntará a los padres: "¿No lo van a castigar?". Lo que están diciendo es: "Si yo hiciera eso, quisiera que me castigaran más duramente". Están diciendo muy claramente: "Quiero que mantengas los límites para mí". La consciencia no está involucrada para nada en este proceso particular. Es una solicitud inconsciente en pro de un mundo confiable.

Otro ejemplo de niños que ansían tener límites: si ponemos un límite a un niño que no los tiene (un niño cuyos padres no saben establecer límites), ese niño literal e instantáneamente se vuelve afectuoso con nosotros, nos sigue y nos abraza porque está muy agradecido. Es un alivio para ellos que un adulto les ponga un alto. Después de cierta edad, claro, todo esto cambia. Después de esa edad, si a un niño se le ha entrenado a que el enojo es la única respuesta, no responderá a los límites con elegancia ni afecto. Y podría ser demasiado tarde intentar poner el alto a un adolescente.

VOLUNTAD Y AUTONOMÍA

Desarrollar lo masculino

Al principio, todo es maternal: todas nuestras percepciones y nuestra constitución son femeninos. Entonces, en cierto punto en nuestro desarrollo del ego, para que se satisfaga el proceso de desarrollo y para que nuestra esencia humana evolucione y alcance la plenitud, empezamos a desarrollar lo masculino dentro de cada uno de nosotros. Esto puede manifestarse como una resistencia a la exigencia materna: pelear con la madre, deambular solos sin mirar hacia atrás para asegurarse que la madre está ahí... todo este tipo de cosas. Esto es muy sano en circunstancias ordinarias. (Por supuesto, se da por sentado que la madre estará atenta a su hijo cuando este deambula para ver que no se pierda). La tendencia en la mayoría de los padres –mamás y papás– es la de considerar cada expresión de desarrollo, por menor que sea, y reaccionar como si esta manifestación definiera al niño para el resto de su vida. Razón por la cual los padres, al ver a su niño independizarse, se lamentan diciendo: "¿Qué hice mal?, ¿por qué ya no nos escucha?, ¿por qué no viene cuando lo llamamos? Sólo siguen corriendo", cuando eso es sencillamente el curso natural de las cosas. Obviamente los límites son necesarios, pero hay un momento en el desarrollo de cada niño o niña, cuando para ellos es natural desarrollar más independencia. Y los niños pasan por innumerables etapas (cuya intensidad viene y pasa muy rápidamente) en su proceso de crecimiento. Con frecuencia experimentan con cierta manifestación por unos días y, entonces, o la dejan (y nunca la volvemos a ver) o la integran de alguna manera a su "repertorio". Y a veces, una etapa de desarrollo orgánico (diferente de una de comportamiento) puede durar semanas o meses.

Si la madre se descontrola por cada pequeño cambio e intenta asfixiar maternalmente los impulsos del niño de separarse y distinguirse como un ser individual, esto puede tener efectos muy adversos. Puede atrofiar la evolución natural, personal y psicológica del niño. Estos cambios no tienen que ver con que el pequeño no ame a su madre o que no quiera su compañía, atención y afecto. Sencillamente, en cierto punto del desarrollo humano, es apropiado evolucionar hacia una mayor individualización.

Para complicar aún más las cosas, hay muchos terapeutas que no saben nada acerca de los niños (pues fueron entrenados en psicopatología). Verán una manifestación menor en el niño —un pequeño experimento o parte de una etapa de desarrollo de uno o dos meses— y la empezarán a tratar como un síntoma, cuando no es más que una afección natural de una etapa de desarrollo que pasará a su debido tiempo.

Entregarse a un poder superior

Los niños necesitan tener la capacidad de entregarse con dignidad, de ceder sus deseos o preferencias a un poder superior, y esta es otra cosa que aprenden, o no aprenden, de los adultos al observar cómo ellos manejan su propio "poder superior" a su alrededor y cómo se relacionan con Dios o con los dictados de las necesidades sociales y políticas. Entonces, por ejemplo, cuando conducimos, querámoslo o no, nos enfrentamos a ciertos límites de velocidad. Ya sea que los adultos respeten estos límites, o por el contrario, gruñan y se quejen y los rompan, este comportamiento tendrá un efecto de mucho impacto en los niños que los observan.

Este es otro aspecto de la importancia de convertirse en un modelo correcto. Otro ejemplo: cuando llevamos a nuestro hijo a un restaurante, es obvio que no está bajo nuestro control el sabor de la comida ni la eficiencia del mesero, y demás. Sin embargo, podemos decidir ser elegantes a este respecto, muy conscientes de la situación, o podemos quejarnos y hacer una "escena" grosera e inapropiada. Los niños aprenden a aceptar situaciones inalterables o inalienables, y también aprenden a hacer esfuerzos en relación con las cosas que son flexibles o las situaciones en las que hay opciones.

Dado que los adultos serán quienes establezcan los límites para el niño por un tiempo, si este no es capaz de entregarse fácilmente a un poder superior (no necesariamente en el nivel de manifestación exterior, en el que el pequeño protestará y llorará un poco, sino en su interior, en su propio ser), lo más probable es que cada exigencia impuesta al niño se convierta en una lucha, aunque el límite sea para beneficio del propio niño. Si este no se puede entregar a una fuerza superior —de los padres, a las leyes de su estado y su país— será muy infeliz como adulto.

La falta de confianza es el principal factor que provocaría esta incapacidad en el niño. La falta de confianza es causada por una relación primaria negativa, que se traduce simplemente en una relación poco amorosa, desconfiable e irresponsable del padre hacia el hijo.

Presionar y agobiar

Aunque los niños reconozcan la importancia de los límites y del confort, la seguridad y el amor comunicados dentro de estos límites, ellos seguirán tratando de evitarlos. Esa necesidad de límites puede acompañarse a un cierto tipo de pánico, porque cuando se impone un límite, el juego cambia. Bueno, para el niño no es un juego, ¡es supervivencia! Entonces, la apreciación del límite no necesariamente tiene un efecto inmediato. Un niño de tres años no cambiará un hábito establecido en un día, ni empezará a tratar a Mamá de manera diferente ni le hablará con una entonación menos exigente o menos crítica.

Una mujer me contó acerca del problema que tenía con su hijo que rechazaba los límites todo el tiempo. Cuando era el momento de ir a la escuela, el niño no quería vestirse. La madre regresaba y trataba distintas estrategias para que él se vistiera y este siempre se rehusaba. Mi consejo para ella fue: "Si eres clara y firme con tus límites y con las consecuencias por no respetarlos, el niño te imitará. Es difícil, pero tienes que hacerlo".

Al crecer, los niños buscan y necesitan definir sus límites: los límites de su entorno, las definiciones de quiénes son y qué están haciendo, los límites de sus compañeros y de los adultos. Frecuentemente esto se muestra probando o desobedeciendo. No es nada personal. No les gusta manipular a sus padres; lo aprenden a hacer por necesidad. Aprenden a manipular a los padres que no pueden ser adultos confiables con sus hijos. Si escuchamos todo lo que dice el niño de tres años, él acaba siendo el padre y nosotros el hijo, lo que es devastador para el niño. (Aunque se quejen ahora, cuando dejen la casa como jóvenes adultos estarán inmensamente agradecidos con nosotros por no dejarlos manipularnos).

La disciplina puede causar estrés en el niño, lo que, de hecho, puede ser sano. Este tipo de estrés permite que la fuerza y la claridad estén presentes en nuestras vidas. La mayoría de nosotros tuvimos mucha suerte de crecer en situaciones estresantes, porque, sin saberlo, nos permitió tomar decisiones necesarias y tener un funcionamiento integral. El mundo es estresante. Ser capaces de manejar el estrés con dignidad y ecuanimidad es un gran don.

En nuestra comunidad, la forma como cuidamos a nuestros niños aspira ostensiblemente a que haya poco estrés o ninguno. Intentamos brindarles una gran cantidad de libertad. Esta práctica se ha llamado permisividad, pero realmente no es la palabra correcta. No es el estilo de vida de educar de "forma hippie". No deberíamos ser padres permisivos, aunque muchos padres inseguros respecto al establecimiento de límites se convierten en permisivos, en el sentido de tener miedo a intervenir, establecer límites firmes y mantenerlos.

Los límites apropiados crean estrés en el niño. Aunque el niño añore límites apropiados y esté increíblemente agradecido con quien se los imponga, es el *ser* saludable del niño quien quiere y está agradecido por estos límites, no su psicología o su personalidad. Los niños pequeños no entienden intelectualmente por qué se establece cierto límite, aunque de forma esencial y inconsciente lo quieren, lo necesitan y lo agradecen.

Si sencillamente proveemos límites apropiados, no límites arbitrarios, sino límites apropiados de la manera apropiada, esto creará un estrés natural e inevitable en el niño, pero también permitirá que sus instintos profundos estén expuestos y activos durante esos periodos de estrés. Los límites apropiados ofrecen un campo de entrenamiento para vivir exitosamente, tanto en la niñez como en la edad adulta.

Un estrés malsano puede ocurrir cuando, por ejemplo, tan pronto como el niño muestra una inclinación por algo, sea deporte, música o cualquier cosa, lo enviamos a una escuela especial para pequeños genios… se entrenan para ser un prodigio musical, por ejemplo. Esto es complacer las proyecciones y manipulaciones de los padres por el hijo, para su satisfacción (de los padres). Esto claramente genera un tipo diferente de estrés. Algunos niños hasta son desarraigados de sus hogares y enviados a escuelas de educación especial, haciendo trizas la relación hijo-padres. Por supuesto, queremos ofrecerle al niño el conocimiento, la educación y el entrenamiento en algo para lo cual muestra una fuerte inclinación, pero las circunstancias bajo las que esto se hace son cruciales para su salud.

También se presenta algo de estrés constructivo en los niños cuando interactúan y conviven con otros niños. Tener que trabajar en cualquier forma de proceso de grupo, cualquier tipo de esfuerzo cooperativo, involucrará tener que lidiar con muchos tipos de límites, y será estresante, pero muy valioso.

CÓMO ESTABLECER LÍMITES

I. Lo más sencillo posible

Mi creencia es que cuanto menos límites se impongan, será mejor. Como ya lo mencioné en términos de los límites primarios e inalienables, uno puede decir: "Las estufas son calientes y te puedes quemar gravemente", o "Esta cazuela está llena de agua hirviendo; no puedes sacudirla ni jugar con ella". No permitiría a un niño jugar con navajas... ese tipo de cosas. Sin embargo, en términos de ruido y del nivel energético del juego, establezco muy pocos límites, excepto en el terreno de la seguridad física y de la crueldad hacia los demás.

Si un niño crece con poca disciplina, pero los padres son personas completamente conscientes y abiertas a lo que son, y viven una vida de integridad impecable, el niño no necesita mucha disciplina. El modelo de los padres se comunica y se transmite. Todo lo que los niños necesitan, básicamente, es saber que los autos te atropellan si corres enfrente de ellos. Muy sencillo. O que si brincas dentro del fuego, te quemarás. Eso es todo. Pero no necesitan que se les diga: "Eso es fuego, está caliente". Dejen que pongan su dedo en él, y antes de que se quemen toda la mano, créanme, rápidamente retirarán el dedo y de ahí en adelante sabrán que el fuego quema.

Muchos adultos tienen la idea de que los niños carecen de inteligencia y que, si no les decimos nada, pondrán su mano en la llama y se quedarán ahí sintiendo un dolor atroz, pensando si de verdad el fuego quema o no. ¡No lo harán! Les tomará una fracción de segundo darse cuenta de que el fuego quema, y así aprenderán la lección.

Otro ejemplo. Si llevamos al niño a la playa, definitivamente tenemos que ponerle atención, porque la resaca de las olas, aun las moderadas, tiene mucha más fuerza que un niño de año y medio. Sólo tenemos que ponerles atención. Eso es todo. No tenemos que correr cada vez que llega una ola grande y gritar: "¡Dios mío!, esa ola por poco te alcanza y pudo haberte arrastrado a la mitad del océano, y te hubieras muerto ahogado, y te quiero tanto. ¿Qué haría yo sin ti si te hubieras ahogado y nunca encontráramos tu cuerpo y te hubiera comido un tiburón?", y cosas de ese tipo, que *he* oído en la playa. Nada de eso es necesario. Sólo traten de que las cosas sean lo más sencillas posible.

II. "Todo depende"

Una vez viajábamos en auto. La ventana iba abierta y uno de los niños estaba jugando con su pelota y diciendo que la aventaría por la ventana y "por encima de las montañas". Su madre le explicó: "Si tiras la pelota por la ventana, rodará montañas abajo y no la podremos recoger".

El niño dijo: "Nos bajamos del auto y la recogemos", a lo que la madre replicó: "No podremos, se habrá perdido". Pero yo dije: "Además, hay otra razón".

De hecho, podríamos parar el coche, descender por la montaña, pasar dos o tres horas buscando la pelota, pero esa no era la razón por la que no debería aventarla por la ventana. Dije: "La razón es que estamos yendo de un punto a otro, y tenemos un cierto tiempo para hacerlo, porque tengo una cita a la que debo llegar. No podríamos parar el auto porque es de mala educación llegar tarde a una cita".

Mi razón no tenía nada que ver con que si podríamos o no encontrar la pelota, aunque ir tras ella sería absolutamente poco realista, dado el trabajo que costaría, comparado con lo fácil que sería conseguir otra pelota.

Continué: "Tienes que entender que en este paseo particular el día de hoy, que vamos del punto A al punto B, los criterios son: no voy a parar el coche; si avientas la pelota por la ventana, se pierde; eso es todo. Si anduviéramos por nuestro vecindario, quizá podríamos parar el auto y recoger la pelota".

Ese límite era verdadero para esa circunstancia en particular. No se sabe lo que es verdadero, hasta que uno se sube al auto y este empieza a andar. ¡Todo depende! Lo vamos haciendo día tras día. Un día podemos decir: "Si tiras la pelota por la ventana, no te ayudaré a buscarla. Pero detendré el auto y tú puedes intentar encontrarla".

Por supuesto, usualmente el niño dirá: "Quiero que *tú* la busques", y podremos decir sí o no… dependiendo. También es importante para los niños que sepan hasta dónde los padres harán cosas por ellos —es una señal de cuán confiable es el cuidado que le prodigamos— y hasta dónde tendrán que ser responsables personalmente de sus acciones. Obviamente esto cambia drásticamente conforme crecen. Cuando el niño de un año está sentado en su silla alta y tira algo (como una cuchara) al piso una y otra vez, le da mucha seguridad saber que los padres la recogerán cada vez. Esto confirma la confiabilidad en los padres. Pero si un niño de diez años hace algo parecido, ¡tienes un problema! No puedes esperar que un pequeño de dos años lave su propia ropa o que prepare sus comidas, pero uno de catorce puede hacerlo, otra vez, dependiendo de las circunstancias. El principio que los niños necesitan aprender es que cada circunstancia tiene sus factores dados, y que a veces estos están diseñados por otras personas. Entonces un niño puede tener un límite claro en su propia casa y uno completamente diferente en la casa de alguien más, donde las reglas son diferentes. De hecho, aun dentro de su propia casa puede haber reglas diferentes dentro de su habitación y en el resto de la casa. Por ejemplo, a los doce años, los niños pueden mantener su cuarto tan desordenado como quieran, pero no sería el caso para la sala o la cocina.

Tendemos muy fácilmente, a causa del deseo propio de poner menos atención a nuestros hijos (o en realidad poner nuestra atención en otra cosa) o del deseo inconsciente de que crezcan rápido, a relajar los límites y a suponer que un niño de dos años es capaz de manejar la comida como un niño de doce, por ejemplo. Sencillamente no es así. Por otra parte, los padres necesitan mantener la responsabilidad acorde con el crecimiento del niño. Muchos adultos hacen una regla para un niño de dos años, y cuando tiene cuatro, la regla ya es absurda, pero la siguen manteniendo porque ellos la hicieron y porque no saben cómo explicar al pequeño que las reglas cambian. O porque ellos mismos son tan rígidos que quieren dominar y manipular a sus hijos, y las "reglas" son una de sus armas.

Realmente es muy sencillo. Una de las cosas que podemos decir a los niños cuando digan: "Quiero cortar mi carne con un cuchillo filoso", es: "Lo harás cuando seas mayor. Ese cuchillo es muy filoso para que lo maneje un niño de tres años". Es importante que los niños sepan que las reglas cambian conforme ellos crecen, porque serán capaces de hacer más cosas. Es de sentido común, esencialmente. Obviamente algunas reglas, los "mandamientos", no cambian: reglas que tienen que ver con no mentir, no engañar, no robar o herir, entre otras. Al mismo tiempo, cuando el niño empieza a aprender a usar un cuchillo filoso, no esperen que corte su comida exactamente de la manera que convenga a su sentido de la estética.

En términos de las prácticas generales de educación, el reconocimiento de las diferencias de edad y niveles de habilidad es una consideración muy importante. De una manera simple, no les den a los niños más territorio del que sean literalmente capaces de manejar efectivamente. También es verdad que cada niño se desarrolla a ritmos distintos y desarrolla habilidades diferentes a las de los demás, entonces una regla o límite para un niño de tres años puede no aplicar para otro.

III. No ser arbitrarios

A menudo me siento incapaz de saber cómo hablar a los niños —no soy muy creativo—, pero *nunca* seré arbitrario en términos de un límite o de una disciplina. Cuando establecemos un límite para un niño, debemos ser capaces de explicar por qué pusimos ese límite —por qué es importante— en un lenguaje que el pequeño pueda entender. Las respuestas como: "suena bien", o: "esa es la forma como mi papá lo hacía", o: "porque soy tu padre, por eso", son totalmente inaceptables, hasta absurdas.

Una de las cosas más ilustrativas que me sucedió con los niños, fue con mi primera hija. Decidí que la quería llevar de vacaciones durante una semana a Disney World, en Florida; sólo ella y yo. Ella tenía cuatro o cinco años.

Cuando sacaba a mis hijos, ocasionalmente lloraban o protestaban, y nunca dudé que los niños necesitaban llorar o protestar de vez en cuando. Pero en estas vacaciones no tuvimos ningún pleito, ningún desacuerdo, ninguna tensión en absoluto. No lloró, no lloriqueó, no frunció el ceño. No sucedió nada que nos alterara, ni a ella ni a mí. Antes de partir, le dije: "Sabes que vamos a estar juntos por un largo tiempo. Tu madre está a mil kilómetros de distancia. No siempre soy paciente, y te amo mucho, y quiero que estas vacaciones sean muy lindas. Pero tienes que entender una cosa: no trato de ser un tipo rudo, pero lo que digo es en serio". Yo sabía que ella sabía que yo hablaba en serio, que mis límites eran justos y firmes. No hubo ningún problema, ¡ninguno! ¡Fue una revelación completa! Ella pasó unos días fabulosos y yo también.

Las tres primeras veces que un niño rompiera un límite no le repetiría: "Sabes que hablo en serio". Daría una advertencia clara y me aseguraría de que se cumpliera el límite, pero no violentamente, sin enojo, ni demasiado abruptamente ni con consecuencias excesivas. Sólo firme y naturalmente. Esperaría a que el niño asintiera que había escuchado lo que dije, aunque yo supiera que él había escuchado. Le concedería el respeto de un reconocimiento consciente cara a cara. Así que no balbuceen alguna regla al niño y esperen que la capte. Hablen claramente, hagan contacto visual y pregúntenle si los escuchó y si entendió el límite.

¡No hagan suposiciones por el niño! Déjenlo tomar su decisión, aunque sea nuestra definición del acuerdo que están pactando. Si cuando yo le estuviera hablando volteara su cabeza o se cubriera los oídos, me daría la vuelta, lo miraría a los ojos y le diría: "Vamos a seguir haciendo esto hasta que me dejes terminar. Sólo va a tomar unos segundos". Entonces, cuando él me mirara, le diría: "Hablo en serio, trato de no ser arbitrario y quiero escuchar lo que tú tienes que decir sobre este asunto. Pero tengo más experiencia que tú en estas cosas y tengo la última palabra". (Ningún niño me ha preguntado lo que quiere decir "arbitrario". Ellos saben lo que significa).

También le diría: "De vez en cuando cometo un error, y si lo hago, haré mi mejor esfuerzo para corregirlo, pero sigo siendo yo quien define los límites". Este es el entendimiento que quiero con el niño. Si cometo un error y tengo la mano pesada, definitivamente pediré disculpas. Pero también le explicaría: "Eres mi responsabilidad, y mientras lo seas, este es el trato. Hablo en serio. Soy el administrador del entorno. En el momento en el que puedas cuidarte a ti mismo, créeme que tendrás mis bendiciones. Pero mientras estés bajo mi responsabilidad, esta es la manera como nos vamos a entender".

Algunos de ustedes probablemente han notado que, cuando están acostumbrados a mantener la disciplina con su hijo *a pesar de lo que sea*, y ellos están acostumbrados a eso, un buen día ustedes se dan cuenta de que están siendo arbitrarios acerca de algo y modifican un poco la disciplina. El niño pregunta: "¿Por qué hiciste eso?". Lo que quieren saber es: "¿Por qué me permitiste hacer eso?". Y ustedes tienen que ser muy claros con respecto a la postura que adoptarán.

Una buena respuesta sería: "Porque sentí que la disciplina era arbitraria bajo estas circunstancias particulares, y sentí que tenías edad suficiente y eras capaz de hacer esto sin que yo me impusiera", o algo parecido. Y no sólo decir: "Es que estoy de buen humor". Por ejemplo, si pasa como a nosotros, que tenemos restricciones dietéticas porque somos vegetarianos, y cuando salimos permitimos que los niños se coman un *hot-dog*, como nosotros lo hacemos, ellos preguntarán: "¿Por qué?", y la respuesta debería ser: "Hoy es un evento de celebración, y en eventos de celebración hay veces que relajamos nuestras restricciones dietéticas". Pero, generalmente, se apegan a sus límites en otras ocasiones.

Los niños quieren ser una parte integral y funcional del entorno. Cuando hacen tales preguntas, no pretenden "sublevarse" en contra de nosotros. Quieren saber realmente cómo formar parte del entorno. Quieren saber cuáles son las reglas para no sobrepasar los límites. Un niño brillante empezará a preguntar tan pronto como maneje el lenguaje, incluso desde antes: preguntarán con los ojos y querrán saber qué está pasando. Pero, de nuevo, no es porque estén cuestionando nuestra autoridad, sino porque así aprenden acerca de su mundo. Quieren saber por qué algunas cosas se les niegan y otras no. Una regla cardinal en esto es: evitar la hipocresía.

Una de las cosas que descubrimos mientras el niño crece es que cada persona hace las cosas de manera diferente. Por ejemplo, el niño regresa de un grupo de juego, hace algo y le decimos: "No puedes hacer eso". Él se parará, se dará mucha importancia y dirá: "Bueno, pues Mary me deja hacerlo".

Mi respuesta es: "Cada adulto tiene un sentido diferente de los límites, diferentes reglas. Tienes que escuchar al adulto responsable del momento". Y eso es verdad. Es mejor que: "Bueno, me parece que Mary es demasiado tolerante y tendré que hablar con ella".

Si el niño dice: "¿Cómo es que lo puedo hacer allá y aquí no?" –seguramente lo preguntará–, entonces, si ya establecí para el niño un límite que no es arbitrario, que tiene su razón de ser, y yo creo en ese límite y en esa razón, le diré: "Así es mi criterio, y obviamente la otra persona piensa diferente y esa es su prerrogativa. Así son las cosas. Pero tienes que responder a la autoridad de cada espacio".

Otra cosa que se debe tener en mente es no contrarrestar la disciplina del otro padre hacia el hijo. Es muy bueno poner de acuerdo antes de tiempo (cuando el niño no está presente) sobre ciertos límites para el pequeño, de manera que no venga con un padre y le diga: "¿Puedo comer un pedazo de chocolate?", cuando sabe que el otro padre no estaría de acuerdo. Debemos hacer lo mejor de nuestra parte para apoyar a nuestra pareja y, especialmente, no alterar la disciplina de un padre enfrente de ese padre y del hijo. El niño solamente aprendería de eso a polarizar a los padres para conseguir lo que quiere.

Entonces, si el niño pregunta: "¿Puedo comer un pedazo de chocolate?", y nosotros decimos: "¿Le preguntaste a Mamá?".

"Sí".

"Bueno, y ¿qué dijo Mamá?"

"Dijo que no".

Entonces es una buena idea decir: "Bueno, pues la respuesta es no", mejor que mirar tímidamente alrededor y decir: "Bueno, supongo que esta vez está bien". Como se pueden imaginar, esto desencadena una dinámica malsana. Entonces, sugiero que los padres (y los demás, si es posible) traten de estar de acuerdo de antemano, cuando piensen sobre ese tema, y trabajen para mantener consistencia y unidad como padres, como familia, en el establecimiento de los límites a los niños.

IV. Establecer distinciones importantes para el niño

Algunos adultos son demasiado liberales en términos del comportamiento que apoyan con su silencio. No siempre tienes que moralizar al niño, pero hay que hacer distinciones importantes para ayudarle a entender por qué se establecen ciertos límites. Pueden decir: "A las ventanas no se les avientan los bloques". Así me gusta usar el lenguaje. O: "Hay una diferencia entre un juguete y una silla antigua". Esto es un hecho. *Es* muy divertido brincar en las sillas, y a veces está bien que los niños lo hagan. Pero el hecho es que la silla no es un juguete. La silla es un mueble. Y he notado que muchos adultos simplemente no pueden o no quieren decirle al niño: "La licuadora no es un juguete. No está bien echarle piedras adentro y prenderla". Si un adulto lo dice, los niños siempre responden: "Pero me estoy divirtiendo. Me gusta hacer esto". Y entonces la respuesta precisa es: "Bueno, no siempre podemos hacer lo que nos gusta". No necesitan escucharnos decir ochenta veces al día: "Eso no es apropiado". Sencillamente aclaramos las distinciones para ellos: "Esto es un juguete y esto no es un juguete", o: "Esto no es un juguete, pero puedes jugar con él", o: "Esto no es un juguete y no es para este tipo de juego". O cosas por el estilo.

Preguntarán: "Bueno, ¿para qué tipo de juego es?". Y entonces necesitas explicarles, por ejemplo: "Puedes tomar los cojines de la silla y hacer un fuerte. Pero cuando quitas los cojines y el fondo de la silla es de tiras de tela, si brincas en ellas durante un tiempo, acabarás desgarrando la silla". No debes mencionar la palabra "quizá", porque no hay duda de que desgarrarán la silla si la usan como con juguete. Si un niño de tres años lo está haciendo, pronto los de siete años lo estarán haciendo también, y la silla se romperá muy rápido. Entonces, define simplemente la realidad para ellos de esta forma: "Esto no es un juguete. La silla es un mueble. Tiene un propósito diferente que el de un juguete".

Cuando establezcan un límite para el niño, sean capaces de explicar por qué. Puede no tener sentido para el niño, pero si el límite es justo, el niño se dará cuenta, y eso es todo. "¿Por qué no puedo jugar con esta pistola?". "Porque es muy peligrosa y aún no tienes edad para saber usarla correctamente". Pero el niño no hubiera preguntado en primer lugar si podía jugar con ella, si no pensara que tiene edad para saber cómo jugar con ella. Pueden discutir acerca del límite, pero sabrán que se trata de un límite que es justo, y lo sentirán y lo aceptarán.

V. Hablar en serio; ser confiables

Es muy sabio no amenazar a los niños con cosas que no estén dispuestos a cumplir, y asegurarse de que la consecuencia sea adecuada a la situación. Por ejemplo, si fuéramos a ir a Disneylandia, nunca diría: "Si no dejas de molestar a tu hermana, no iremos". Un viaje a Disneylandia no debe pesar sobre la cabeza del niño como un premio de buen comportamiento. Debe mantenerse intacto. Pero tal vez usaría cosas como: "No puedes tomar helado, no puedes comer papas fritas, no puedes tomar refresco…", cosas así significan algo para el niño, nunca usar algo tan grande que sea devastador. Nunca usaría cosas realmente importantes como amenaza, porque si tenemos que cumplirla, debemos estar listos para llevarla a cabo. Además, ¡los niños no hacen cosas tan dramáticamente ofensivas o tan malas que ameriten quitarles los grandes viajes! Eso no es disciplina, es crueldad.

Sin embargo, tenemos que ser confiables: nuestra palabra debe valer, porque una vez que perdemos la credibilidad con nuestro hijo, la perdemos permanentemente. Para vivir una vida de relación clara y tierna con nuestros niños, ayuda mucho que no piensen que somos hipócritas. Si cancelamos un viaje a Disneylandia, lo recordarán mientras vivan. Podemos cancelar el helado veinte veces, no lo recordarán de la misma manera. En el momento, las pequeñas cosas son tan importantes como el viaje a Disneylandia, así que negar el helado funciona como una consecuencia disciplinaria efectiva.

Si hay algo que realmente me gusta a *mí*, tampoco lo usaré como amenaza. Me la paso muy bien cuando vamos al zoológico, porque los niños están felices, entonces nunca usaría este paseo como amenaza. No tiene sentido castigarme a mí mismo cuando lo que se necesita es marcar una consecuencia para el niño.

Si estamos por irnos a un viaje que hemos preparado con emoción con semanas de anticipación, y el niño se retrasa y se queja y no se puede vestir, nunca le diría: "¿Quieres ir o no quieres ir?". ¡Nunca! Porque, qué pasa si el niño dice, en un momento de petulancia: "No quiero ir". Entonces, ¿qué haremos? Las maletas están hechas, el auto está encendido. ¿Les diremos que no hablábamos en serio? Si lo hacemos, perdemos credibilidad. Sin embargo, les diría: "No vamos", si se trata de un paseo de una hora para hacer algunos de mis mandados nada urgentes, y su "paga" por acompañarme era un *brownie* o una galleta con chispas de chocolate (ninguno forma parte de nuestra dieta regular, o sea que ¡son grandes lujos!). Si es necesario, sentaré un precedente: los cargaré y los subiré al auto gritando y pataleando. Porque, normalmente, después de tres minutos de camino querrán que los vistamos y se sentirán sumamente felices. Es preferible hacer esto que decir: "¿Quieren ir a California? Si no quieren ir, no se vistan". Porque un viaje largo no es algo que se reajusta fácilmente.

Si el viaje no es tan importante y estás dispuesto a cancelarlo, entonces dile al niño: "Mira, sabes que no tenemos que ir. Si realmente no quieres ir, quedémonos en casa". Por supuesto, podemos tentarlo con un helado o un juguete nuevo, pero entonces le estaríamos enseñando a actuar con sobornos, a chantajearnos, a exigirnos un rescate. ("Mamá, dame una patineta nueva o le diré a mi Papá").

No digas que no, a menos que lo cumplas. Si sabes que no lo cumplirás, no lo digas, ¡evade la respuesta negativa! Porque una vez que hayas establecido un límite firme, y él haya logrado evadirlo, tu hijo no volverá a confiar en tu palabra. Respetará tu autoridad porque tiene que hacerlo —eres más grande y fuerte que él, y puedes castigarle las cosas que él quiere. Pero no confiará en ti. Entonces, cuando establezcas un límite, mantenlo firmemente.

Aunque hayas dicho no *impulsivamente*, apégate a tu decisión, de manera que el niño aprenda que puede confiar en ti, que eres digno de confianza y que tu palabra es de fiar. Porque antes de que te des cuenta, tu hijo o hija tendrá novia o novio, estará manejando y yendo al centro comercial con sus amigos, y en ese punto será de mucha ayuda saber que él confía en tu palabra.

Pienso que, si amenazamos al niño con castigo, debemos cumplirlo cuando ellos realmente sobrepasen sus límites. Pero debemos asegurarnos de que la amenaza es justa para la circunstancia. Por supuesto, es mejor imponer la disciplina sin usar amenazas y tener que llevarlas a cabo. Especialmente porque a veces es sumamente complicado cumplirlas. Pero si amenazamos, debemos proseguir. Claro, podemos ofrecer disculpas si hacemos una amenaza en un momento de enojo y en otro momento decidimos que no es apropiada. Pero es mejor no amenazar en primer lugar. Entonces, hay que pensar estas cosas. No actúen impulsiva o ciegamente sin estar conscientes de las implicaciones o las consecuencias.

No hagan amenazas de largo plazo, como: "Nada de helado durante un mes". No podemos *acordarnos* una semana, menos un mes. No podemos ser consistentes a lo largo de todo un mes. Si decimos: "No puedes nadar un día", o dos o tres, está bien. Pero si decimos: "No *a lo que sea* por un mes", se nos olvidará, nos ablandaremos y sentiremos pena por el niño; y podremos decirnos: "Estaba enojado con él; fue un castigo muy duro", y entonces rompemos nuestra palabra.

La disciplina debe ser inmediata (de ser posible) para que el niño sepa de qué se trata. Si se da un castigo dos semanas después de un evento, el pequeño no tendrá idea de por qué se le castiga, sólo se confundirá. Claramente estoy hablando de niños pequeños. Un chico de dieciocho o diecinueve años tiene un sentido diferente del tiempo.

Nunca digan: "Me voy, y si no vienes conmigo, te puedes quedar aquí". Nunca se alejen así de un niño. ¡Nunca! Porque es una amenaza que no podrán cumplir y cada vez que no cumplen, no están ayudando al niño. Están propiciando una relación neurótica con su hijo. Tienen que mantener su palabra con él. Obviamente, si están en su propia casa y le están diciendo que lo van a dejar en la recámara mientras ustedes van a la cocina, la situación es diferente que si dicen algo así en una tienda, en un centro comercial, en un parque lejano a la casa, o lo que sea. Los niños pequeños realmente están aterrados de ser abandonados por sus padres. Pueden caminar una cierta distancia y decir: "Ven", y casi siempre ellos correrán como locos para alcanzarlos. A veces serán tercos; querrán ver hasta dónde llegan ustedes. Si el niño quiere saber hasta dónde voy a llegar, regreso y le digo: "Bueno, me gustaría que caminaras, porque eres muy grande para cargarte a todas partes", y usualmente cooperará. Si tiene dos o tres años, lo levanto y lo cargo.

Si el adulto es paciente y calmado, amoroso y no abusivo, aun en el momento de decirle al niño la consecuencia de desobedecer un límite, es muy poco común tener que aplicarla. Pero *nunca*, repito, *nunca* se alejen caminando como si de veras fueran a dejarlos.

Si podemos, siempre es aconsejable dar a los niños una salida. Por ejemplo, si dicen: "Cárgame", podemos decirles: "Bueno, camina hasta ahí y de ahí en adelante te cargo". Es útil saber cómo negociar con los niños.

Denles la oportunidad de no perder su honor, de ajustarse a una exigencia de los padres. Si no lo hacemos, nos enfrentaremos a muchos pleitos, o tendremos niños neuróticos o infelizmente adaptados. Podemos negociar con ellos, pero no podemos ir en contra de nuestra palabra. Entrenemos a los niños de modo que puedan salir airosos de las situaciones en las que realmente no quieren estar. A veces un niño pequeño, cuyos lapsos de atención suelen ser cortos, hará una demostración de obstinado desafío, pero en uno o dos minutos tendrá un comportamiento totalmente diferente. Entonces, hay que darle la oportunidad de salir de su acto impulsivo momentáneo de una manera que no lo haga sentir "mal" por lo que hizo o que fue "incorrecto", o de un modo en el que no sea castigado severamente por eso.

VI. Establecer límites sin juzgar las cosas como buenas o malas

Puede ser difícil decirles a los niños lo que es o no es apropiado sin "sermonearlos" en términos de correcto o incorrecto, bueno o malo, y llenarlos de una moralidad santurrona, en lugar de hacerlo con sentido común y consideración. Sin embargo, hay maneras de hacerlo. Supongamos que el niño manifiesta un comportamiento desagradable a la hora de cenar en la mesa y sólo está imitando. Podemos decirle: "La mesa no es un lugar apropiado para hacer eso".

"¿Por qué?", seguramente preguntarán.

"Porque la mesa, a la hora de la cena, es un lugar en el que todos venimos a comer juntos y a disfrutar de la compañía de los demás, y ese comportamiento perturba a mucha gente. Si estuvieras solo en la mesa conmigo, quizá podrías hacerlo; tal vez estaría bien. Pero no estás solo, estás con más personas. Tienes que considerar cada circunstancia y con quién te encuentras".

Realmente no usaría este lenguaje con los niños, es un poco "adulto" y parecido a un sermón, pero el punto importante es que podemos hacer que el lenguaje se adapte a la circunstancia, nunca hacerlo en función de bueno o malo, de decirle al niño que *él* es bueno o malo. Después de todo, estamos dirigiéndonos a su comportamiento, no a quienes son como seres humanos esenciales.

En una circunstancia similar, algunas personas, hombres y mujeres, dictan buena disciplina para los niños, pero su tono de voz es peor que el valor de la disciplina que están ofreciendo. Menosprecian a los niños, los rebajan y los avergüenzan. Yo aliento a no usar con los niños un tono de voz que los haga sentir que son "malos" o incorrectos. Algunas personas no dicen nada, lo que probablemente es una de las mejores decisiones, pero con la disciplina a veces es necesario decir *algo*.

LÍMITES BASADOS EN EL PROTOCOLO

Los niños necesitan aprender a responder a los elementos dados de cada espacio o entorno, incluyendo las reglas, de cualquier circunstancia en la que se encuentren. Una de las maneras que trabajo esto con los niños, por lo menos yo, es considerar el protocolo de la situación. Muchos adultos están aterrados de decirle no a su hijo, aterrados de que su pequeño se prive de algo, de alguna manera. Una vez que el niño aprenda qué tan fácil es dominar a los padres, procederá a hacerlo, no porque le guste actuar así, sino porque en sus experimentos con los límites, supone que lo que puede hacer está correcto. El niño nunca supondrá que el padre es débil o está equivocado. Por supuesto, más adelante, esto será obvio para él, pero para entonces será demasiado tarde, ya estará dominando y manipulando por costumbre. Por ejemplo, si en una situación de una cena formal, el niño se levanta y va hacia la mesa donde está la comida o las bandejas de bocadillos y se llena la boca de ellos, muchos padres no saben cómo decir no, porque en casa el niño puede comer lo que sea, en cualquier momento. Uno no actúa igual en una fiesta formal de una boda, que con un vendedor de *hot-dogs* en la calle (por lo menos, espero que no).

Un mejor ejemplo puede ser: si se está llevando a cabo una plática definida en un espacio y el niño entra, si se puede quedar en el espacio sin interrumpir la plática, está bien. Si no puede, le diríamos: "Este es un espacio en que la plática tiene prioridad, y si puedes respetar eso, te puedes quedar en este espacio. Si no puedes, vamos a jugar en un espacio en el que *tú* puedas jugar, gritar y no haya problema. No quiero que estés aquí y que yo tenga que limitarte y dominarte, si lo que tú quieres es estar libre para jugar. Si quieres estar en este espacio, estas son las reglas. Si no, vamos a jugar. Vamos afuera a corretearnos". Frecuentemente, por varias razones, el niño preferirá quedarse *en* el espacio y aprenderá a respetar los límites de ese espacio. También podemos decir algo así: "Esta no es nuestra casa y nosotros no hacemos las reglas aquí. Es muy importante que comprendas que en muchas ocasiones en la vida tendrás que respetar las reglas de los demás".

———————

Cada vez que establecemos un límite justo para nuestros hijos, aprenden algo acerca de la vida en la que nacieron. Los límites ayudan a los niños a aprender las relaciones sociales esenciales de su mundo. Por ejemplo, hay algunas frases con las que se bromea, que todo padre repite hasta el cansancio a sus hijos: "Gracias", "De nada", "Por favor". Los niños pueden preguntar: "¿Por qué tenemos que decir esas cosas todo el tiempo?".

Es importante que los niños sean agradecidos por los dones de la vida. Cuando un niño es muy pequeño, no ve estas cosas como dones. Creen que merecen todo. Si reciben un regalo, un juguete o un helado, sólo piensan: "¡Por supuesto!". Es importante que tengan tales límites como forma de educación respecto a las relaciones (y aprender a usar esas frases es una forma de establecer límites).

———————

Sin embargo, generalmente, cuando se trata de enseñarles cierta sensibilidad para con los espacios, nuestra expectativa sería que los niños aprendieran observando cómo lo hacemos nosotros, en lugar de basarse en una definición verbal o retórica de los espacios. Por supuesto, al principio, establecer límites apropiados es una manera de iniciar el proceso de aprendizaje. Una vez que tienen los límites, generalmente los obedecerán si nosotros los cumplimos.

[Nota del editor estadounidense: Lo que sigue son ejemplos específicos de límites para distintos espacios. No quiere decir que el autor haga una cobertura exhaustiva o exclusiva, sino que sólo indica cómo se pueden aplicar algunos de los principios generales que se han mostrado hasta ahora.]

1. Límites en la mesa de comer

Durante los primeros dos años de la vida del niño, si él no quiere estar en la mesa, un padre o un adulto deberá dejar la mesa con él y no forzarlo a que se quede. Una vez que tiene lenguaje conversacional fluido –a los dos o dos años y medio– les podemos decir: "Quiero sentarme a la mesa con todos por unos minutos, y es razonable que te sientes conmigo, *o* puedes jugar en la cocina donde yo te vea, *o* puedes traer tu caja de juguetes y jugar aquí, pero yo quiero atender a la familia (o quiero atender a mis amigos), porque no los he visto en todo el día. Estuve contigo toda la mañana, y puedes dejarme sentar a la mesa", o algunas palabras que surtan el mismo efecto, que se adecuen a la circunstancia exacta. Yo no estaría levantándome de la mesa todo el tiempo, pero mucho depende del niño y la situación en particular.

Cuando era chico e íbamos de visita a casa de alguien, en el minuto que se terminaba la cena yo me levantaba. No me quedaba sentado a la mesa, literalmente ni por sesenta segundos, y se me permitía hacer eso. (Nunca fui sociable, para nada). Pero ahora, como aprendí del modelo de mis padres, esto se ha revertido. Disfruto la comunión y la conversación a la hora de la comida, hasta rato después de que acabamos de comer. La sociabilidad a la hora de la cena tiende a ser un asunto cultural en muchas familias –el momento de la cena, el placer social de la compañía y demás es algo muy especial. Soy de la opinión de que la cena debe ser un momento de comunión suave e íntima con los demás, y que se debe permitir a los niños apreciar por sí mismos lo "que está sucediendo" en la mesa. Si deciden quedarse en la mesa, no deberían callarlos todo el tiempo. Si se están involucrando en la escena social, déjenlos involucrarse con su nivel de energía. Cuando son pequeños, usualmente prefieren jugar y, si están interfiriendo, no hay necesidad de mantenerlos en la mesa. Sin embargo, si en la mesa está sucediendo todo, pedirles que se vayan, básicamente es pedirles que dejen la fuente de cariño. Pueden brincar ante la oportunidad de irse a jugar, pero después de un rato captan que la fuente de cariño está en la mesa. No podemos explicarles estas cosas, y ciertamente los niños no quieren ser sermoneados todo el tiempo. Pero después de todo, son muy sensibles y llegarán a sus propias conclusiones de sentimientos.

Dejar la mesa puede ser un tipo de disciplina necesario cuando el niño está muy inquieto o resulta perturbador por tratar de captar la atención de todos. Se le puede decir: "Si no puedes estar en la mesa con todos de una manera que sea agradable estar contigo, puedes irte de la mesa". Y no: "Cállate y vete". La exuberancia natural del niño *no* debe ser aplastada, pero si está comportándose de modo revoltoso, permitan que sea revoltoso en otro lugar.

El punto que quiero dejar claro es hacer una simple afirmación de las cosas como son, *no* hacer sentir al niño que es una mala persona porque tiene que dejar la mesa. El tema tiene que ver muy claramente con el protocolo del espacio. En lugar de acusar al niño de ser malo, díganle que la gente disfruta la conversación en la mesa; eso es todo. (Esta es una manera mucho más agradable de comunicarse que acusar al niño de algo más duro por una pequeña actitud desagradable). Si el niño está malhumorado, también califica como categoría desagradable. No acusen al niño de ser desagradable u horrible. Sean cuidadosos del lenguaje que utilicen. Después de todo, nosotros podemos estar malhumorados y no por eso somos malos, sólo estamos momentáneamente de mal humor.

Una parte importante de este asunto de los niños sentados a la mesa tiene que ver con tratarlos como adultos. Si se les *hace* quedarse en la mesa, nunca *querrán* quedarse. Se les debe incluir en la conversación porque están en la mesa y porque tienen cosas interesantes que decir. Todos los niños tienen cosas interesantes que decir. Si no encontramos su conversación interesante, la dificultad somos nosotros. Si estamos hablando, en lugar de mirar sólo al otro padre u otro adulto, debemos mirar también a los niños e incluirlos en la conversación para que se sientan bienvenidos en la mesa.

En términos de quién aplica la disciplina al niño en la mesa (un padre u otro adulto), se trata de ver qué se necesita. La paciencia en nuestro involucramiento con los niños siempre debe estar presente, aun cuando nos sintamos impacientes. Sin embargo, cada uno de nosotros debe usar su propio juicio para determinar qué tipos de comportamiento son "demasiado", o cuando una situación pasa del punto en el que se debe ser simplemente paciente y entonces hay que hablar tranquilamente con el niño, o tratar de ser razonable y hacer un trato. No obstante, a veces disciplinaremos a nuestros hijos muy pronto y otras no suficientemente rápido, pero básicamente así es como aprendemos.

Cuando hay varios niños en la mesa, ya sean hermanos o amigos, y uno de ellos está dominando la conversación, levantando la voz o gritando por encima de los otros, o hablando sin parar, podemos comentar algo como: "Johnnie también quiere hablar. Puedes continuar cuando los demás hayan dicho unas palabras".

Los niños sin duda seguirán el modelo de los adultos. Si nos atravesamos en la mesa a la hora de la comida, si gritamos de extremo a extremo de la mesa, si hablamos con la boca llena, eso es lo que van a captar y a imitar. Y una vez que se crea el hábito, generalmente se queda de por vida, creando un gran estrés si tiene que ser suprimido más adelante.

2. Límites para la hora de dormir

Por lo general, los niños aprenden los hábitos de dormir muy fácilmente. Lo que solemos hacer es empezar con la hora de dormir a las ocho o nueve de la noche, que se mantiene por varios años, excepto cuando los niños están muy acelerados en las fiestas de los adultos en las que participan. (Ocasionalmente se quedarán hasta la una o dos de la mañana después de algo así porque se conectan con la energía y ¡siguen con ella!). Una vez que han aprendido su hora de dormir, tienden a ser bastante consistentes, con las excepciones ocasionales naturales.

Cuando crece, si el niño puede jugar solo, lo dejo quedarse despierto si no se puede dormir. Fuimos a la India hace unos años y tres de las niñas que iban al viaje tenían cinco años. Un par de veces ellas no se podían dormir, pero nosotros estábamos exhaustos de un día de caminar de quince a veinticinco kilómetros y de hacer todo lo que teníamos que hacer. Las dejamos quedarse levantadas en la recámara y jugar, hasta que quisieran dormirse. Se quedaban despiertas hasta las once, doce, a veces hasta la una, y luego se iban a dormir solas. El único límite que tenían era: "No pueden salir del cuarto solas". Funcionó perfectamente. Los niños son bastante responsables cuando se sienten con poder y sienten que les tienen confianza en el manejo de ese poder (obviamente en una situación que cae dentro de su capacidad). Ayuda el hecho de que el adulto haga un ritual al momento de dormir a su hijo, como contarles historias, leerles cuentos o jugar algún juego. Pero mantengan el ritual a la hora establecida de dormir, no la extiendan mucho más tarde aunque sea una buena historia; *y* no olviden estar dispuestos a hacer ¡la excepción aleatoria!

3. Protocolo social en espacios públicos

En la consciencia usual de los adultos inseguros o acomplejados, una actitud relativa de cómo tratan a los niños es que cualquier cosa que hagan (excepto dentro de los límites, y los límites de la gente varían), a excepción de: "Siéntate y estate callado", molesta a la demás gente. El viejo dicho "Los niños deben ser vistos y no oídos" es el resultado de una cultura terriblemente arcaica, patriarcal y negativa hacia los niños. No es una guía apropiada para la educación consciente de los niños. Mi opinión es que, en estos tiempos, hay poca cultura valiosa en el mundo, y tiene que empezar aquí, con nuestros hijos. Si, por ejemplo, vamos al cine con un niño pequeño, podemos permitir que nos haga preguntas quedito sobre las cosas que no entiende, y si la gente que está delante de nosotros se ofende por la atención cuidadosa que estamos dando a nuestro hijo, se pueden cambiar de asiento. He estado en muchos cines en los que los niños lloran y hablan, y si me molestan demasiado, me muevo de lugar. ¡Porque los niños son niños! No se puede esperar que no sean niños y no se les puede pedir que actúen como pequeños adultos.

Por supuesto, mucha gente sale para tener un poco de tiempo para ellos solos, sin sus hijos, y no parece justo imponer a nuestros hijos a los demás. Generalmente, el cine es para adultos. Entonces, depende si el niño está siendo genuino o si está haciendo ruido para lograr la atención o está jugando el juego "Voy a controlar a mis padres", aunque sea un hábito inconsciente. Si realmente tiene una pregunta, la contestamos, ya sea que la digan susurrando o que la digan hablando normalmente. Gritarla es innecesario. Y podemos pedirle que susurre. Pero, como ya sabemos, ¿por cuánto tiempo el niño recuerda algo así?, treinta segundos? Entonces, cada vez les podemos decir: "Pregúntame, pero habla quedito para no perturbar a la demás gente". Pero entramos en pánico y decimos: "¡No hables!", en un tono de voz despectivo que no sirve, aunque la gente de la fila de enfrente pueda apreciarlo.

Si creen que sus hijos están siendo genuinos, es decir, inocentes, déjenlos ser genuinos. Pero si la gente que está sentada delante de ustedes no lo percibe así, la otra opción es que ustedes se cambien a asientos en los que no tomen al niño como un malcriado. ¿Qué es más importante: el desarrollo del niño, o que alguien, que es inconsciente, no pueda manejar un comportamiento que es natural para el niño? Por supuesto, a veces es más apropiado sacar al pequeño, hablar con él y dejarlo que hable. Como siempre, tiene que ver con las circunstancias. La forma de actividad madura y responsable es reconocer que otras personas existen en el espacio en el que estamos, reconocer que las circunstancias merecen cierto respeto. Ciertamente no estoy sugiriendo que seamos totalmente insensibles y que no nos preocupemos por las preferencias de los demás, ni que seamos totalmente egoístas como: "¡Este es mi hijo y puede hacer lo que quiera!". ¡Estoy muy lejos de sugerir esto! Por supuesto, si el niño se aburre y no quiere ver el resto de la película y empieza a inquietarse y a hacer ruido por el aburrimiento, lo apropiado *siempre* es sacrificar su deseo de ver la película y salir con el niño a jugar. Hubo un maestro espiritual de la India a mediados del siglo XX que llevaba a sus estudiantes al cine y siempre se levantaba y se iba (llevándose a los estudiantes con él) justo cuando todos estaban involucrados con el filme (y apegados para ver el resto).

Está bien que los niños hagan algo de ruido en los restaurantes, ¡después de todo, *deben* estar agitados a causa del evento especial! Algunas personas se disgustan si el niño se asoma a una mesa del otro lado del restaurante. Y ese tipo de gente puede quedarse en su propio pantano de negatividad y odio; y así lo hará, con y sin nuestra "ayuda". Debemos apiadarnos de estas personas (por supuesto, con compasión). Tenemos que comprender que, frecuentemente, estamos tratando con una total carencia de consciencia hacia los niños en los espacios públicos. Salimos y pateamos piedras, y no pensamos nada al respecto, ¿no es así? Bueno, para la mayoría de la gente sentada junto a nosotros en un restaurante, los niños son sólo piedras. No se puede razonar con esta gente. Es mejor no exponer a nuestros hijos a la ira y la intolerancia de estos tipos. Al mismo tiempo, no hay que perturbar a la gente más de la cuenta. Ningún niño debería ser tan salvajemente desmedido como para perturbar o destruir cualquier circunstancia en la que nos encontremos. (Recuerda que las comidas en la casa no son como en los restaurantes, o comidas públicas; y hay una diferencia significativa entre la cultura de la casa y una cultura más formal).

Debemos dar espacio a nuestros hijos para el entusiasmo y un poco del comportamiento adecuado a su edad. (Después de todo, la razón por la que el mesero o la mesera reciben una propina es por haber limpiado la mesa cuando el niño tira accidentalmente el jugo). Un pequeño de cuatro años puede ser capaz de actuar como un adulto en un restaurante fino, pero sólo lo pueden hacer al reprimir lo que significa "tener cuatro años". No los lleven ahí donde se espera o se requiere que sean lo que no son. No vale el precio que ellos tienen que pagar.

Si estamos en un espacio dado, tenemos una responsabilidad social básica hacia ese espacio. Si llevamos al niño al supermercado, nuestra responsabilidad básica es asegurarnos de que no corra en los pasillos jalando todo lo que pueda tomar de los estantes. Eso es todo. No es necesariamente nuestra responsabilidad callarlos y mantener nuestra mano en su boca para que no hable de una manera que perturbe a alguien. Después de todo, la gente es extraña (como lo dijo Jim Morrison) y no importa adónde vayamos, ¡siempre habrá alguien que se sentirá ofendido por algo! Tenemos que proteger la integridad de nuestros hijos, y como alguien dijo: "Pueden complacer a parte de la gente todo el tiempo, y a toda la gente parte del tiempo, pero no pueden complacer a toda la gente todo el tiempo". No podemos esperar que nuestros hijos complazcan a toda la gente todo el tiempo. Al final de cuentas, debería ser obvio que *nosotros* no lo hacemos, aunque tratemos de hacerlo con nuestra psicología torcida.

Los niños naturalmente gritan y cantan y lloran, entonces, si la gente acude a un espacio público en el que es posible encontrar niños, es *su* responsabilidad comprender que los niños serán niños. Ningún adulto debería ir a un lugar en el que se pueden encontrar niños si no están dispuestos a deleitarse por el ruido que ellos estén haciendo. (Me refiero a ruido *razonable*). Los niños son energéticos, y no es nuestra responsabilidad hacer de nuestro hijo una muñeca que sólo llora cuando se lo pedimos. Pero sí *es* nuestra responsabilidad impedir que nuestro hijo destroce un supermercado.

También hay cierta responsabilidad por parte del adulto de definir la responsabilidad del niño hacia el espacio en el que se encuentre, y de ayudarlo con esto. Habrá momentos en los que el niño pueda hacer todo el ruido que quiera, y otros en los que el silencio sea indispensable en cierto espacio. No se trata de decirle al pequeño que se calle, se trata de que aprenda a reconocer el principio de la circunstancia y la respuesta al espacio. Cuanto más amplio sea el rango de manifestaciones que el niño aprenda, cuanto más profundamente aprenda a "cambiar de velocidad" rápidamente y con facilidad, más hábil y relajadamente manejará su vida como adulto. Pero si Papá golpea al niño y le dice: "Si haces un ruidito más, te golpearé hasta el cansancio", y el niño se lamenta, esta no es una forma razonable de responsabilidad ni hacia el espacio ni hacia el niño.

Si observamos nuestras propias vidas, ¿a cuántos de nosotros nos enseñaron ciertas formas de política, ciertas formas de modales? No obstante, rara vez nos enseñaron algo que tuviera que ver con discriminación objetiva. Entonces, aprendimos que los hombres siempre tratan a las mujeres de cierta manera, o que las mujeres siempre tratan a sus maridos de cierto modo. O "las niñas siempre hacen esto…" o "los niños siempre hacen aquello…", lo habitual y cursi de siempre. Todo es circunstancial. Cuando estamos en la casa y los niños están haciendo mucho ruido, podemos decirles: "Ese ruido deberían hacerlo allá afuera", y ellos lo entienden. Tenemos que comprender cuándo decir: "Esta es una circunstancia en la que *tal y tal* no aplican, pero si quieren hacer eso allá afuera, o si quieren salir de este cuarto…", etc. Así es como aprenderán, además de observándonos, que, por supuesto, es la enseñanza que más impacto les genera.

4. En espacios rituales o sagrados

En espacios muy formales, el asunto es: ¿está creando el niño un alboroto? No es lo mismo que si nosotros pensamos que está creando un alboroto o si creemos que está molestando a otras personas. Es muy común que un padre resuma su identidad entera en cómo se presenta su hijo. En tales circunstancias, los adultos son tan paranoicos que cualquier desviación insignificante de comportamiento por parte del niño se reflejará negativamente en ellos, ya que cuidan su comportamiento sin quitarles los ojos de encima. Esto siempre produce una situación de proyección salvaje en el entorno, casi siempre falsa y de extrema tensión en relación con el niño. No equivoquen ni impliquen a los niños con sus propias inseguridades, fantasías y neurosis.

¿Cuál es la situación *real*? Si el niño está revolcándose alrededor o trepándose al padre, eso puede requerir un gran esfuerzo y mucha energía por parte del padre en cuestión, pero no necesariamente está creando un alboroto en el espacio. Eso es algo que yo permitiría. Básicamente el asunto es: ¿*realmente* qué crea un alboroto en el espacio y no sólo en nuestras mentes suspicaces? Eso es lo que necesita nuestra atención.

En un espacio formal, ciertamente le sugeriría al niño: "Quizá sea bueno que pongas atención mientras dura el recital", o algo parecido. No lo forzaría, a menos que el pequeño se esté revolcando sobre seis personas, o pateando a alguien que no quiere recibir patadas, aunque no esté perturbando objetivamente todo el espacio. Obviamente, si llevo a un niño a un espacio sumamente formal o a un espacio ritual, me sentaría en un lugar apartado, no en el centro de atención del espacio. Las consideraciones de seguridad y las consideraciones del espacio sagrado guardan relación con los límites. Si el niño va a estar inquieto, siéntense hasta atrás, o en una orilla, para poder salir fácilmente del espacio.

Los niños quieren estar donde sucede la acción, y aunque el ritual en sí atrae muchos niveles de su ser o de su consciencia, no alcanza el nivel que quiere jugar y expresar su grado de energía infantil. Si le decimos: "Nos saldremos si no te tranquilizas", casi nunca querrá irse. Pero *querer* quedarse y *tranquilizarse* son dos cosas diferentes.

Pienso que es demasiado pedir a un niño que esté totalmente

quieto. Llegará un punto en el que, aunque de alguna manera quiera quedarse, preferirá estar jugando afuera y lo hará notar muy claramente. Llegado este punto, no trataré de discutir (o de amenazar, obviamente) para que el niño se quede. Por supuesto, si los adultos fueran más conscientes hacia los niños, más defensores de ellos, estarían perfectamente dispuestos a que los niños transgredieran un poquito su espacio sagrado. La mayoría de los adultos son demasiado egoístas para estar dispuestos a conceder al niño cierta libertad de acción para moverse y cuchichear un poco, entonces, no pienso que sea en beneficio del niño pelear en su nombre, física o verbalmente, por un territorio sin importancia. Se lo toman demasiado en serio. Yo lo llevaría a jugar afuera y dejaría a los adultos pudrirse en su propia miseria (sean o no conscientes de ello).

La responsabilidad significa reconocer lo que es requerido en cualquier circunstancia dada y renunciar a nuestra preferencia convencional para hacer lo que se requiere por la circunstancia más amplia. Y este es un principio que se mantiene a través de todos los límites. Es extremadamente útil para los niños aprender a respetar espacios, aprender que cada espacio tiene su propia definición y su propio propósito, y que ser una persona sabia, un adulto sabio, quiere decir respetar y ser sensible a los espacios, "ser en cada espacio como el espacio está diseñado para ser contigo".

Todo es cuestión de circunstancia en una cultura en la que, lo que sea que surja, debe tomarse exactamente como lo que es, sin expectativas ni proyecciones subjetivas. Si lo que surge no se toma como lo que es, sino como idéntico a cualquier otra circunstancia, sin importar su naturaleza específica, entonces no importa dónde ni bajo qué circunstancia estemos, todo se tratará de la misma manera. Y esto sencillamente es un error. Esto enseña a los niños a no tener sensibilidad, a no distinguir ni refinar gustos y diferencias. Los límites y la disciplina tienen que ser una función de nuestro reconocimiento de la verdad bajo cualquier circunstancia que se presente. ¡No pueden ser un asunto igual en todos los niveles!

CÓMO MANEJAR
LA INSATISFACCIÓN DE LOS NIÑOS

La mayoría de los niños están insatisfechos por algo. Por ejemplo, con su situación de vivienda: no importa cómo sea, es el típico escenario de "el pasto es más verde en la casa del vecino". (Hay cierta verdad en los viejos clichés).

Cuando los niños se quejan de tener que vivir en un entorno que no está totalmente inmerso en los juegos de video, la televisión, la codicia y la competencia, y que tienen que escuchar a los adultos hablar de "consciencia", no están haciendo algo diferente de lo que nosotros hicimos. La mayoría de nosotros nos quejamos de los entornos de nuestras casas, aunque hayamos vivido como nuestros hijos dicen que a ellos les hubiera gustado hacerlo. Fui hijo único, bastante consentido, y yo hice lo mismo: discutí tanto como cualquiera. Viendo hacia atrás, tenía una situación familiar envidiable, pues mis padres eran muy amables, casi nunca me gritaban y tenían sus exigencias, pero eran bastante justas, considerando las exigencias que tenían la mayoría de las familias de mis amigos. De cualquier manera, yo discutía y quería otras cosas, como chocolate o Coca-Cola todo el tiempo, cosas que sólo me eran permitidas como golosinas especiales de vez en cuando.

A menudo los hijos tocan las fibras sensibles de los padres cuando les dicen: "¿Por qué tenemos que vivir aquí?", o "¿Por qué no puedo ser como los demás niños?". Pero, no importa dónde vivamos, no importa lo que hagamos, ellos dirán la misma cosa: "¿Por qué no puedo tener un perro?", o lo que sea de lo que se sientan privados.

"Bueno, vivimos en un departamento, y este es el único lugar que podemos pagar, y las reglas dicen que no se aceptan mascotas".

"¿Por qué no nos mudamos a otra parte?"

Puede ser muy difícil establecer límites inteligentes y apegarnos a nuestros principios cuando todo alrededor es locura y decadencia, pero por el bien de nuestros hijos —por su sensatez, salud e integridad personal— debemos mantener esa línea de integridad.

Es de vital importancia que demostremos a nuestros hijos que los cuidamos de modo tal que tratamos de brindarles una alternativa al horror y abuso recurrente que en el mundo moderno suele denominarse la "vida familiar". Aunque ellos prefirieran vivir de otra manera (lo que es posible gracias a la escena social o a la burda autocomplacencia), debemos preocuparnos por mantener una alternativa que sí produzca un efecto con el que, cuando crezcan, estén de acuerdo con él, consciente o inconscientemente.

Algo se les transmite al nivel de los sentimientos, que también pienso que es muy importante cuando vamos contra la corriente. Muchos de nuestros hijos se darán cuenta de que vamos en contra de la aceptación de prácticas de educación abusivas y humillantes, de situaciones de vida autodestructivas y tóxicas e, incluso, de circunstancias que pudieran parecer atractivas en cierto momento. Pero cuando sean lo suficientemente grandes para darse cuenta de lo que les hemos ofrecido, nos estarán profundamente agradecidos. En quince años nos estarán dando las gracias, alabándonos por haberlos educado con cierto grado de consciencia, de justicia, de una verdadera relación, de claridad y de honestidad.

Capítulo 7

¡No hay excusas!
Sobre el abuso infantil

os escritos de Alice Miller deben considerarse como lectura necesaria para cualquiera que desee comprometerse con la educación consciente de los niños. Tenemos que lidiar honestamente con nuestro laberinto psicológico si queremos ser lo suficientemente claros para educar de modo apropiado a nuestros hijos. Cuando las ideas de Miller están "frescas" en mi mente y salgo al flujo ordinario de la sociedad, siento como si estuviera alucinando: puedo percibir todas las maneras en las que la gente abusa de sus hijos, como ella lo ha articulado tan brillantemente y tan apasionadamente; y es tan grotesco, tan extraño, tan fuera de este mundo. Esto me abrió los ojos. No tenía idea de lo presente que está, de una u otra manera, el abuso infantil en nuestra sociedad. Es increíble e inconcebible.

¿Han visto en una tienda esos padres que abusan de sus hijos? El chico empieza a llorar, le pegan y le dicen: "Deja de llorar o te voy a pegar *de veras*". El niño gime y le pegan otra vez. Llega el punto en el que el pequeño está encogido, temblando y gimoteando como un perro apaleado. El miedo no es una amenaza sana en contra de un niño.

Una vez, una mujer se volteó hacia su pequeño hijo, de unos dos años, y le empezó a gritar y a llamarlo "mierdita". Y luego me miró y sonrió, como si otro adulto pudiera comprender su comportamiento y condonarlo, o como si otro adulto comprendiera su visión de que todos los niños son una carga total. ¡Hemos llegado a este estado de ignorancia! No es una sorpresa que el mundo esté tan lleno de violencia, crimen y depravación; cuando un niño que fue abusado crece, debe ver inconscientemente en todos los adultos a los abusadores con los que vivió con miedo.

Comienza a ser incómodo estar en circunstancias sociales ordinarias por la manera en la que la gente en general trata a sus hijos. Los incidentes de abuso a los niños son tan dominantes, que son un signo grotesco de una enfermedad que abarca a la sociedad en un mundo vuelto loco. La mayoría de nosotros o somos ingenuos, o el horror de esta dinámica extensiva ha hecho que cerremos nuestros ojos de vergüenza o de desesperación autoprotectora. Muy pocos nos salvamos de haber sido abusados cuando éramos niños, bajo una forma u otra, ya fuera que verbalmente hicieran que nos avergonzáramos, o por abuso emocional o físico, o por negligencia. Y muy pocos de nosotros queremos darnos cuenta de que el abuso infantil –también se le puede llamar ignorancia o ceguera hacia el niño– es probablemente la enfermedad más dominante en nuestra cultura.

Ha llegado el momento de desenterrar nuestra cabeza de la arena. Tenemos que comprometernos a no perpetuar estos abusos en nuestras propias familias, a no hacer lo que nos hicieron. La literal supervivencia de nuestra raza puede depender de ello.

Cuando los adultos maduros, cuyos corazones ya están abiertos, tienen a su primer hijo, están, o deberían estar, bastante seguros de poseer la sabiduría de tratar a sus hijos decentemente, no abusivamente. Pero con frecuencia, como jóvenes adultos egoístas, nuestros corazones no están abiertos; están cerrados y sellados. Para estos adultos inmaduros, los niños son sólo otra pluma en su sombrero, sólo otro logro. Otro *algo* que puede ser manipulado y dominado, exhibido y de lo que se pueden jactar. Y nadie más les puede decir a estos adultos qué hacer con sus hijos, porque el Marido se va a trabajar todo el día, y la Mamá puede hacer lo que quiera con su pequeño, y no hay nadie que le diga nada; o Mamá puede salir con sus amigas, y Papá puede zarandear al chico y ella nunca lo sabrá. Muchos adultos tienen con sus hijos una vida secreta de tipo oscuro, perverso o negativo, que conduce a resultados trágicos.

Entonces, para las mujeres, el niño puede ser el mejor juguete manipulable, el objeto más lindo que alabar, una muñeca viviente real; y para los hombres, el pequeño a veces es sólo otro logro de masculinidad, de poder. Cuando el hombre dice: "Es *mi* hijo", lo que quiere decir es: "Tengo un pene". (Como si no fuera obvio, *por favor*. Debería de haber sido obvio desde los primeros diez años que pasó arrancándoselo prácticamente con su mano. ¡Menos mal que está bien pegado!)

Algunos de nosotros pudimos superar la infancia con bastante salud, pero muchos (de hecho la mayoría) no. Somos ejemplos vivientes de la formalización e incluso de la aceptación del abuso infantil. Creo en el dicho que afirma: "Si no eres parte de la solución, eres parte del problema". (Esta es una frase que pueden haber visto rodeada de flores o de atractivos pájaros en los pósters de las tiendas *New Age*.) ¡Y es verdad! Ignorar la extensa propagación del abuso infantil que se percibe como una forma aceptable de vida en nuestra cultura es un grave pecado de omisión. El hecho de no participar en su desmantelamiento es, esencialmente, un apoyo a su continuación. Esto debe parar si queremos evitar la destrucción total de nuestra civilización.

La mayoría de la gente ni siquiera se molesta en hacer algo respecto al abuso infantil y los errores que han cometido con sus hijos. Ya sea que están en la negación completa o que suponen: "Bueno, lo hecho, hecho está; es demasiado tarde. Sigamos adelante". Y pretenden que todo está bien, esperando que todo quede bien escondido en el clóset y que no brinque a perturbar su sueño.

No es suficientemente bueno. No es suficientemente bueno no poner atención a lo que les hacemos a nuestros hijos, al rehusarnos a confrontar lo que se nos hizo a nosotros. Si no afrontamos lo que hicieron con nosotros, lo *haremos* a nuestros hijos en la mayoría de los casos. Quizá cometeremos esos crímenes contra nuestros propios hijos con menor violencia manifiesta (será más sutil en muchos casos), pero lo *haremos*. Bajo las circunstancias "correctas", bajo la cantidad "correcta" de presión, al momento "correcto" de crisis nerviosa, algunos de nosotros podemos convertirnos en serios abusadores infantiles. ¡Podemos! Algunos de nosotros ya hubiéramos sido abusadores (si no lo somos ahora), de no haber sido porque abortamos a los catorce, quince, diecinueve o veintitres años…; o porque, de pura suerte, fallamos al embarazar, o al quedar embarazadas, antes de que fuéramos lo suficientemente maduros como para manejar las consecuencias.

La vida consciente, para mí, no se refiere sólo a un tipo de relación amorosa, sentimental, romántica y ciega con las realidades de nuestros motivos neuróticos. Quiere decir que desde la base hacia arriba –en nuestra personalidad, psicología, sensibilidades– necesitamos convertirnos, en último término, en seres humanos elegantes y sabios, en todos los niveles de nuestro ser, llenos de dignidad y compasión hacia nosotros mismos y hacia los demás.

Antes del nacimiento, cuando el feto tiene algunos meses de existencia, ya está aprendiendo sobre crueldad o bondad; así de temprano puede comenzar el abuso. El punto de vista de la madre hacia el feto puede ser el inicio de este… o el sonido de la voz del padre gritando despectivamente a la madre. Por lo tanto, nunca es tarde para empezar a reconsiderar nuestra claridad o conocimiento de nosotros mismos, y comenzar con el trabajo de un cambio verdadero de contexto.

CÓMO LOS NIÑOS VEN EL ABUSO

En la psicología o en la mente de un niño maltratado, él asume que el abuso es por culpa suya. El pequeño no puede concebir que alguien lo torture arbitrariamente, entonces supone que lo merece, que de alguna manera es esencialmente malo o ha hecho algo terrible. Este es el principio de formación de una autoimagen de vergüenza, de inseguridad, de odio y aborrecimiento a sí mismo para toda la vida.

La madre o el padre golpean al hijo. Cuando esto sucede por primera vez, el niño entra en pánico: entra en actitud de supervivencia, temiendo, literalmente, por su existencia. Si el niño acepta el abuso como algo que él causó, que es su culpa, razona (en su manera infantil) que todavía se le permitirá ser el hijo de sus padres, que aún se le permitirá quedarse en la familia. Ese es el mecanismo. No cabe en la consciencia intuitiva del pequeño que alguien a quien ama pudiera hacerle lo que le está haciendo, a menos que él (el niño) tuviera la culpa. Es la única opción, la única conclusión posible para un niño pequeño. Sin embargo, si el abuso físico empieza cuando el niño tiene doce años (digamos de un padrastro o un maestro despiadado), como su punto de vista psicológico ya está bastante formado, ya tiene la capacidad de razonamiento en esa etapa de desarrollo para comprender que la dinámica del adulto es la causa, no la suya.

Los niños no juzgan el comportamiento en términos de bueno o malo, no hacen delineamientos morales así. Para los pequeños, no hay bueno o malo. Si se le pega a un infante, este sólo percibe el dolor; él no razona y piensa: "Papá es malo", o "Mamá es mala". Pero él se siente como la causa o el origen de la experiencia que sufre.

Probablemente todos hemos leído historias de niños terriblemente abandonados o maltratados que no quieren que los separen de la gente que abusó de ellos. ¡Aman a Papá y Mamá! Hay casos de niños que son golpeados todo el tiempo, realmente maltratados, y la trabajadora social viene y les dice: "Bueno, los vamos a enviar a un hogar lindo", pero los pequeños no quieren ir. Pueden haber abusado de ellos, pero su hogar es lo que conocen como una realidad, y están apegados a ella, sintiendo que pertenecen adonde están; no importa qué tan malo sea.

Cuando crecemos, a veces no recordamos el abuso que sufrimos cuando niños. Sólo tenemos esta vaga sensación de "dolencia". Si alguien menciona a nuestro padre, inmediatamente saltamos en su defensa: "Era muy bueno conmigo, me amaba. Sólo hizo lo que era mejor para mí". Sin embargo, todavía hay algo en nuestro interior que nos inquieta, hay "algo más", pero sólo recordamos qué tan "amoroso" era, aunque tengamos que fantasearlo, encubrirlo todo, hasta inventarlo todo. ¿Para qué recordamos el resto? Es demasiado horrible.

Aun en las peores familias, en ocasiones sucedían cosas buenas —como cuando tuve el papel principal en la obra de teatro de cuarto grado. Nuestros padres estaban tan orgullosos de nosotros. ¡Fue grandioso! "Miren, ese es mi hijo", escuchamos a nuestro padre decirle a la persona sentada junto a él en la cuarta fila. Entonces, no importaba qué más ocurría dentro de la familia, había algunas cosas que nos convencían de que era una familia amorosa, un entorno amoroso. Aquí había una compensación: podíamos *aparentar* que éramos individuos confiados, útiles, fuertes, satisfechos, positivos y queridos, y que de alguna manera contribuíamos. Esto es lo que se llama ignorancia ciega, que forma la parte central del mandala de la negación psicológica. ¿Dónde empieza? Justo en los niveles fundamentales. Esta ignorancia ciega está en el corazón del ego y es el centro del mandala, el mandala de la ilusión.

Nuestra falta de autovaloración hoy no se da porque no somos los ganadores del premio Nobel. Se da porque pensamos que, como seres humanos, somos malos o esencialmente imperfectos. La pobre autovaloración no se da porque carezcamos de genio creativo; no tiene nada que ver con eso. Se da por el abuso declarado de nuestros padres, o por su abandono inconsciente, que nos *enseñó* que no éramos queridos ni necesitados en la unidad de la familia. A veces pensamos sencillamente que estábamos en el lugar equivocado, con la familia equivocada; que la cigüeña (o Dios) habían cometido un gran error.

NEGACIÓN DEL ABUSO INFANTIL

Mi ex esposa es enfermera. Un día, durante su entrenamiento en el trabajo (estaba en capacitación en un hospital en el condado de Westchester, en Nueva York, el cual recibía a mucha gente sin seguro y sin dinero para pagar; esto es, indigentes), llegó una mujer muy gorda, de 158 kilos, quejándose de retortijones. Gritaba y lloraba y se comportaba de manera muy difícil, haciéndoles pasar un mal rato a los doctores. Uno de ellos, el que la examinaría, le pidió que se quitara la ropa. En cuanto se quitó la falda, salió un bebé. Los retortijones desaparecieron; vio al bebé y dijo: "¿De dónde salió?". Se rehusó a reconocer cualquier complicidad en el acto de tener a ese hijo. Decía que no sabía de dónde había venido y estaba casi histérica.

Un par de cosas me sorprenden acerca de la historia. Una es que tanto peso no es sólo un amortiguador contra el mundo, también es un paralizador de los sentidos, o podría serlo, si es que la razón para tener tanto peso o para engordar es, en primer lugar, psicológica. Con su peso, esta mujer estaba amortiguando, evadiendo no sólo el dolor, sino también la realidad. Probablemente durante los nueve meses previos sintió algún malestar digestivo. Considerando que manejó hasta el hospital simplemente con una queja menor, no debe haber sentido mucho dolor; sólo tenía "retortijones". Obviamente, todo el trabajo de parto no le afectó; ¡ni siquiera pudo sentir *eso*! En segundo lugar, la historia se presentó como una metáfora de lo que mucha gente hace. Esta mujer gorda, que alegaba que no sabía cómo había llegado ahí el bebé, sin siquiera haber sentido el trabajo de parto, fue probablemente violada cuando niña; quizá físicamente golpeada con frecuencia. ¿Quién sabe? Pero parece un diagnóstico correcto, una "opción válida". Y probablemente ella amortiguó no sólo su cuerpo, sino también su mente de la realidad y de la consciencia del abuso infantil que recibió, a tal grado que incluso negaba de dónde venían los bebés. Un caso muy grave.

Para mucha gente, el dolor es tan antagonista a su visión del mundo, es a tal grado un anatema, que aun pequeñas cantidades de dolor generan una decisión, en algún momento de sus vidas, de amortiguarse ante su intensidad. Para no sentir dolor, también sacrificarán placeres de intensidad similar, o experiencias de intensidad similar, en el otro extremo del espectro del dolor.

Por lo general, debido al abuso infantil que sufrimos, todos tenemos un umbral a partir del cual nos protegemos del miedo terrible de extinguirnos, de anularnos. Debajo de ese umbral, sentimos dolor, y por arriba de él, nos amortiguamos. En casos graves de abuso infantil, mucha gente se amortiguará casi totalmente, al grado de ya no sentir nada. Se quedan en blanco, completamente sellados contra *toda* intrusión; no sólo contra el dolor, sino también contra el amor, el afecto y la ternura. Desde una perspectiva clara, podríamos ver las caras de esta gente y darnos cuenta del sufrimiento increíble que han soportado (y que aún aguantan interiormente), pero al que están totalmente cerrados, totalmente aislados del sentimiento, sin siquiera reconocerlo. Tal sufrimiento no puede evitar que afecte su apariencia física, su expresión facial, su salud, su entonación de voz ni sus manifestaciones de comportamiento. Por supuesto, esta gente siempre justifica cualquier elemento aparente como que surge de otras causas. Al observarlos, podemos decirnos: "Dios mío, tienen un gran dolor". Y nos imaginamos que lo están sintiendo, que *deben* sentirlo, pero no lo están haciendo. Si lo estuvieran sintiendo, se verían diferentes. Se han amortiguado contra la asociación o la conexión consciente al dolor que nosotros vemos en ellos.

Muchos de nosotros, en nuestra vida adulta, racionalizamos el abuso que recibimos de niños. ¿Acaso no hemos oído a la gente decir: "Mi padre me golpeaba y no me dolía nada. Aprendí disciplina y fortaleza. Si ponía mis codos en la mesa, mi madre me daba de nalgadas, pero aprendí buenos modales. No me duele. Necesitamos buenos modales"? ¿Por qué necesitamos buenos modales? Vean la cultura de Estados Unidos: ¿para qué necesitamos que nos golpeen para aprender buenos modales? Somos criaturas tan crudas y tan poco elegantes comparadas con el resto del mundo, incluidos los países del Tercer Mundo. ¿Cultura? ¡Ni siquiera sabemos lo que es cultura! Un poco de cultura genuina no nos haría daño, pero no vamos a acceder a ella si el precio a pagar es que abusen de nosotros en nombre de que se nos enseñe a ser educados.

NUNCA, NUNCA, NUNCA

Hay una diferencia entre desatar nuestras frustraciones o nuestra ira con el niño, o sólo ser una persona apasionada o intensamente temperamental, pero básicamente amable. Nunca es apropiado desquitar nuestros enojos y frustraciones con el pequeño, como si él fuera la causa. Eso no quiere decir que no lloremos o nos enojemos frente al niño. Simplemente no hay que culparlo por lo que claramente no es su error. ¿Han visto el ejemplo de un niño que se siente impotente e indefenso frente a un hermano mayor o frente a un padre que le pega, y no contraataca; pero que, después de un rato, encuentra algo, como un perro o un gato, que no va o no puede contraatacar, y entonces lo golpea? No debemos abstenernos de expresar emociones o sentimientos muy intensos, pero no debemos hacer que el niño sea objeto de ellos, eso es todo.

Extracto del diario de Lee, julio 9 de 1990

Bueno, hoy voy a hacer algo muy diferente, muy inusual. Me voy a quejar, refunfuñar, renegar y les voy a recriminar. Sé que esto les parece inusual, dado el tono que he mantenido durante los dos últimos meses, pero sí, algo me ha sacado de mis casillas. Pueden pensar que es escandaloso que un llamado autoproclamado experto muestre tan poca compostura, tan pocos pacientes, quiero decir... tan poca paciencia, esté volcando toda esta bilis en ustedes, amables lectores, pero debo confesar que, de hecho, así es.

Lo que me irrita, como si tuviera que decirlo después del primer párrafo, es cuando los adultos tienen un asunto, un problema, un calambre o un nudo en relación con otro adulto, y cuando el primero no puede o no quiere, por alguna razón inimaginable, o por un número inimaginable de razones, tratar directa, abierta y honestamente con el segundo, y cuando el ya mencionado primero, frustrado e incapaz de manejar su toxicidad maduramente, desquita sus conflictos con los hijos inocentes y renuentes del segundo. Estoy seguro, haciendo una pequeña excursión, una pequeña desviación, que ustedes comprenderán por qué acabé en el campo de la transformación personal y no en el de la práctica legal. Para regresar al asunto que nos compete, y para reafirmarlo en beneficio de la repetición y de la claridad: creo que es inconcebible y despreciable que una persona use a los hijos de otra como el objeto de su abuso, basado en un desacuerdo o un conflicto con los padres del niño. Pienso que a esta gente le hace falta una dosis fría de realidad, y deseo que la reciban pronto.

Los padres culpan a sus propios hijos por bastantes de sus propias sandeces (las de los padres) como para que encima los niños tengan que ser sujetos a más culpa y vergüenza por los defectos reales o imaginarios de las relaciones de los padres. De hecho, los padres que culpan a sus propios hijos por sus (de los padres) defectos deberían también recibir una buena dosis fría de realidad, rápidamente, si no les importa.

En cualquier caso, particularmente este que estamos discutiendo tan apasionadamente (por lo menos yo lo estoy discutiendo apasionadamente y espero que estén interactuando con eso o considerándolo apasionadamente, ya sea que estén o no de acuerdo), beneficiaría a cualquier adulto que se considere abierto, maduro y consciente, estar dispuesto y propiamente apto a llevar sus problemas con otro adulto, con esa persona directamente, y no chismear con otros, o envenenar la inocencia y felicidad de los niños sólo porque estos no contraatacarán o porque no pueden identificar el dolor o el problema de quien los ataca (o el abusador) porque son pequeños y fácilmente pueden ser golpeados, a diferencia de sus padres. Esta es la manera en que un adulto maduro y sensato debe tratar sus desacuerdos directamente con el que tuvo el desacuerdo. Meterse con los niños de alguien como un camino fácil, un camino seguro, para ventilar la frustración impotente y para evadir su propia parte en el desacuerdo, es ser un cobarde y es una excusa ruin para un ser humano.

Bueno, esa es la mala noticia. Ahora la buena. También es verdad que, a veces, un individuo por demás fuerte, que nunca consideraría descargar sus propios problemas en un niño, tenga un momento de debilidad y pierda su sentido de claridad. Si este fuera el caso, se daría cuenta de lo que está ocurriendo, vería claramente lo que acaba de hacer y manifestaría su remordimiento para llevar a casi cero la probabilidad de que tal cosa vuelva a suceder. ¡Ah!, ahora me siento mucho mejor.

LOS RESULTADOS

El abuso infantil conduce a toda clase de comportamientos inapropiados como adultos. Se afirma comúnmente que el abuso físico, en particular el de naturaleza sexual, puede conducir, y a veces conduce, a la prostitución (o a su opuesto, la frigidez). No estoy hablando sólo de prostitución por dinero, sino también de prostitución de ideales, de integridad o de responsabilidad personal. Usualmente es el abuso físico, pero el abuso emocional es, fácilmente, lo suficientemente poderoso como para crear tal comportamiento inapropiado, como: "Dios, ojalá nunca te *hubiera* tenido. Déjame en paz, ¿quieres? Acabo de llegar a casa del trabajo; dejáme relajar. Voy a trabajar todo el día para ti, y en el minuto en el que llego a casa, ya estás trepado sobre mí. Quítate de mi vista". Este tipo de abuso emocional destroza el desarrollo de la autoimagen saludable del niño pequeño, que necesita la atención, el apoyo y el afecto amorosos de la madre (y del padre). Todos los niños son frágiles en el sentido de ser pequeños y fácilmente dominados, y por lo tanto, fácilmente victimizados por adultos inconscientes y odiosos.

¿Han visto alguna vez a un niño pequeño, de uno o dos años, al que se le avienta al aire, y él sonríe y grita con deleite, siempre pidiendo más? No tienen miedo. (A menos que no les guste, por disposición biológica o genética, volar por los aires y dar vueltas alrededor de uno. En este caso, si un padre, tío o hermano mayor lo hace por suponer que al niño al que no le gusta esta actividad intensa es débil y "asustadizo" y necesita hacerse más resistente, el niño gritará de terror. A algunos pequeños les gusta el movimiento salvaje y a otros no. En los primeros, no hay miedo.) Algunos de ustedes probablemente han visto esto con asombro y han pensado: "¡Cielos!, ¿realmente son confiados?".

Claro que lo son. ¿Por qué no habrían de serlo? Después de todo, para ellos, ¡se encuentran en los brazos de Dios! Los niños son confiados naturalmente, hasta que se les enseña a no confiar. Los hábitos psicológicos dominantes de un niño –los rasgos de personalidad que forma basado en los condicionamientos de su entorno, las manifestaciones que actúan como la relación primaria hacia la vida– todavía no están cristalizados al año y medio o dos. Los rasgos de personalidad se empiezan a mostrar, pero no están completamente en su lugar. Es esta red de la personalidad la que desarrolla el miedo. (Cuando el niño tiene dos años, oímos a la gente decir: "De pronto, Bobby ha desarrollado tal personalidad", y se llenan de orgullo diciendo: "¿No es maravilloso?". No saben que en realidad Bobby ha dejado de crecer. La vida casi se detiene para el individuo en ese punto, porque deja de vivir en la extensión completa para la que fue diseñado).

Los niños confían implícitamente. Comerán cualquier cosa que les demos de comer, aunque sea a probar, cuando tienen un año y medio. Algunos adultos encuentran esto tan increíble (porque, que ellos recuerden, nadie ha confiado en ellos) que lastiman a su hijo sólo por resentimiento; o lo ponen a prueba constantemente, golpeándolo, aventándolo en el clóset y cerrándoles con llave la puerta; gritándole, mintiéndole o alimentándolo con chile, jugo de limón o mostaza picante. Probablemente algunos de ustedes han estado en un restaurante de comida china en el que alguien (los padres tienden a hacer esto con frecuencia) toma algo de mostaza picante y se la da al bebé, y cuando este empieza a gritar, él ríe. El comportamiento abusivo del adulto convierte a su hijo no sólo en un individuo neurótico, sino en uno absolutamente psicopatológico que usualmente todavía lo quiere y lo demuestra. ¿Se pueden imaginar? Por supuesto, hay algunos individuos que están tan en contacto con el odio de ser abusados, que reaccionan, hasta con gran violencia, hacia sus abusadores, pero no es el caso común. Usualmente, el abusador queda inmaculado, y la furia se dirige hacia otros, o hacia el interior, generando odio a sí mismo y autodestrucción. El niño puede llegar inconscientemente a la conclusión de que si es lo suficientemente malo o lo suficientemente no querido por su padre adorado que lo trata tan vilmente, bien podría no estar aquí (esto es, morir), y entonces intenta realizar el trabajo por sí mismo, a veces a través de adicciones severas o de ocupaciones peligrosas, o bien, por medio de enfermedades inducidas de manera psicosomática, y en casos extremos, obviamente, con el suicidio.

Si una niña crece siendo abusada sexualmente por su padre o por su madre (quien gusta de meterle cosas en los orificios), ella tenderá a buscar parejas que le hagan lo mismo, pero en términos adultos. No importa qué tan maltratados seamos, de cualquier manera, amamos a ese padre. Y ese padre se traduce, a su vez, en el marido.

Si una mujer tiene un padre que abusó sexualmente de ella, su relación con la polaridad masculina está distorsionada, es aberrante y le va a ser difícil vivir con alguien que no sea así. Pero de vez en cuando se dará el caso de una mujer que, a pesar de haber sido abusada sexualmente, tendrá una relación con un hombre que no abusa de ella, ni verbal ni físicamente. Para esta mujer se vuelve muy difícil vivir con un hombre así. Entonces *ella* tiende a convertirse en abusiva. Una mujer así le diría a su pareja: "¡Enójate de vez en cuando!", porque no concibe cómo alguien puede quererla y no abusar de ella, no replicar su entorno o su circunstancia de niñez. Ella siente: "No puede amarme si no abusa de mí, porque Papá me amaba y abusaba de mí. ¿Cómo puede un Papá no amar a sus hijos?".

Una relación radicalmente perturbada

Una relación primaria radicalmente perturbada, llena de neurosis o de psicosis, se experimenta principalmente como falta de amor. Un ejemplo de una relación primaria radicalmente perturbada es cuando una madre está tan "saturada de coca" o "saturada de heroína", que no puede cuidar a su pequeño. No es tanto la droga misma la que hace el daño, como el que la madre sea incapaz de amar al hijo de una manera en la que este pueda reconocer instintivamente que es amado. Por supuesto, dentro de la psicología de supervivencia, con frecuencia trastocamos las situaciones de maltrato en imágenes inconscientes de amor, como si ser golpeado fuera ser amado. Al mismo tiempo, hay un elemento de conocimiento esencial en nuestra estructura —sea consciencia, alma, ser, o lo que sea— que siente la realidad del amor y la realidad de la carencia de amor, o abuso. Entonces, las relaciones primarias radicalmente perturbadas suelen ser comunes en drogadictos y alcohólicos que tienen hijos, especialmente entre los adictos más severos. La adicción de un alcohólico que aún tuviera la suficiente consciencia como para darle amor genuino y atento al niño podría pasar relativamente desapercibida hasta que el pequeño tuviera edad suficiente para tener consciencia de tales cosas.

Otro ejemplo de relación primaria radicalmente perturbada es cuando la madre tiene una enfermedad grave durante los dos primeros años de vida del niño, y a este tienen que cuidarlo parientes que realmente no quieren hacerlo. Obviamente, esto también aplica en una situación de abuso físico constante que, o bien, la madre respalde, o no haga intento alguno por confortar o proteger al niño.

La primera impresión de no ser amado, que usualmente permanece en el inconsciente del niño cuando crece, a menudo está acompañada de una nostalgia insaciable e inalcanzable. Esto puede ser (y es) la base de muchas neurosis. Por ejemplo, la mayoría de los psicólogos y psiquiatras dicen que no hay tal cosa como la "ninfomanía", pero que todas las formas de lo que se conoce equivocadamente o popularmente como ninfomanía son simplemente esto: un intento por compensar los sentimientos de carencia de amor y de atención cuando pequeños.

Hay personas que necesitan tener a todos los que conocen halagándolas, si no, se sienten abatidas, deprimidas, desvalorizadas. Este tipo de dinámica apunta a esa carencia básica. Estoy seguro de que la mayoría de ustedes, en algún momento, han estado en una relación, y no necesariamente cuando tenían quince años, en la que la pareja preguntaba constantemente: "¿Me quieres? Dime que me quieres". No importa cuántas veces le dijeras que la amabas, nunca era suficiente, porque su necesidad estaba demasiado profunda en su inconsciente, más allá de toda la retroalimentación de amor que percibía a través de sus sentidos y su intelecto. (Estos sentimientos primarios usualmente son inaccesibles a cualquier forma de estímulo ordinario). Esta gente necesita retroalimentación constante sólo para sentirse mínimamente funcionales. Todo es compensatorio, y, por supuesto, nunca llega a compensar, por lo que la herida nunca se cura.

Afortunadamente, esta herida puede sanar de otras maneras, maneras que se dirigen al lugar profundo de donde surgen y residen los sentimientos de desamor. [Algunas de esas maneras se considerarán en la sección siguiente, llamada *Ayuda para los que han sido abusados*].

LLEVARLO DEMASIADO LEJOS

En estos días, con todas las acusaciones y el miedo alrededor del abuso sexual en las escuelas, más y más instituciones están exigiendo que los maestros no toquen para nada a los niños. Eso, en mi opinión, es llevarlo demasiado lejos. Se limita totalmente a los maestros decentes por los pocos que de plano no deberían ser maestros.

Hubo un artículo en *Playboy* acerca de un tipo que era un padre admirable y defensor increíble de los niños. Estaba en medio de una amarga batalla por su divorcio y por la custodia de su hija, y su esposa lo acusaba de abuso sexual de su hija de cinco años. La semana que eso sucedió, literalmente la corte se volteó en su contra y rechazó la custodia compartida, alegando que no podía estar en presencia de su hija más que con la trabajadora social asignada por la corte. Él apeló en contra de eso. Se sometió a una prueba con detector de mentiras, lo acompañaron tres trabajadoras sociales mientras estaba con su hija, y todos le dieron un claro diagnóstico de buena salud, pero su ex esposa no transigía. Entonces, un día, el padre fue a recoger a su hija, y su ex suegro le disparó y lo mató, ¡mientras la niña de cinco años estaba en la casa!

Como sociedad, nos estamos volviendo locos. Estamos pasando de la falta de compromiso y del abuso infantil legal, como en las palizas administradas rutinariamente a los niños según se recomendaba en las regulaciones disciplinarias de hace cien años, a la paranoia total y al miedo asociado a traumatizar al niño con respecto al abuso sexual, a partir simplemente del afecto honesto, no intrusivo y desesperadamente necesitado. Incluso las personas que deben enseñar en las escuelas y cuidar a los niños, caminan sobre arenas movedizas, porque cualquiera puede acusar a alguien de abuso infantil con el menor pretexto. ¿Han oído hablar del caso McMartin? En California, en una guardería o en una primaria... algo así..., uno de los niños llegó a casa y dijo algo que los padres pensaron que tenía que ver con abuso sexual. Finalmente acusaron al maestro de primaria de abusar sexualmente de muchos de los niños en la clase, haciendo que los pequeños hicieran cosas juntos. Fue un escándalo enorme en el que después de que el primer padre dijo algo, veinte o treinta más se subieron al tren. El FBI llegó, y los niños —algunos de ellos de tres o cuatro años— fueron sometidos a interrogatorios exhaustivos, con lámparas brillantes y dos tipos parados enfrente de ellos cuestionándolos. No se pueden imaginar lo que le hicieron a estos niños... ¡hablando de abuso!

Finalmente, el tipo fue encontrado inocente. (No conozco los detalles). Y aun después de eso, los padres no dejaron morir el caso. Querían crucificar a este hombre por lo que *ellos mismos habían* hecho a sus hijos, tratando de justificar así todos los problemas que tenían con sus hijos por culpa *del tipo*.

¿Quién sabe si hubo o no abuso infantil en este caso? Pero la manera en la que fue manejado mostró tal asquerosa negligencia hacia la sensibilidad de los niños, que todo se convirtió en una pesadilla. Los cazadores de brujas *nunca* están preocupados por los hijos de las brujas acusadas. Sólo quieren "justicia" (queriendo decir sangre).

Alguien me hizo una pregunta acerca de un cierto tipo de abuso sexual que le había sucedido a su hijo minusválido. Y yo hablé acerca de no dejar a nuestros hijos solos, de prestarles atención y quedarnos con ellos. Alguien más contó una historia de cuando su hijo era pequeño, más o menos de cuatro años, y se fue a deambular solo, y cuando los padres lo encontraron, tenía una historia acerca de un hombre que lo llevó atrás de una duna de arena y se quitó el traje de baño, exhibiéndose ante el pequeño.

Bueno, eso fue todo lo que pasó. No fue más allá del exhibicionismo. Pero los padres dejaron de poner atención durante dos minutos y el niño caminó por una playa llena de gente. Cuando escucharon eso, el padre y la madre se vieron uno al otro y su primer pensamiento fue: "¿Dónde está ese desgraciado? Llamemos a la policía. ¡Atrapemos al bastardo!". Ese fue el primer pensamiento que pasó por sus mentes. Pero el niño de cuatro años describía lo que había pasado como si fuera una aventura interesante: "Qué hombre más extraño". Entonces los padres fueron lo suficientemente inteligentes como para no generar histeria en su hijo. Sólo dijeron: "Qué interesante". Y al niño se le olvidó. Fue sólo otra experiencia en la playa.

AYUDA PARA LOS QUE HAN SIDO ABUSADOS

Minimizar al riesgo

En un entorno de abuso, las prioridades del adulto no abusador deben estar claras. Si el padre llega borracho y empieza a buscar a la primera persona que se encuentra para golpearla, es imperativo que la madre tome al bebé y se quite del camino, y no empezar con: "¡Dios mío!, Ron, ¿tienes que llegar borracho otra vez? Siempre haces eso. No puedo ni comprar lechugas y tú sales y te emborrachas con tu salario cada semana"; *bofetada, bofetada, bofetada,* y el niño se queda en la cama llorando, mientras su madre es golpeada.

Si la madre no protege a su hijo, y hay otro adulto en el espacio, ese adulto tiene que evitar que el niño atestigüe o participe en la pelea. Es la responsabilidad de cualquiera de los padres sacar al niño de un entorno abusivo y violento para minimizar los efectos negativos; ¡*cualesquiera* que sean las circunstancias! Cuando una niñita recibe una paliza por parte del padre, que casi la deja sin sentido, y va con la madre y le dice: "Papá me hizo esto", la Mamá no debe condonar o justificar tal maltrato. Y es su responsabilidad darle a la niña mucho afecto, mucho cariño, muchos abrazos, mucho confort tierno y suave, para equilibrar. Y no decirle: "Bebé, pobrecita, lo siento mucho, pero ¿sabes? Papá está muy presionado". Es el peor tipo de estupidez sin sentido. Eso *no* es apoyo. Pero mucho afecto, abrazos y cariños, es uno de los factores más importantes para minimizar el trauma del niño causado por graves influencias negativas en su vida.

La primera vez que aparece el abuso, lo correcto es salirse de ahí y no volver. Cualquiera que tenga los ojos abiertos se dará cuenta de la importancia de esta situación, y ya sea que consiga asesoramiento psicológico o una terapia con su pareja, o termine la relación antes de que sus hijos se vean involucrados. Una de las peores (y más estúpidas) cosas que puede hacer una mujer dentro de una relación de este tipo es embarazarse como un modo de suavizar o reparar el daño debido al maltrato, la crueldad y la violencia de un hombre abusivo.

Ya que este asunto del abuso infantil y sus peligros ha salido a la luz pública con fuerza, más mujeres están dispuestas a dejar a sus maridos para salvar a sus hijos, y más esposos están solicitando la custodia de sus hijos para salvarlos de madres abusivas. En nuestra generación, muchas de nuestras madres aguantaron problemas muy fuertes y nunca apoyaron públicamente a sus hijos en contra de sus maridos, pues no era un comportamiento social aceptable para una "mujer dependiente". Gracias a Dios esto ha cambiado, y sigue cambiando.

Cómo romper el ciclo

Una de las cosas más importantes de la que Alice Miller habla en sus libros, es que si el padre o la madre asume el abuso infantil del que fue objeto, o la manera en la que él o ella ha abusado de sus hijos, estos últimos empezarán automáticamente a estar menos afectados por el condicionamiento causado por el padre o la madre.

Este es un punto crucial, porque si (como algunos sugieren) la única forma en la que puede alcanzarse la salud psicológica es rehaciendo, reanimando y reprogramando, cada una de las insensateces de la infancia y la niñez, entonces la expectativa realista de ayuda psicológica es claramente absurda. Sería imposible obtener ayuda psicológica exitosa, porque sería imposible tanto descubrir por completo como retrabajar o rehacer la enorme cantidad de experiencias de la infancia y la niñez. Algunas personas hacen terapia primal, y hacen regresiones hacia la infancia y hacia el vientre materno, y descubren una experiencia "primal" tras otra. (Y a lo más profundo que se puede llegar es a reexperimentar el nacimiento, o reexperimentarse a sí mismo varios meses en la matriz). Cuando se cansan de hacer "primales", continúan con análisis transaccional o algún otro tipo de terapia transpersonal, pues aún sienten la herida del desamor. Es un proceso interminable, porque hay información interminable que hay que recordar, revivir y recondicionar.

Entonces, para reiterar: si un padre o madre que ha abusado de su hijo (de la forma en la que Alice Miller describe el abuso) asume su parte en ello, su responsabilidad en ello, el niño inmediatamente dejará de estar limitado por la dinámica psicológica y patológica entre hijo y padre; esa dinámica con la que los padres condicionan al hijo de cierta manera, y con la que el niño continúa funcionando bajo el efecto de ese acondicionamiento (tenga o no tenga sentido) ¡aunque tenga cincuenta años y los padres hayan muerto hace tiempo! Esta revelación de los padres –la posesión, por decirlo así, de su propia dinámica abusiva, y más profundamente, del abuso que ellos sufrieron y que reprimieron cuando niños– da cierto espacio, cierta posibilidad a sus hijos de no estar a merced de la antigua visión del mundo, sino de empezar a vivir libres de las cadenas y los lazos de los hábitos crónicos anteriores.

Por lo tanto, en mi labor con los estudiantes, se *hace* mucho trabajo psicológico, pero incidentalmente, en el contexto de un compromiso más amplio con la salud, la sanación y la verdadera sensatez, más que como una solución a una dificultad o problema específico. Básicamente, en las relaciones íntimas, un poco de trabajo psicológico puede hacer que la gente conviva con mayor facilidad. El hecho de liberar ciertos sentimientos de resentimiento, egoísmo, celos, territorialismo y demás, puede hacer que la vida sea infinitamente más grata. Nuestra oportunidad de hacer el trabajo de transformación personal, libre del peso de problemas o conflictos psicológicos, tiene que ver con una visión absolutamente inflexible y clara de las dinámicas psicológicas que nos debilitan.

Si seguimos los principios limpiadores y purificadores de las brillantes consideraciones de Alice Miller, entonces podemos tomar nuestro pasado, quemarlo y olvidarnos de él. ¿De qué nos sirve tenerlo? ¿Qué nos recuerda? ¿La diversión que tuvimos en nuestras fiestas de cumpleaños? Sí. Pero también nos recuerda todas las veces que nuestro padre nos pegó (excepto que, con frecuencia, no recordamos esa parte conscientemente; pero esa parte nos mueve más que las alegres fiestas de cumpleaños). Seguir sacando del sótano los mismos asuntos una y otra vez no sólo es aburrido y una pérdida total de tiempo, energía y recursos, sino que también mantiene vivo algo que merece estar muerto y enterrado. Nuestro pasado es historia y pertenece al mundo de la academia, no al mundo de la vida creativa, jugosa, excitante y progresiva, y a su infinita potencialidad y posibilidad.

Capítulo 8

Decir la verdad
Lenguaje y honestidad

os niños no se relacionan con los estímulos de la manera en la que lo hacen los adultos. Como no son maduros intelectualmente ni tienen experiencia de vida, no pueden dar los saltos críticos que los adultos hacen. Por ejemplo, si nos encontramos con un amigo y al ver su camisa le decimos bromeando: "Traes una camisa horrible, ¿qué hiciste, la recogiste en la calle?". El adulto sabe que este es un tipo de juego, de burla amistosa, pero los niños toman las cosas literalmente. Los adultos no entienden que un niño pueda sufrir prejuicios de por vida por un comentario inocente. Tuve un amigo, hace muchos años, que su manera de saludar era: "¡Eh!, ¡luces como mierda hoy!". Lo decía sonriendo, con cordialidad, y al mismo tiempo abrazaba a la persona. Era muy amistoso, simpático, del tipo que se hubiera quitado la camisa para dártela. Pero su lenguaje era tan incisivo que llegó a afectar a sus hijos, quienes de adolescentes presentaban manifestaciones inconfundibles de comportamiento claramente ligadas a su uso del lenguaje.

Otro ejemplo: cuando el niño tiene tres o cuatro años y empieza a hablar, mucha gente dice: "Me gustan los niños de tres años más que los bebés. Ahora actúan como personas reales". No es un comentario inocente para el niño. Durante los primeros seis a nueve meses, muchos bebés son tratados como si no fueran seres humanos; y aunque ustedes no lo crean, son sensibles a estas cosas. Oyen todas las palabras que se dicen en su presencia, ya sea que se las digan o no directamente a ellos. Por lo tanto, es imprescindible que seamos muy claros acerca de lo que estamos diciendo cuando hay niños presentes, porque a menudo no pedirán que les expliquemos lo que oyen, sino que sacarán sus propias conclusiones y las archivarán. Para cuando expresen estas conclusiones, las escuchemos y tratemos de corregirlas, será demasiado tarde; la idea está incrustada en su comportamiento y en su consciencia. Me ha tocado que un niño de cuatro o cinco años me diga algún segmento de información que escuchó de otro niño como si fuera un hecho. Cuando yo traté de transmitirle la información correcta, el niño estaba tan seguro de que yo estaba mal informado que había muy poca posibilidad de ajuste.

Los niños oyen *todo*. Un niño puede estar jugando en un rincón del comedor y los adultos en el otro extremo hablando de algo que no debería hablarse enfrente de un infante y, por supuesto, el pequeño lo oirá. Aunque no parezca reconocerlo en el momento, cuando se mencione el nombre de alguien dos o tres días después, el niño soltará un chismeo, hará un comentario de lo que obviamente oyó cuando creímos que no estaba escuchando.

Si le preguntamos: "¿Dónde oíste eso?", el niño se quedará mudo de asombro y dirá: "No lo sé". Por lo tanto, los adultos deben estar conscientes de su propio lenguaje, de sus chismorreos y mezquindad, especialmente cuando haya niños presentes.

Lo que hay que hacer y lo que no hay que hacer

Lo primero que hay que tener presente cuando hablamos con los niños es considerar que, a cualquier edad, se percatan de todo y merecen el tipo de respeto que nosotros quisiéramos como adultos y que nosotros mostraríamos hacia otros adultos que respetemos. Por lo tanto, desapruebo fuertemente que se use el lenguaje de bebé tipo: "*Gu-gu-tá*", con un tono de voz afectado, y todas esas cosas que los padres primerizos tienden a hacer y decir. Me imagino que como hemos visto esta conducta hacia los niños tan constantemente en la televisión, suponemos que es la manera en la que debemos actuar con ellos.

Recomiendo que, incluso cuando el niño todavía está en el vientre, se le hable en lenguaje adulto. Los conceptos detrás de las palabras se traducirán *literalmente* al niño y se acostumbrará a asociar el lenguaje con el sentimiento, aun desde el vientre materno. Como ya lo mencioné anteriormente, el tipo de "conversación" que se tiene con el niño durante el embarazo puede ser el decirle cuán emocionados estamos de recibirlo. No digan cosas como: "Si eres niño, ya sé qué haremos: saldremos a jugar futbol". Sólo digan: "Queremos ser los mejores padres que podamos. Estamos ansiosos de recibirte en este mundo", y cosas así.

Debemos hablar a los niños en el tono de voz y la inflexión de las palabras que usaríamos con los adultos, y no hablarles en forma condescendiente. Si queremos que vengan con nosotros, podemos decir: "Bueno, vámonos". Y no: "Mamá va a la tienda ahora, ¿pequeñito, quieres venir?", en un tono cantado, con voz de pajarito. Independientemente de cuán lindo sea el niño y de cuánto tendamos a querer arrullarlo, mimarlo y acicalarlo, no debemos menospreciarlo con sandeces incomprensibles.

Uno de los niños de nuestra comunidad tenía el hábito de hablarse a sí mismo en lenguaje de bebé. Un día que estábamos preparando una comida, preguntó si podía venir a ayudarnos a cocinar. Estaba usando conmigo esa voz de bebé y le dije: "¿Cuántos años tienes?". Me contestó: "Ocho", y le dije: "¿Puedes usar una voz de niño de ocho años cuando hables conmigo?". (Es un trato diferente que decirle: "Deja esa voz, ¿quieres?", o "Deja de actuar como un bebé". Uno pensaría que esa distinción es de sentido común, pero, con frecuencia, los adultos no tienen mucho, desafortunadamente). Me dijo: "Seguro", y desde entonces nunca más volvió a hablar de esa manera. Lo comprobé la siguiente vez que estuve en su compañía para ver si estaba inhibido o si sentía que yo iba a estar enojado con él, y no fue así. Nuestro corto encuentro fue un recordatorio suficientemente fuerte. Él sintió evidentemente que conmigo sería escuchado como un niño de ocho años, y que no tenía que ser chiquito y lindo para conseguir atención y reconocimiento.

Nunca usaría amenazas como: "Te voy a golpear, te voy a arrancar la cabeza, te voy a…" etc., etc. ¡Nunca de broma y nunca con enojo o frustración! No creo haber usado tales amenazas ni una sola vez en mi vida, y han habido ocasiones en las que he estado verdaderamente enojado con un niño por algo. Creo que *nunca* se debería usar la amenaza de violencia. Algunos padres lo hacen por diversión, como una manera de jugar con sus hijos. Es su idea del humor. Algunos Papás siempre les hacen eso a sus hijos, dándoles una palmada en la cabeza, jalándoles ligeramente una oreja. Supongo que está bien para algunas personas, pero *nunca* lo sugeriría. Mi furia dura unos diez segundos, pero con eso basta para decir cosas terribles. Podemos ser muy groseros en diez segundos, pero no debemos hacerlo. Siempre debemos ser más grandes que nuestro enojo, especialmente con los niños.

No hablen del niño como si fuera un montón de materia inanimada, o como si él no estuviera ahí. Por ejemplo, cuando un bebé está en la cuna mirando a su alrededor: "¿Hay alguien ahí? ¿Qué pasa que no está sonriendo?". O cuando Jimmy de tres años está parado junto a nosotros: "¿Qué haremos con los hábitos de Jimmy?". He oído decir todas estas cosas a los niños y he notado o sentido sus reacciones.

Nunca critiquen al padre o a la madre del niño (o a los dos) cuando este está presente o pueda oír. Mi suposición es que todo el tiempo, desde la concepción, hay una consciencia que se percata del entorno, con todo el rango de los sentidos.

No llamen "sucios" a los niños que hacen popó en sus pantalones, ni se complazcan con todo el tipo de comentarios despectivos que la gente cree que son lindos. Como cuando el niño suelta un gas: "Dios, ¡cómo apesta!", u "Oye, deberías ser parte de una orquesta". ¡Algunas personas "maduras" o inteligentes no tienen suficiente cerebro ni siquiera para entender eso!

En términos de lenguaje, aplicaría las mismas reglas cerca de un niño de siete años que de un bebé, y esto vale si están o no dormidos. La psicología común muestra que la mente dormida de cualquier manera recoge datos sensoriales de su entorno. Entonces, no se debe pelear sobre asuntos relacionados con el niño, en su habitación, cuando está dormido.

No te hagas el sabiondo con tu hijo. El niño no sabrá qué tan "listos" son Papá y Mamá hasta dentro de mucho tiempo, entonces no tenemos que lucirnos enfrente de nuestros hijos, que es de lo que, en esencia, se trata todo ese pavonearse, gritonear y bromear. La gente está tan llena de orgullo exagerado, provocado por su inseguridad e inmadurez básicas. De los dos mil millones de habitantes en el planeta, todos pueden tener hijos, excepto un porcentaje muy pequeño. Pero todo hombre que tiene un hijo piensa y actúa como si hubiera hecho algo especial. En las culturas occidentales este comportamiento se tipifica en las llamadas culturas civilizadas. Entonces, cuando los hombres están llenos de orgullo, se lucen diciendo cosas tontas a sus hijos, a veces llamándolos por nombres ridículos.

Aunque reconozcamos que algo hace falta para la educación de nuestros hijos y que nuestra aportación es apropiada, si estamos hablando con condescendencia con el niño, en lugar de simplemente proveer un límite de manera natural, no simulada, la comunicación tiene una sensación realmente incómoda, y el niño la percibe como "fuera de lugar". Los hombres en particular tienden a hablar de una manera realmente condescendiente con los niños. Hay una cierta cualidad en las voces de muchos padres que, en efecto, dicen: "Más vale que no seas descarado conmigo, porque eres pequeño y puedo forzarte a hacer lo que yo quiera, ¡así que hazlo!".

Cualquiera puede avergonzar a un niño, y casi cualquiera puede regañar o pegarle hasta la sumisión. Podemos avergonzar a un niño y modificar su comportamiento hasta que sea una niña o un niño bueno ("bueno", según nuestra idea de esta palabra). Aunque establezcamos el límite en el lugar "correcto", pero con una actitud incorrecta o demasiado fuerte, esto está indiscutiblemente equivocado.

No recomendamos ningún tipo de apodos chistosos, como "mi monito" o "mi pequeño cacahuate". Reconozcan que los niños toman lo que decimos literalmente. No se trata de un profundo principio esotérico, es psicología básica. No hagan bromas de sus olores corporales o sus excreciones, como: "Hombre, tu vómito apesta", o "¡Qué cagada para un niño tan pequeño!". Para los pequeños, lo que sale de sus cuerpos es parte de ellos mismos, entonces decir: "Tú vómito apesta" literalmente significa: "Tú apestas, y eso es malo. Por lo tanto, tú eres malo". Entonces, sean muy muy sensibles en el uso del lenguaje.

En lugar de decir: "No cierres la puerta", se puede decir: "¿Por qué no dejas la puerta abierta?". Traten siempre de hacer sugerencias positivas al niño en lugar de dar órdenes negativas. Si no somos creativos, en el momento es difícil pensar en esas cosas. Sin embargo, debemos intentarlo tanto como sea posible.

Dejen que los niños sean de ocho años cuando tienen ocho años, déjenlos ser de diez cuando tienen diez; y cuando tienen doce y quieren muy insistentemente tener catorce déjenlos que se explayen un poco. Pero bromear con un niño de nueve años acerca de salir con chicas es inapropiado. Por ejemplo, si el chico fue a un evento a la escuela local y regresa y le decimos: "Oye, ¿conociste a algunas chicas?". Es horrible hablar así con un niño de nueve años. Es inapropiado bromear con los niños acerca de algo que está fuera de su experiencia de desarrollo actual. No bromeen provocativamente con uno de trece años acerca de salir con chicas. Créanme, cuando estén listos para hacerlo y tener citas, no será divertido. Será algo realmente muy serio, como muchos de nosotros recordamos. No hagan bromas acerca de la complexión o de los pechos con niñas en la pubertad o jóvenes adolescentes. Traten a los hijos, aunque hayan crecido y tengas a sus propios hijos, con honor, respeto, dignidad y camaradería.

El lenguaje puede destruir la inocencia

Los niños aprenden a separarse de su inocencia a una edad muy temprana a causa del lenguaje que utilizamos cerca de ellos, de la misma manera en la que pierden su inocencia debido al abuso físico. Como ya lo discutí previamente, los comentarios supuestamente inocuos como: "Es tan dulce", y "Eres *tan* lindo", pueden hacer al niño consciente de que la dulzura y la lindura son formas de manipular a los adultos y de conseguir un cierto tipo de atención. La tendencia es que el niño dramatice estas manifestaciones de comportamiento y esto llegue a afectarlo.

Durante largo tiempo hemos considerado el efecto negativo de comparaciones como: "Tu hermano no caminó hasta que cumplió tres años, pero tú, apuesto a que estarás caminando a los nueve meses", o "Dios, eres tan flaco. Parece que tu madre te mata de hambre", o "Tu primo saca puro diez en la escuela. ¿Por qué no eres más listo?". Son los adultos no pensantes quienes suelen hacer este tipo de comentarios.

Estoy seguro de que todos nosotros que tenemos hijos pequeños, los hemos llevado al supermercado o a algún lugar público, y hemos oído a la gente hacerles comentarios negativos de una u otra forma. Es sumamente importante negar esos comentarios. Un amigo, padre primerizo, dijo que no tenía idea de qué tan mala y cuán frecuente era la negatividad hasta que llevó a su hijo a una visita con sus abuelos. No de vez en cuando, sino *cada minuto* que la abuela abría la boca, hacía observaciones críticas y despectivas como: "Por qué no visten a ese pobre niño. Cielos, se va a morir de frío". Pienso que hay muchas familias así: bien intencionadas, pero sencillamente incultas e inconscientes.

Entonces, recomendamos hablarle al niño suave y discretamente para cancelar toda esa negatividad. Por ejemplo, si alguien en el supermercado dice: "Es gordita, ¿verdad?", podemos decirle a la pequeña, suavemente, sin necesidad de provocar al comentarista inconsciente: "Esa persona no sabe de lo que está hablando. No comprende a los niños. Es inconsciente. No tienes que prestarle atención. Estás perfectamente bien", o algo parecido. Otro ejemplo común: si el niño se queja un poco, algún adulto del entorno dirá: "¡Oh!, ¿estás enfermo?". Siempre recomendamos que un adulto responsable le diga al niño: "Esta persona no sabe lo que es la enfermedad", y no esperar a decirlo hasta después, porque los niños están en el momento, y después no van a relacionar lo que se está diciendo. La manera en la que se use la palabra "enfermo" puede comprometer a un niño a una vida de hipocondría y autocomplacencia o, por el contrario, puede hacerle pensar: "No es nada".

Muchas cosas que parecen ser benignas para los adultos, pueden ser muy perturbadoras o confusas para el niño. Cuando les ponemos apodos, como ya lo mencioné, los niños no comprenden los dobles significados. Cuando aprenden una palabra, aprenden lo que significa literalmente. Cuando usamos palabras que significan otra cosa que en su sentido literal (palabras que son modismos comunes), ellos las oyen como literales y se adueñan de un comportamiento que es función de lo que oyen, no de lo que nosotros queremos decir. El bebé de uno o cuatro meses puede no comprender el lenguaje, pero definitivamente comprende la intención, el sentimiento y el humor. La mayoría de los niños comprenden el lenguaje mucho antes de poder hablarlo: aun a los seis o siete meses nos sorprendería ver cuánto entienden si les hablamos apropiada y claramente.

Es casi imposible eliminar los elementos disonantes de cualquier entorno, que no es lo que buscamos al final de cuentas, pero ciertamente queremos establecer hábitos positivos, sensatos, saludables y conscientes, que sirvan a nuestros hijos para toda su vida.

Selección cuidadosa de las palabras

Elegir nuestras palabras cuidadosamente alrededor de los niños no significa que eliminemos todo el color del lenguaje, toda la poesía. De hecho, los niños responden a las metáforas: instintivamente comprenden las verdaderas metáforas y la poesía. No me refiero a usar una palabra que tiene un significado diferente, sino usar el lenguaje de una manera que no sea metafórica. Por ejemplo, los adultos dicen comúnmente: "¡Me estoy muriendo de hambre!". Esto *no* es una metáfora; se está diciendo algo que básicamente no es verdad. Queremos que el lenguaje ofrezca poder, entonces queremos decir lo que es verdad. "Tengo mucha hambre, y esta comida sabe muy bien", es una comunicación que tiene vida en sí. "Me estoy muriendo de hambre", o "Estoy muerto de hambre", cuando no es así en realidad, es negativo porque no es verdad y porque enseña a los niños a exagerar de una forma que los aparta de la verdad de su propia experiencia.

En general, nuestro lenguaje es tan torpe que resulta horroroso, así de sencillo. Cuando uno de mis amigos estaba tratando de organizar un juego de basquetbol entre colegas de su compañía y los de otras empresas locales, dijo, en presencia de algunos de los niños: "No hemos sabido nada de estos tipos todavía, son unos gallinas". Este tipo de lenguaje no sólo es confuso para los niños, sino que demuestra un sesgo competitivo agresivo y un menosprecio a los amigos, que los niños no comprenden, aunque los adultos lo digan de broma.

Si observamos las respuestas de la gente a comentarios estúpidos como ese, encontraremos que, automáticamente y sin pensarlo, se ríen. De hecho, la mayoría de nosotros nos reímos en ese momento, lo que transmite un doble mensaje a los niños. Se preguntan: "¿Las personas del otro equipo son amigos o enemigos?".

Otro ejemplo: un hombre estaba hablando con otro acerca de su trabajo y dijo: "Los republicanos nos están matando". Inmediatamente uno de los niños preguntó: "¿Matando qué?, ¿matando a quién?", en un tono de voz asustado. Más tarde, este hombre me preguntó si era un uso inapropiado del lenguaje y yo le dije definitivamente que sí, que era engañoso. Los niños responden a una gama completa de frases de uso común en el lenguaje, que pueden ser perturbadoras y confusas, aunque nuestro tono de voz no sea directamente amenazador o que cause una afrenta.

Cuando me inicié en el trabajo de la enseñanza, solía dar una conferencia de cómo nuestro lenguaje creaba enfermedades psicosomáticas. Por ejemplo, si tenemos el hábito de decir que las cosas nos molestan como "una molestia en el trasero",[21] nos predispone a las hemorroides, literalmente. Es igual para cualquier lenguaje que se refiera el cuerpo. "Mis pies me están matando", eso, en el sentido último de las cosas, predispone a que uno se resbale y se rompa el cuello, o a derraparse en una montaña. Yo trato de no usar la palabra "enfermo". Para mí, un resfriado no es "enfermedad". Me parece una autocomplacencia vergonzosa decir: "Estoy enfermo", y tener la necesidad de acostarse en la cama por unos días ¡por tener un resfriado! ¿Saben por qué lo hacemos? Porque *aprendemos* que estamos enfermos cuando tenemos un resfriado; está todo relacionado con un condicionamiento de comportamiento y pensamiento equivocados. Para mí, enfermo es *realmente enfermo*: paperas, fiebre de 40°C o intoxicación por comida; ¡algo que verdaderamente nos impida funcionar! No un resfriado. Tenemos un resfriado y nos *hacemos* los enfermos. De niños pequeños aprendemos las asociaciones y nos incapacitamos solamente por la expectativa.

Lo grandioso de estos ejemplos es que logramos ver qué tan inconscientemente mecánicos somos. Darnos cuenta de esto se convierte en una manera de voltear las circunstancias para nuestro beneficio. Si podemos ver *bastante*, si nos impacta bastante, dejaremos de ser tan mecánicos. O seremos cada vez menos mecánicos. Hasta hablaríamos menos, y no sería un resultado tan terrible.

———————

"Malo" es una palabra que hay que cuidar. Aun entre la gente consciente, sensibles hacia los niños, puede haber una tendencia a hablar acerca del comportamiento de algunos niños que estén actuando

---

21. El autor se refiere aquí a la típica expresión de Estados Unidos *"a pain in the ass"*. En español diríamos: "un dolor de cabeza". [N. del T.]

agresivamente, diciendo que estos niños están "siendo malos". Los niños, especialmente los pequeños, no son maliciosos. En lugar de tener la idea de que "los niños están siendo malos", podemos observar lo que están expresando y preguntarnos: "¿Cuál es la mejor respuesta a esto?". A veces los niños sólo están aburridos. O quizás están representando la violencia de los padres, o están reaccionando inconscientemente a ser tratados con humillación o con abuso. Debemos intentar no categorizar sus acciones y no encajonarlos en un estereotipo que tenemos en nuestras propias mentes. Mejor, podemos tratar de ver qué está detrás de lo que hacen y determinar qué necesitan para ser diferentes.

Es crucial que nuestro lenguaje sea elegante. "Sucio" es otra palabra que se usa incorrectamente. "Sucio" es como el alquitrán; el alquitrán es sucio. La pintura de aceite que se seca en la piel es sucia. Tierra, pus, restos de insectos; eso no es sucio. Sucio es algo que de veras *tenemos* que limpiar. Si estamos cubiertos de alquitrán y pegoteados de plumas, estamos sucios, pero si estamos cubiertos de pies a cabeza de lodo, no estamos sucios, porque lo único que tenemos que hacer es bañarnos y el lodo se quita. "Sucio" en una pieza de ropa es una mancha que no sale. Algo que se limpia en cuanto echamos la blusa o los pantalones a lavar, no es sucio. Entonces, llamar a un niño "sucio" implica, en la lógica del pequeño, que él mismo es esencialmente sucio.

Los niños son extremadamente sensibles a los apodos. Recientemente, un niño que conozco llamó a un adulto con un mote, y el adulto le dijo: "No me parece bien. Yo no te pongo apodos". Pero el niño replicó: "Sí lo haces". Cuando le pidió al niño que se explicara, este dijo que lo había llamado "besucón", y el pequeño lo percibía con una inferencia negativa. Lo que podemos entender de esta interacción es que debemos llamar a los niños por sus nombres, porque eso es lo que saben que son, y así les gusta que se refieran a ellos.

Al mismo tiempo, hay lugar para las palabras cariñosas. Cada persona debe sentir cuándo usarlas y no tener una actitud de blanco o negro, o de al pie de la letra. El espíritu de dicho principio es el que nos incita a hacerlo desde el corazón, no desde un conjunto de leyes rígidas. Por supuesto, siempre podemos resolver este asunto llamando a los niños por su nombre de pila; y entonces no tendremos de qué preocuparnos. Pero para mí, eso deja fuera un vínculo de la relación. Una de las maneras en las que los humanos demuestran su amor a los demás es a través del lenguaje. Entonces, llamar a un niño "corazón" o "cariño" desde un lugar claro, sin pretensiones, genuina e imparcialmente (*no* inconsciente), puede ser una forma cálida y afectuosa de dirigirse a él. En cambio, llamar a un niño "amorcito" o algo parecido, desde un lugar de hipocresía sentimental, no es recomendable.

Tengan cuidado con los niños; debemos decirles lo que ellos puedan entender dependiendo de sus edades; algo que tenga significado para ellos, no lo que signifique algo para nosotros. Los adultos pueden leer entre líneas, los niños no. Por ejemplo, si vamos a algún lugar y le decimos a un adulto: "Comeremos cuando lleguemos allá", y pregunta qué tan lejos es, y le decimos: "Son 320 kilómetros", el adulto tiene una buena idea de que 320 kilómetros significa más o menos tres horas. Si le decimos a un niño: "Comeremos cuando lleguemos allá", y él dice: "¿Qué tan lejos es?", y le decimos: "320 kilómetros", no tiene ningún sentido para el niño. Aunque le digamos "tres horas", no significa nada para el niño pequeño, porque su lapso de atención es de quince minutos, y cuando tiene hambre, ¡quiere comer *ahora*! Si decimos: "Nos vamos a tardar mucho", es diferente que tres horas, pero de cualquier manera tendremos que darle muchas explicaciones y demostrarle mucha comprensión porque es justo que tenga hambre. Ciertamente no queremos que los niños sean los *malos* por tener hambre, sólo porque *nosotros* estamos hartos de que nos pregunten cada diez minutos: "¿Cuándo vamos a llegar?". Después de todo, nosotros somos los adultos, ¿no es así? Tenemos que ser capaces de mantener el espacio con paciencia, amor y hasta seguridad. ¡Imagínense eso!

Cómo aprenden

Los niños aprenden a hablar correctamente escuchando y poniendo atención cuando la gente habla, no por corregirlos en su manera de hablar. Cuando una niña estaba apenas aprendiendo a hablar, no podía pronunciar la Y, entonces cuando aprendió a decir el color *yellow* (amarillo), ella pronunciaba "*lellow*". Yo la dejaba decir lo que quisiera, y aprendió cuando creció. ¿Por qué hacer sentir mal a un niño por su inocencia? Nunca la corregí ni la empujé para que lo dijera correctamente, y todos los que escuchaban *"lellow"* sabían lo que quería decir. Si todos los demás en la habitación decían *"yellow"*, y nuestra niña era la única que decía *"lellow"*, iba a empezar a decir *"yellow"* tan pronto como estuviera lista; ella notaría en algún momento la diferencia. No necesita que se la hagan notar, o que se burlen de ella por sus idiosincrasias de lenguaje. Mi opinión es que mientras los niños están aprendiendo a hablar, no hay que corregirlos. Aprenderán escuchando.

Cuando pienso cómo aprendí a hablar y cómo aprendí mis gestos y demás, fue sólo copiando a la gente que estaba a mi alrededor. Cualquiera que fuera su *intención*, penetró tan profundo como todo lo demás que hacían. Ya fuera que trataran de corregirse en su forma de hablarme, o que estuvieran "entregados" a lo que decían y hacían, eso penetró tan intensamente como cualquier otra cosa.

Si nos relajamos un poco respecto a si estamos haciendo todo exactamente bien, los niños captarán nuestra intención, tanto de hablar articuladamente, como de hablar y actuar desde nuestro corazón.

Los niños sienten la sinceridad verdadera y la autenticidad, aun si las acciones son un poco torpes o excéntricas. Además, no podemos juzgar cómo reciben nuestra intención en el corto plazo. Eso sucede *años* más adelante.

Sé natural con los elogios

Aunque probablemente sea obvio para muchos, el reconocimiento de los logros de los niños debe hacerse sin endulzarlos demasiado y sin ser superfluos. Muchos padres tienen la idea de elogiar a su hijo, pero se pasan, y entonces se le atribuye como dato negativo, más que positivo. Por ejemplo, cuando un niño nos trae unos garabatos, no debemos decir: "Eres un artista. Voy a colgar esto; es tan fantástico. Mi pequeño Picasso". Porque cuando crezcan sabrán que fuimos hipócritas, falsos o condescendientes. Pueden haber hecho lo mejor que podían, pero saben que no son Picasso o Chagall. Ellos sencillamente quieren que estemos agradecidos por lo que nos trajeron, porque compartimos amor, pero no tenemos que dramatizar de más qué tan fantástica es cada florecita que pintan. Ofrézcanles atención completa cuando les traigan algo: regálenles una sonrisa, un cariño, díganles que les gustó, ¡y eso es todo! Repetir el elogio una y otra vez no les da más confianza; de hecho, disminuye la alegría y la espontaneidad de todo el intercambio. Eviten estos errores de juicio.

También depende de *cómo* elogiamos a nuestros hijos, en relación con el efecto que les causa esta retroalimentación. ¡Ciertamente no los vamos a elogiar cien veces al día, alabando cada pequeña cosa que hagan! Si se da el elogio porque es verdadero, más que porque tratemos de impulsar su autoconfianza, entonces, por supuesto, que es una respuesta perfecta. Si solamente se sube a un banco, no diríamos: "Subiste tan bien al banco". Si todo lo que hace el niño es recompensado, se tiende a desarrollar en él el hábito de hacer todo por obtener recompensas. El niño puede estar totalmente perdido, reprimiendo su propia idiosincrasia particular para satisfacer lo que un adulto quiere que sea, para conseguir la recompensa o el elogio. Se vuelven totalmente adaptativos, para usar el término psicológico popular.

Algunos educadores han dicho que elogiar las manualidades del niño puede ser perjudicial, porque el niño ajustará su creatividad –esto es, dibujará el árbol de la misma manera cada vez– para conseguir la aprobación continua del maestro. Pero si nuestro elogio es verdadero para *quienes nosotros somos*, y no estamos siendo falsos con nosotros mismos, entonces no debería tener ese efecto. Si normalmente no somos efusivos, pero nos volvemos tremendamente expresivos cuando elogiamos a nuestros hijos, eso les afectará en términos de estar buscando esta efusividad, y al mismo tiempo, se preguntarán por qué estamos siendo tan diferentes con ellos de lo que somos usualmente.

No hace falta decir que nunca debemos llamar "basura", "asqueroso", "espantoso", ni cosas parecidas, cualquier esfuerzo creativo de los niños, del cual ellos están tan orgullosos, Si nosotros somos una masa neurótica de inseguridades, frustraciones y confesiones tortuosas, quizás este libro inicie el tipo de educación extensiva que es elemento clave para ser naturales con nuestros hijos.

Así que antes de hablar, debemos detenernos un instante y luego hablar conscientemente. Generalmente esto es suficiente para captar el sentido de lo que servirá al niño de manera óptima.

HONESTIDAD

No intentes ser perfecto con ellos (nadie lo es)

Es muy sano dejar saber a los niños que los adultos son humanos. Después de todo, lo somos. Los podemos engañar sólo durante un tiempo, antes de que descubran nuestros intentos torpes de querer parecer infalibles. Tarde o temprano se dan cuenta de que cometemos errores, errores de juicio, por ejemplo, y desconfiarán de nosotros si tratamos de comportarnos de otra manera. "Actuar como perfectos" no genera confusión en ellos: no estarán confundidos, sencillamente desconfiarán de nosotros. Sin embargo, si ellos saben que estamos haciendo lo mejor que podemos, que somos mayores y que por eso hemos adquirido más experiencia y más sabiduría (sabiduría que queremos compartir con ellos), entonces confiarán en que nosotros estemos a cargo y observarán cómo manejamos las cosas, aprendiendo tanto de nuestros éxitos como de nuestros fracasos. De otra manera se cierran a todo.

Cuando un niño está haciendo un berrinche, podemos decirle, por ejemplo: "¿Sabes? Yo también me enojo a veces, y es verdaderamente difícil. Comprendo tus sentimientos". Podemos simpatizar con ellos. Por supuesto, esta respuesta descansa en el hecho de que *realmente* simpaticemos con ellos; pretender que lo hacemos no comunica nada. Debemos comprenderlos verdaderamente. Entonces, ellos nos verán como si nunca hubieran pensado que pudiéramos experimentar las mismas cosas que ellos están experimentando. En ese momento podemos decir: "Sé cómo te sientes. A veces me siento igual, y cuando molesto todo, tan difícil es para mí como para ti, cuando molestas todo. Estoy trabajando en eso y estoy tratando de manejarlo". Los niños están molestos consigo mismos por interrumpir el flujo y no saben cómo manejar su descontento.

Unas cuantas veces me expresé de esta manera con mis hijos mayores y siempre se detuvieron y escucharon. Si mi hijo decía: "Esto es una estafa, este juguete se rompió"; yo respondía: "Sí, no parece justo, ¿verdad?"; y él se detenía y me escuchaba. Si conseguimos que el niño escuche, podemos explicarle las cosas. Nunca le diría: "Basta ya, crece, así es la vida"; más bien le explicaría: "A veces yo también siento que las cosas no son justas, pero hay situaciones que están fuera de nuestro alcance, en las que no podemos hacer nada"; o palabras similares. No le diría: "Bueno, te *dije* que no jugaras de forma tan tosca con eso".

Tenemos que tratar de despegarnos de nuestros propios procesos y ser objetivos con los niños. Si nos "descontrolamos" frente a los niños, en cuanto nos recuperemos podemos decirles: "Me descontrolé esta vez. Procuraré hacerlo mejor la próxima vez", o algo para indicar que no pretendemos ser algo que no somos. Y ellos dirán: "Bueno". Y a veces les darán una palmada en la espalda y dirán: "Está bien, Papá. De veras está bien".

———————

Está bien que lloremos, si nos hace falta, cuando un hijo "toca nuestros puntos sensibles". A veces esta es la mejor forma de que el pequeño vea las cosas de otra manera. Si un niño de cuatro años por costumbre ya está manipulando todo el entorno, no tiene idea de que molesta a la gente en la forma en la que de verdad lo está haciendo. Para él, es su comportamiento usual. Esa manipulación es su estrategia de relacionarse y ya es inconsciente. Al ver a su madre llorar, dirá: "¿Qué pasa, Mami, por qué estás llorando?". Y lo dicen en serio. Se *compadecen* de nosotros y quieren mejorar las cosas. Nada impacta tanto a un niño que cuando hace o dice algo que hace llorar a un adulto. Nada de lo que dijéramos le brindaría el tipo de reflexión de lo que sus acciones o sus palabras significan. Cuando ve que tomamos las cosas seriamente y que nos afectan tan profundamente, esto le da una pausa para reflexionar, tanto como le es posible a su edad. Pensar que pudieron hacer llorar a su madre es tan doloroso para los niños, que los puede impulsar a un cambio. He visto literalmente un cambio de comportamiento, aparentemente permanente, por una sola vez que la madre ya no pudo manejar la situación y empezó a sollozar. Pero no hagan de esto una costumbre y no culpen a los niños por sus propios límites de tolerancia. Cuando los niños crecen, aprenden el poder que tienen de herir o de sanar a los demás. Pero para los más pequeños, sólo es una conducta aprendida. No debemos fingir el llanto o el enojo (ellos lo notarían), aunque hay veces en las que el llanto surge de nuestros propios sentimientos de incompetencia, frustración, impotencia o cualquier otra cosa.

Una disculpa honesta

Supongamos que somos seres condicionados, de costumbres, bajo el efecto de nuestra forma mecánica de actuar. Y supongamos que nuestro hijo toca nuestros puntos sensibles, no podemos controlarnos y lo golpeamos. Entonces, cuando nos recuperamos, ¿qué debemos hacer?

Debemos tomarlo, abrazarlo, decirle que lo amamos y ofrecerle una disculpa. Podemos decir: "Mami (o Papi) perdió el control, y pegarte no fue correcto. Tengo malos hábitos, y a veces no los puedo controlar". Le explicamos que cometimos un error y le damos mucho afecto; eso es lo que debemos hacer. ¡Y *nunca* debemos justificar pegarles otra vez basándonos en el hecho de que seguimos amándolos!

La clave al dar este afecto es no forzarlo; hasta un abrazo puede ser una forma sutil de abuso si estamos sujetando al niño cuando él está queriendo alejarse. Darle afecto a un niño es darle cariño y abrazos que *él* permita y en los que *él* se acurruque. Si agarramos a nuestro hijo inesperadamente y empezamos a atacarlo bruscamente en nombre del afecto, mientras él grita para que lo soltemos, eso sólo complica la situación. Los niños ansían y disfrutan el afecto entre ellos mismos y entre adultos, pero el afecto que se da libremente, no el forzado ni el opresivo.

Después de que perdemos el control y les gritamos o les pegamos, tenemos que disculparnos, y debe ser inmediatamente, no al día siguiente, porque el día siguiente es un universo distinto para los niños, especialmente para los más pequeños. Inmediatamente, cuando están encogidos en el rincón, temiendo nuevos golpes, tenemos que caminar, respirar profundo, levantarlos, abrazarlos darles nuestra atención y disculparnos. Podemos decir algo como: "Los adultos no somos perfectos. Lo siento mucho. Los adultos no somos perfectos".

Decir la verdad a los niños

Estoy muy a favor de decir la verdad a los niños, pero no de usar la verdad como un hacha sobre sus cabezas o como un arma para mantenerlos a raya. Por ejemplo, si le damos a un niño un juguete que se rompe fácilmente –algo hecho de porcelana, por ejemplo– y le decimos:

"Esto es muy delicado. Si lo tiras al piso o le pegas duro contra algo, se puede romper", el niño puede registrar lo que le decimos, pero en un momento de emoción puede aventar el juguete contra la pared. Cuando se rompe, el niño empieza a llorar: "Mami, arréglalo". En esta situación, la verdad es: "Te dije que se podía romper, y cuando golpeas algo así contra la pared, se rompe". Esa es la verdad, y podemos añadir: "Pero conseguiremos pegamento y veremos qué podemos hacer". Por supuesto, no lo culparía por olvidar la verdad, sólo reiteraría el hecho obvio de la física de las cosas.

Sin embargo, lo que tendemos a hacer es a distraer al niño, tratar de interesarlo en otra cosa y decirle: "Bueno, siempre podemos conseguir otro", si nos pareció que fue un accidente. Ciertamente no queremos imaginar que nuestro hijo aventó la cosa contra la pared para ver si de veras *era* rompible. Creo que muchas veces los padres actúan con sus hijos como si cierta situación fuera un accidente, cuando claramente no lo es. No sólo inconscientemente, sino que conscientemente no fue un accidente. El niño sabe que no fue un accidente y si queremos hacer que lo parezca, lo absolvemos de la responsabilidad de sus acciones intencionales al decirle: "Bueno, podemos conseguir otro. El sábado vamos a la feria del pueblo y quizá ahí veamos algo que te guste". O: "Bueno, de cualquier manera, a mí no me gustaba ese juguete". Está bien tratar de consolar al niño, pero es importante decirle la verdad. ¡Sea cual sea esta! Muy sencillamente, directamente, sin sentimentalismos ni remordimientos. Y recuerden que los niños no quieren "otro"; quieren *ese* otra vez y sólo *ese*. Entonces tenemos que ser comprensivos y pacientes.

Algunos niños no necesitan que se les diga la verdad mucho, y otros necesitan que se les diga regularmente, por ejemplo: "Si le pegas a Tommy, va a suceder esto". Los niños pequeños perdonan y olvidan muy fácilmente, entonces cuando un niño no quiere jugar con otro, siempre hay una razón. Si le decimos a nuestro hijo: "Quizá Tommy hoy estaba de mal humor", no le estamos diciendo realmente la verdad al niño, que sería: "¿Sabes? Durante los últimos dos años, cada vez que ves a Tommy lo has estado pateando y golpeando. Por eso no quiere jugar contigo". Tan sencillo como eso. Entonces ellos lloran y dicen: "Bueno, no lo hice a propósito", y entonces la verdad es: "Qué bueno que tengas un buen corazón y que, después de que le has pegado a alguien te sientas mal, pero si de veras no lo haces a propósito, para empezar tienes que aprender a no pegarle".

Si el niño dice: "Bueno, es que no sé cómo detenerme", entonces tendremos que enfrentar una situación en la que les ayudemos a aprender cómo detenerse. No queremos rechazar o aislar a los niños porque les explicamos "cómo es la situación".

A veces tratamos de proteger a los niños como si la verdad los lastimara. Si les decimos apropiadamente la verdad, nunca los lastimará, aunque en el momento puedan sentirse molestos por escucharla. El niño al que se le tiene que decir la verdad está en una situación en la que la psicología condicionada ya ha tomado el control, dirigiendo la escena, entonces la verdad le molestará y le creará estrés. Pero al mismo tiempo tendrá mayor voluntad para relacionarse mejor.

Si el niño está funcionando inocentemente, no necesita que se le diga la verdad tan seguido o de la misma manera. Una de las ideas de establecer límites adecuados es ayudar a los niños a vivir sin manipulación, tanto como sea posible. Ningún niño (ni adulto) vive de esta manera *todo* el tiempo, pero ciertamente podemos ayudar a que su actividad dominante permanezca del lado de la inocencia y de la relación correcta hacia los demás y hacia el entorno.

También hay casos de grandiosidad imaginativa en el niño; por ejemplo, el pequeño que tiene la idea de que es mejor basquetbolista que Michael Jordan y que puede hacer pases asombrosos. Algunos padres sienten que decirles la verdad acerca de estas cosas daña su autoestima, porque es saludable que los niños ejerciten sus habilidades imaginativas. Pienso que, en estos casos, la verdad es subjetiva. Quizás este niño *será* así de bueno dentro de veinte años. Si el niño quiere pararse enfrente de un coche y detenerlo porque cree que es suficientemente fuerte, como Superman, tenemos que manejarlo de una manera concreta; pero si el niño piensa de sí mismo de manera fantástica en relación con sus intereses o pasiones, yo no diría nada al respecto. Lo dejaría pasar. Esta es una distinción importante. Los niños viven mucho en un mundo imaginario, y el sentido común de los padres debe decidir cuándo traerlos de vuelta a la realidad y cuándo dejarlos vivir en un mundo mágico e imaginario sin comentarios o con nuestro apoyo y participación. Si le decimos al niño que no existe Santa Claus en el momento equivocado, puede ser dañino; aunque sea la verdad en cierto sentido, no la es en otro. Hablando del mundo imaginario, es vital tener la sensibilidad hacia su relación con la fantasía y demás. Mucho de lo que pensamos que es verdad en esos reinos, sólo es nuestra verdad racional, que no es necesariamente la verdad. ¿Dónde estaríamos ahora si se les hubiera dicho a C. S. Lewis y J. R. R. Tolkien que sus mundos imaginarios eran ilusiones ridículas?

Por ejemplo, en el caso de Santa Claus, parece que primero nosotros introdujimos el concepto. Santa Claus no es algo que ellos hayan inventado, como un compañero de juegos imaginario, con quien nosotros podamos ser solidarios. Nosotros les dimos la idea, entonces debemos mantener nuestra mente abierta, no demasiado literal ni dogmáticamente, respecto a traer a nuestros hijos a una visión adulta y crítica de la realidad.

No se rindan con los niños. Si un pequeño quiere jugar afuera, pero usted no desea jugar con él o no quiere llevarlo afuera, entonces suspirar, lamentarse, y levantar los ojos al cielo, y al final acceder igualmente a llevarlo afuera, no es la mejor respuesta. ¡Oigan! No deberían tener hijos si van a resignarse a hacer las cosas forzados por ellos todo el tiempo. ¡Deberían ligarse las trompas, hacerse la vasectomía, hacer algo! Si están muy ocupados, pueden decirle directo al niño: "Ahora estoy muy ocupado, tengo que terminar un proyecto. Jugaré contigo más tarde". Y entonces sí, usted deberá jugar con él más tarde. Si *siempre* están muy ocupados, tienen un grave problema, ¡y tienen que reflexionar sobre su rechazo a la realidad!

Una persona de palabra

Uno debe ser una persona de palabra. Para otros adultos, esta confiabilidad puede existir o no, pero los niños crecen aprendiendo un principio vital de la vida al rodearse de adultos confiables. Aprenden cómo ser personas de palabra: confiables y claras. Pero, por supuesto, tenemos que saber ¡cuál es nuestra palabra! Tenemos que saber "quiénes somos", en términos de saber cómo establecer límites que sean realistas y que se puedan mantener. Como antes yo he dicho, no le romperé un brazo al niño, no abusaré de él, entonces no le voy a decir ahora: "Mira, si no cambias, te jalaré las orejas", o: "Te torceré la nariz", o: "Te daré de nalgadas y te dolerá tanto que no podrás sentarte en una semana, ¿entiendes?". Yo sé que no haré estas cosas, entonces no voy a aparentar que lo haré, esperando que la amenaza suficientemente intensa espante al niño para que acate las reglas.

No debemos prometer nada al niño –ni que vamos a jugar con él, ni una golosina ni una paliza– si no planeamos o no podemos cumplirlo. ¿Por qué sucedía que cada vez que nuestros padres nos decían que algo era bueno para nosotros, nunca les creíamos? Sabíamos todo, éramos muy listos. Aprendimos a no creerles porque la mayoría de ellos no cumplía su palabra. No eran confiables en el momento ni consistentes en el tiempo. Si el niño dice: "Quiero ir al circo", y nosotros le decimos: "Bueno, cuando venga el circo, te llevaré". Pero entonces viene el circo y nos dice: "Prometiste llevarme", y le respondemos: "Estoy muy ocupado ahora. El año próximo". O bien le decimos: "Esta tarde, cuando vayamos de compras, puedes tomarte un helado". Supongamos que vamos de compras, pero tenemos dolor de cabeza o estamos de mal humor y queremos regresar a casa. Si le decimos al niño: "Nos vamos a casa ahora" y el niño dice: "Pero dijiste que podía tomarme un helado", y dicen: "Esta tarde no".

¡Ya lo habían prometido! También es cierto que si el niño pregunta: "¿Puedo tomar un helado esta tarde?", y contestan: "Tal vez", el niño oye: "Sí". Es cierto. No podemos hacer nada acerca de *su* comprensión, pero sí es nuestra responsabilidad ser integrales en nuestras conversaciones con los niños, con cualquier niño. Entonces, no hagan promesas que no estén seguros de que puedan cumplir.

Si el niño pregunta: "¿Puedo hacer esto o puedo hacer lo otro?", y nuestra respuesta es: "No lo sé, ya lo veremos". Entonces él siempre preguntará: "¿Por qué no sabes?". Porque cuando son pequeños ellos creen que los adultos lo saben todo. Cuando decimos: "No lo sé", no pueden comprender por qué no sabemos. Entonces hay que decir algo como: "No hago planes con tanta anticipación. El circo no viene sino hasta dentro de dos meses. No sé qué sucederá en dos meses. No hago planes con tanta anticipación". Entonces ellos comprenden. Piensen de antemano y cuiden su lenguaje, o de lo contrario, aun siendo sinceros perderán credibilidad.

Si hemos planeado hacer algo con los niños, algo que ellos esperan definitivamente a cierta hora, y no llegamos como prometimos, nuestra credibilidad cae drásticamente. Es muy desafortunado, pero a veces sucede que la gente es maravillosa cuando finalmente cumple lo que promete, pero les cuesta mucho empezar a hacer las cosas.

En nuestra comunidad hubo una señora que enseñaba equitación, y supongo que nunca vio la decepción en la cara de un niño ansioso que estuvo esperando toda la semana su lección y ella nunca se presentó. Tenía todo tipo de excusas: se descompuso su auto, le fallaron los frenos… no se pueden imaginar todo lo que le pasaba a esta mujer que no se presentaba a las lecciones de equitación con regularidad. Finalmente tuvimos que prescindir por completo de sus servicios, porque los niños quedaron muchas veces profundamente decepcionados. Fue una lástima porque era una maestra excepcional cuando, por azar, se presentaba. ¡Es terrible para los niños cuando se decepcionan así!

Por supuesto, hay quienes son de la opinión de que los niños deben aprender a ser espontáneos, a afrontar las situaciones inevitables de una manera calmada y filosófica. Esta gente dice: "Así es la vida, y los niños tienen que aprender a fluir con ella". Pero para mí no es aceptable destrozar la confianza y la expectativa de un niño inocente respecto de una actividad que le gusta. Por una parte, tienen que aprender a ser espontáneos y elegantes respecto a los cambios de planes inesperados, pero, por otro lado, ser confiable debe ser la impecabilidad del adulto responsable, tanto hacia los niños como hacia otros adultos. Es mucho más importante que un niño aprenda a ser confiable y tener una integridad confiable, a que aprenda a asumir las decepciones de una manera indiferente y filosófica. Por lo tanto, como adultos nunca debemos prometer o aceptar hacer algo con un niño si no lo vamos a cumplir y no vamos a llegar a tiempo. Aunque no esté esperándolo ansiosamente, es terrible mantenerlo a la expectativa. No debemos involucrarnos si no cumpliremos con nuestras promesas y acuerdos, ¡y a tiempo!

A medida que los niños crecen, podemos ser honestos y decir: "Bueno, no pensé bien antes de decir eso, y hay circunstancias que no había previsto, entonces tendremos que cambiar la hora o la situación". Pero cuando son pequeños, no pueden manejar el concepto de un adulto todopoderoso que *no* cumple con lo que ofrece hacer, o cuando ofreció hacerlo. Los niños son, por naturaleza, confiados hasta que les demostramos que no tienen que serlo. Sería mucho más útil para el desarrollo, para la educación y el crecimiento de un niño, si pudieran confiar en sus padres y si la manera en la que aprendieran que no *toda* la gente es confiable fuera por observar situaciones que involucren a otros –las vidas de otros niños, otros amigos o de adultos menos cercanos que Mamá y Papá. De esta manera, el niño sería esencialmente inocente; esto es, confiado pero no ingenuo y con una visión clara con respecto a la naturaleza de los seres humanos en general. Pero no sentirían la necesidad, o la exigencia inconsciente, de no ser ellos mismos dignos de confianza como forma de supervivencia entre otros adultos no confiables. "Mentira por mentira" (o hipocresía por hipocresía) no es un modelo maduro de vivir.

Honestidad con nosotros mismos

Nadie, que yo conozca, es tan santo que no se haya enfadado o enojado con sus hijos de vez en cuando. Si nuestra mente es inmadura y difícil de manejar, cuando el niño nos saca de quicio vamos a *pensar*, quizá seriamente, en pegarle o en gritarle. La gente tiene pensamientos violentos –todos los tenemos a veces, y no hay nada malo con eso. Pero si todo el tiempo estamos diciendo: "Mis hijos son tan dulces. Los amo y *nunca* me molestan", y por dentro estamos hirviendo con rabia reprimida, no es saludable para ellos ni para nosotros. A veces los niños *son* difíciles, ponen a prueba nuestra paciencia. Si admitimos que en ocasiones sí lo son (con nosotros mismos, y a veces y de la manera apropiada con ellos mismos), no significa que no los amemos, sino que a veces son más intensos de lo que nuestra paciencia nos permite. Los niños más maravillosos, hermosos, amorosos y perfectos, a veces hacen berrinches y ponen a prueba nuestra paciencia.

Los niños requieren atención constante y hacen ruido y todo lo demás. De hecho, *exigen* atención constante, además de necesitarla. No saben acerca de *nuestras* reglas y *nuestros* niveles de tolerancia. Si admitimos que nos están sacando de quicio, esto es, alterando nuestra paz mental habitual, y reconocemos que no tiene nada que ver con que no los queramos, sino con nuestra falta de paciencia, no tendremos problemas con eso. Vendrá y se irá. Eso es todo. No nos quedaremos atrapados en pensamientos como: "Soy un verdadero monstruo. Soy una persona terrible porque odio a mi hijo". No. Cuando nos decimos la verdad acerca de cómo los niños nos están sacando de quicio, sencillamente estamos dispuestos a ser responsables por nuestros propios y egocéntricos juegos de la mente, y mucha gente no está dispuesta a eso. Puedes ver que algunas personas realmente pierden la compostura frente a sus hijos, y aun así se rehúsan a admitirlo, culpando de todo al niño sin asumir su responsabilidad personal por su participación en ello.

Es mucho mejor admitir nuestra impaciencia o frustración, pero no es necesario decirle esto al niño, a menos que lo hagamos de una manera amorosa, sin amenazas, porque no lo comprendería. Si decimos: "Te quisiera pegar ahora", eso está fuera de lugar; pero si decimos: "Estoy enojado porque creo que no debías haber roto la cubierta de mi libro nuevo", no es amenazante, pero señala el punto.

Si estamos *de verdad* enojados con el niño, nunca debemos decir: "No estoy enojado contigo". Digan: "Estoy muy enojado ahora, y te amo de cualquier manera, pero no quiero que vuelvas a derramar tu leche en el piso".

Cuando tomé el curso *est*, el entrenador cubrió el tema de los niños en cerca de dos minutos.[22] Dijo: "Vamos a tocar el tema de los niños", y todos los que tenían niños se sentaron muy derechos, llenos de impaciente expectativa. Entonces dijo: "Tienen que admitir que a veces los niños son un majestuoso dolor de cabeza. De veras".

Muchas de las personas en ese curso, gente que trataba de amar a sus hijos siempre, sin importar las circunstancias; que intentaban no enojarse ni enervarse con ellos, rechazaron la idea y se rebelaron. Di-

---

22. El curso *est*, *Erhard Seminar Training* [Seminario de entrenamiento Erhard], fue desarrollado por Werner Erhard a principios de la década de 1970. Parte del curso contenía una metodología muy poderosa de confrontación de decirse las verdades que uno se había estado negado. Esta tecnología está disponible a través de los cursos de *Landmark Education*, www.landmarkeducation.com.

jeron cosas como: "¿Es esa la solución de Werner hacia la paternidad?, ¿dos minutos? 'A veces los niños son un dolor de cabeza. ¡¿De veras¡?'. ¿Sólo un dolor de cabeza?, ¿nada más?, ¿qué hay con respecto a la alegría, la belleza, la ternura?". Negamos sólo lo que no queremos ver, no lo que nos gusta ver. Y nada en la vida es totalmente parcial y pende sólo hacia un lado. ¡Nada es *siempre* o *nunca*, excepto esto! La vida *nunca* es parcial. La vida *siempre* tiene dos lados: dolor y placer, fealdad y belleza, alegría y pena.

Si podemos admitir que hay ocasiones, aunque sean poco frecuentes, en las que se nos agota la paciencia, entonces podemos darles, en los momentos en los que los niños no están haciendo algo que nos molesta (que sin duda es la mayor parte del tiempo), todo lo que tenemos para darles, libremente, sin ninguna restricción ni duda. Si durante los momentos en los que son "un dolor de cabeza" nos obsesionamos con tratar de pretender que todo está bien y que estamos perfectamente serenos e inalterados (porque son nuestra carne y hueso, después de todo), nos cerramos a ellos. *Hacemos* la relación falsa en esos momentos; y si es falsa en esos momentos, es falsa en otros en los que tratamos de hacerla real de otras maneras. Nos encerramos dejando fuera a los niños, porque equiparamos la frustración enfadada con la falta de amor de nuestra parte. Y como estamos tan amenazados por sentir que podemos no amar a nuestros hijos, entonces fracasamos al buscar la claridad para hacer las distinciones necesarias, que son: los amamos *siempre* sin que nada importe, *y* a veces perdemos la paciencia con ellos y nos enojamos o estamos molestos. Esta es una razón por la que hay abuso infantil. La gente *trata* de amar a sus hijos todo el tiempo. Como no pueden satisfacer esta expectativa, surgen sus propias crisis profundas de odio hacia sí mismos por imaginarse que no aman a sus hijos, lo que produce violencia explosiva, que a veces alcanza al objeto más cercano, usualmente a los propios niños, porque, en esta lógica torcida, ellos son los que realmente causan esta crisis de odio hacia uno mismo. Estos adultos tratan de culpar a lo que (o en este caso, a quien) ellos creen que es la causa de su fracaso. Por supuesto, esta es una explicación muy simplista, y sólo una de la multitud de causas del abuso infantil, pero una que se debe considerar en cualquier caso.

La necesidad de poner atención literalmente a todo elemento de nuestra relación con el niño es una práctica espiritual increíble. Proveer a los niños con el lenguaje apropiado, el entorno emocional apropiado, y el amplio y profundo conjunto de estímulos apropiado, son responsabilidades que serán de beneficio profundo durante el crecimiento del niño hacia una edad adulta madura, feliz y sana.

Capítulo 9

Educación para la vida
La vida en el continuum

[Nota del editor estadounidense: El término "continuum" se utiliza en el sentido en el que fue presentado por Jean Liedloff en su innovador libro, *The Continuum Concept*, (*El concepto del continuum*), basado en su vida entre los indios yecuana de Sudamérica. Uno de los principios fundamentales de la tesis de Liedloff es que los niños que son amamantados cuando lo solicitan y que se les permite estar "en brazos" con un contacto corporal cercano a los padres hasta el momento en que están listos para iniciar por sí mismos la exploración del entorno, reciben naturalmente las formas de atención y establecen los vínculos energéticos que aseguran su gozo y confort presentes, y su continuo desarrollo saludable. En la sección siguiente, Lee descansa en estos principios para discutir los valores y los medios prácticos para integrar a los niños a "la vida como es" dentro de la cultura en la que nazcan, y como un medio de aumentar su autoconfianza e independencia al fomentar su bondad elemental y la confianza en sus propios instintos de seguridad y supervivencia.]

Parte de la clave para hacer que trabajen los principios del "concepto del continuum" en nuestras vidas, es a través de una integración concienzuda de los niños como miembros integrales de nuestra cultura. Esto puede empezar desde antes del nacimiento. Tan pronto como una mujer sabe que está embarazada, puede empezar a ayudar a este miembro integral de la cultura a ser integrado en grados diversos. Aun en el vientre, el niño ya está siendo integrado, por la celebración de la alegría del nacimiento esperado. Hay muchos detalles en esto, pero lo que estoy expresando es el ambiente fundamental.

Los principios del *concepto del continuum* resuenan instintivamente con un sentido de lo correcto y de la justicia innata, y también tienen mucho sentido, aunque sucedan en un contexto que es muy lejano al contexto en que nosotros tendemos a vivir. No he visto que estos principios hayan sido perfectamente aplicados en Occidente, ni siquiera en la mejor de las situaciones. No obstante, los padres más sinceros y dedicados utilizarán estos principios que definitivamente les darán una ventaja extraordinaria a sus hijos, a ellos mismos y a toda la sociedad. Sólo tenemos que hacer inteligentemente las transposiciones necesarias de estos principios hacia nuestra cultura propia.

Antes de que el niño camine, es muy saludable que atestigüe todas las cosas que ordinariamente hacemos en el transcurso de nuestras vidas diarias; esa es la forma en que aprenden. Es saludable para el niño pequeño que el padre o la madre lo carguen y mantengan contacto corporal con ellos, mientras continúan viviendo sin interrupciones. En las comunidades nativas, es más fácil y más natural hacer esto que en nuestra civilización occidental moderna, tecnológica y apresurada. En las culturas nativas la llegada del niño al mundo se respeta como un evento milagroso, y desde el principio él o ella son totalmente deseados y queridos, tácita e incuestionablemente. Por lo tanto, el "ponerle atención al niño", como lo discutimos en el capítulo anterior y a lo largo de este libro, no necesita ser considerado, porque ya está incrustado en su cultura. En estas sociedades existe una comunidad mucho más definida de mujeres y niños, y mucho más apoyo para estas relaciones vinculadas. Estas culturas tienen naturalmente la orientación de que el padre o la madre continúen viviendo una vida normal y productiva, y de que los niños no tienen que interrumpirla, excepto en las maneras orgánicas y necesarias para ser amamantados, bañados, para jugar, etc. Los niños son testigos de la vida a su paso natural y en su variedad.

En consonancia con estos principios, durante la etapa de "brazos" –hasta que el niño tiene dos o tres años, dependiendo del niño- nuestra recomendación es mantener al niño cercano a nuestro cuerpo. (Las cangureras, los "rebozos de Guatemala", son muy buenos para este propósito, siempre y cuando el niño se encuentre cómodo en ellos.) Por supuesto que en cuanto el niño inicia su movimiento hacia el mundo de su entorno, que es un proceso de desarrollo natural, le permitimos que lo exploren a voluntad.

Durante esta etapa, los padres deben continuar con sus vidas y hacer lo que normalmente hacen –escribir, trabajar, lo que sea–, mientras que el niño sólo es un observador. (Más que cargar al bebé en la espalda, prefiero las cangureras en el frente o en el lado, de manera que el niño pueda ser testigo de nuestras vidas, y mantenga el contacto visual con nosotros si lo desea.) Por supuesto que cuando los niños crecen, van a ser más asertivos en términos de polarizar la relación hacia lo que *ellos* quieren hacer, por encima y en contra de lo que el adulto quiere hacer. No se trata entonces de que los adultos transijan en sus vidas, sino de hacer los ajustes que incluyan la independencia creciente del niño y la necesidad de estímulos diferentes, esto es, estímulos más centrados en el niño.

Pienso que es fenomenal que los niños puedan ayudar en el desarrollo diario del entorno. Mientras más estímulo reciban, mejor. Cuando empiezan a caminar, pueden llevar una pieza de ropa mojada al tendedero, o un plato al fregadero. A los niños les encanta ayudar a Papá y Mamá. Si los dejamos, si les damos la libertad sin estar encima de ellos y sin guiar cada movimiento con nuestro control, van a querer seguir ayudando. Las niñitas ayudan a cocinar y a limpiar y a hacer lo que hacen las mujeres, y cuidan a los niños más pequeños, que es lo que ven que hacen las mujeres adultas predominantemente. Y los niñitos de cuatro o cinco años, empiezan a integrarse a la cultura de los hombres. Van al garaje, recortan una pieza de madera, limpian el motor del coche, y de vez en cuando, ayudan a arreglar el fregadero. Esa es la forma en que aprenden y así crecen involucrados en una cultura. En una cultura sana, los niños aprenden a cocinar, a coser y a estar con los niños pequeños, y las niñas aprenden a utilizar herramientas, etc., pero parece que hay ciertas áreas de trabajo que caen tradicionalmente en uno u otro género.

Mucho de lo que está descrito en *El concepto del continuum* es una verdadera integración completa de los niños, no como dependientes de los adultos, sino como miembros útiles y totales de la cultura. En muchos casos en la sociedad occidental, la gente que trata con niños los percibe como dependientes, como si tuvieran que cuidarlos hasta que los niños puedan asumir su parte dentro de lo acordado. Y de hecho eso interfiere con que los niños puedan asumir su parte dentro de lo acordado. Por ejemplo, si no damos crédito a un niño de tres años por lo que es, y lo tratamos como un bebé de seis meses, no asumen la responsabilidad que podrían tener en el equipo familiar. Si los niños se tratan como dependientes, trabajarán con esa dinámica inconscientemente, y harán lo que se espera de ellos, que en este caso consistiría en ser indefenso e incompetente.

Joseph Chilton Pearce (autor de *Magical Child* (El niño mágico) y otros libros maestros acerca del desarrollo infantil) tiene la teoría de que *todo lo que hacen los niños* es su trabajo. Hasta cuando está jugando con bloques y tirándolos, ese es su trabajo, en el sentido de sustento, de la misma manera que un adulto haría un trabajo como asalariado, o trabajaría en la casa arreglando cosas. Y los niños toman su trabajo muy en serio. Tomar los zapatos del estante para zapatos y ponerlos en otro lugar, de uno en uno, es trabajo serio; para él no es un juego. Podemos decir, "Qué lindo", o podemos enfadarnos y decirles que paren, o que pongan los zapatos inmediatamente en su lugar, pero para ellos esto es su trabajo y ponen su intención en ello, y debemos reconocerlo. Debemos reconocer que están haciendo un buen trabajo, aunque nosotros tengamos que recoger todos los zapatos y volverlos a poner en orden. Por supuesto que con una cantidad mínima de retroalimentación y estímulo, ellos van a regresar los zapatos, porque a ellos les gusta también terminar algo.

Creo que las aptitudes afloran al exterior cuando los niños son pequeños. Casi desde el momento en que se empiezan a mover, van a mostrar inclinaciones particulares hacia cosas diferentes. Por ejemplo, a muchos niños les gusta cocinar, pero es una *diversión*, muy diferente a ser capaz de ayudar en la cocina a satisfacción total del adulto, o con un nivel de habilidad comparable al de su edad, no a la del adulto. Tenemos que permitir que se caigan cosas al piso cuando un pequeño está aprendiendo a cocinar. Las zanahorias no van a quedar exactamente como las queremos, está bien; ¡y vamos a tener que barrer mucha harina y azúcar del piso! No puedo esperar que el niño sea capaz de mantener su mente en picar vegetales por horas. Debe ser capaz de escuchar al adulto, servir al adulto y participar por un rato, picando, revolviendo, haciendo hamburguesas o moldeando galletas. Cualquier niño que muestre una aptitud para cocinar debe ser totalmente estimulado para estar en la cocina ayudando. Por otra parte, si el niño realmente no quiere ayudar y va a hacer travesuras o se resiste con terquedad, saboteando el esfuerzo de trabajo, entonces para mí, no vale tratar de forzarlos a ayudar. En este caso, el entorno se centra en su batalla con el adulto.

Al contrario, sugiero que los dejen jugar con lo que *ellos* quieren jugar, mientras ustedes hacen más tarde lo que tengan que hacer, o que jueguen cerca de ustedes o junto a ustedes. A menos que ustedes no puedan hacer más tarde lo que tengan que hacer, en cuyo caso los niños tienen que entender que todos tenemos responsabilidades y que la suya es jugar, pero que cuando están con ustedes y ustedes tienen algo que hacer, su responsabilidad es quedarse con ustedes hasta que terminen. Cuanto más ellos les faciliten que ustedes terminen, más pronto estarán libres para jugar con ellos. Con un poco de creatividad de parte del adulto, la mayoría de los niños pueden llegar a un acuerdo. ¡Pero, por cierto, las amenazas no son nada creativas!

Si el adulto que está cocinado es muy exigente, quiere las cosas hechas de cierta manera, y su tensión es muy alta respecto a cómo se están haciendo las cosas, no dejaría que el niño le ayude a cocinar porque, para el niño, la tensión es menos productiva que el ganar confianza ayudando a cocinar.

Existe un gran debate entre los expertos en crianza de los niños: "¿*Hacer* o no hacer que trabajen los niños?" ¿Los *hacen* limpiar la mesa, los *hacen* palear la nieve, los *hacen* cortar el pasto y compartir otras responsabilidades, o no? Algo así como: "Vives aquí, ¡tienes que compartir las responsabilidades!". Realmente no sé la respuesta, pero no voy a arrastrar a los niños a que laven la ropa o a "encadenarlos" al fregadero hasta que acaben con los platos. Tenemos que ser creativos, en efecto, pero tener una mano pesada es contraproducente.

Lo ideal es tener entornos centrados en los niños, en los que el acomodo de los niños en nuestras vidas sea realista; entornos en los que el juego esté disponible para los niños mientras que nosotros hacemos nuestro trabajo necesario. Cuando el niño pueda participar, debería hacerlo, pero cuando no pueda, el entorno centrado en el niño debe permitir relacionarse con él desde una posición saludable, de reconocimiento y amor. Estos entornos deben basarse en definiciones claras de lo que es y lo que no es juego, lo que es y lo que no es educación, y lo que es y lo que no es sensato y saludable. De esta manera es como puede y debe funcionar la crianza de los niños.

Tiendo a pensar que si los adultos trabajan duro y son responsables y tienen integridad en sus vidas, el niño *va* a trabajar duro y será íntegro en su vida, aunque no se le haga trabajar en la casa y compartir las responsabilidades. No creo que puedan tomar a un chico de doce años y *hacerlo trabajar*, y quedar satisfechos con el esfuerzo, ni ellos ni ustedes.

Hace años visité un templo Hare Krishna en Virginia del Oeste, y había un montón de chicos, incluyendo a uno de trece años, a quienes se requería que hicieran trabajo pesado. Uno de los estudiantes (Hare Krishna) mayores, estaba teniendo una dura pelea con este adolescente y dominándolo realmente (o tratando). Este chico era como cualquier chico promedio de trece años, ya tenía ciertos hábitos. Había llegado al Hare Krishna con sus padres cuando tenía diez u once años, y no le gustaba hacer este tipo de trabajo porque nunca antes lo había hecho. ¡Pero en ese sistema de Hare Krishna había que trabajar! Trabajan o cantan, y durante una hora o dos al día salen a los campos a jugar. Este jovencito no quería hacer eso. Quería hacer caminatas o lo que sea que hacen los chicos de trece años en Virginia del Oeste, entonces siempre estaba peleando con los swamis, saliendo y no haciendo su trabajo. No importa si el Hare Krishna tiene o no una cultura saludable. De lo que se trata es de permitir que el ser modelo sea la enseñanza dominante, por encima y en contra de la mano pesada de la crítica, la retórica o las exigencias del adulto.

Es lo mismo en cualquier cultura. Para criar a los niños, debemos criarlos formando parte de la cultura, para que ellos hagan lo que los adultos hacen. Y nos cuesta mucho trabajo hacer eso en nuestra sociedad en general. Hablando en general, estamos muy divorciados de un sistema adulto-niño totalmente integrado. Los adultos de la sociedad tecnológicamente avanzada están muy polarizados frente a los jóvenes. Involucrarse con los niños requiere una enorme cantidad de tiempo, energía, paciencia y participación en sus vidas y en sus intereses. Es un esfuerzo de equipo. No podemos sentar a un niño enfrente de la televisión o dejarlo con niñeras todo el tiempo, y esperar que no esté enajenado de los adultos y de la cultura adulta.

Hablando en general, la primera etapa mayor de la vida se da de uno a siete años. Hay muchas etapas menores durante este período, pero el primer período mayor involucra el desarrollo de coordinación del centro motriz, del movimiento, del cuerpo y de los sentimientos. El segundo período mayor se da de los siete a los catorce años, más o menos. De nuevo, hay muchas etapas menores dentro de este período, pero esta etapa mayor tiene que ver con el desarrollo emocional y la madurez del niño, con una relación más profunda hacia los demás, hacia el mundo externo, y sus relaciones con todos y con todo. En todas las culturas, de los doce a los catorce años es la edad de la virilidad o de la feminidad en la que los jóvenes atraviesan ritos de iniciación a la edad adulta. Ejemplos de estos ritos de tránsito son: la Confirmación en las iglesias cristianas y el Bar Mitzvah y el Bas Mitzvah en la religión judía. A continuación, sigue el tercer mayor período que abarca el desarrollo del intelecto, las ideas, la lógica, todo el pensamiento y las facultades analíticas.

Cuando nuestros hijos alcanzan los doce a catorce años, no debemos actuar como celadores, controlando, dirigiendo o estando encima de ellos. Por supuesto que nunca debemos actuar como celadores, pero algunos adultos equiparan la paternidad con el control y con la gestión de mano pesada. Los chicos deben ser suficientemente maduros para cuidarse, para trabajar de manera responsable con los adultos, comprendiendo ciertas limitaciones en el recorrido, que consisten en la limitación de no haber crecido todavía a través de la tercera etapa de la vida. Pero deben ser esencialmente maduros en las dos primeras etapas. Entonces, tenemos que educar y ayudar a los niños mientras crecen, a estar cada vez más y más integrados a la cultura social de los adultos, y a ser una parte responsable de esa cultura.

Por lo tanto, mientras más practiquemos el trabajar, jugar y convivir completamente *con* nuestros hijos, mientras más hagamos y desarrollemos cosas *con* ellos, más profundamente estarán integrados y comprometidos de manera feliz, dedicada y natural. Van a participar cuando estén listos, y van a *querer* participar, disfrutando al hacerlo. Pero si nos quejamos respecto de nuestro trabajo y de nuestra falta de tiempo y energía, nunca van a querer ayudar. ¿Por qué lo harían? Nuestros hijos captan el mensaje que les enviamos.

La crianza correcta de los niños resuena orgánicamente dentro de nosotros; tenemos un instinto de lo que funciona o de lo que no funciona, y debemos ser capaces de entretejer lo que funciona de las ideas del *concepto de continuum*, en la manera que vivimos nuestras vidas. En realidad, no hay ningún problema, a menos que lo creemos nosotros mismos.

Expectativas

Jean Liedloff describe la naturaleza de las expectativas:

La expectativa está fundamentada profundamente en el hombre como parte de su mismo diseño. Se puede decir que los pulmones no sólo tienen, sino que son una expectativa de aire, sus ojos, una expectativa de rayos de luz, sus orejas, una expectativa de las vibraciones causadas por los eventos que seguramente le conciernen, incluyendo las voces de otras personas y su propia voz.[23]

Entonces, la expectativa es el contexto bajo el que funcionan nuestros cuerpos. Quizá también podríamos llamar instinto a esto.

En la crianza de los niños, ayuda enormemente tener una idea de lo que se "espera", de manera que sepamos cuál es la meta (en lugar de tener treinta adultos en una comunidad deambulando, adivinando quiénes son los niños y qué están haciendo aquí, y cuáles son las responsabilidades de los adultos, y todo eso). Es extremadamen-

---

23. Liedloff, Jean, *The Continuum Concept* (*El concepto del continuum*). Nueva York y Londres: Penguin Books, 1975, 1987, 35.

te importante tener una definición tan clara como sea posible de lo que son la salud psicológica y espiritual y la madurez, y de las diversas etapas por las que el niño va a pasar naturalmente en el desarrollo de su crecimiento.

Nosotros, como adultos, necesitamos tratarnos uno a otro con gracia y elegancia, de manera que los niños se traten unos a otros (y a los adultos también) con gracia y elegancia. Definitivamente quiero enfatizar que a menos que apliquemos esta consideración en la relación del uno con el otro, los niños lo van a captar. Van a saber intuitiva o instintivamente lo correcto de ese comportamiento, pero se rendirán ante las exigencias de sus modelos adultos. Y la manera en que nos comportamos es una exigencia para que los otros se comporten exactamente de esa manera. No podemos forzar a otros adultos a comportarse exactamente como nosotros, pero tenemos mucho poder sobre los niños, aunque no lo sepamos y no lo ejerzamos dictatorialmente.

Los niños responden a las expectativas de los adultos a su alrededor. Jean Liedloff utilizó el ejemplo de cómo los indios yecuana dejaban a sus niños gatear libremente, y cómo no gateaban hacia el fuego ni se caían al río, porque se esperaba que se cuidaran de manera básica. Hasta se permitía a los niños que jugaran con navajas de rasurar filosas y no se cortaban, porque se esperaba que supieran manejar esos utensilios, y sí lo hacían.

A diferencia de los yecuana, la mayoría de nosotros fuimos entrenados a sentir cuántas cosas para nuestros niños son peligrosas en lugar de útiles. Para compensar esta tendencia, recomendamos como una guía al lanzarse a proteger a los niños, que si la situación no amenaza su vida o no es peligrosa, que los padres y cuidadores no se entrometan demasiado rápido. Dejen que los niños partan pepinos o plátanos para su cereal, a su manera propia, a su nivel de habilidad, desde su propia perspectiva. Déjenlos ayudar y sentir el orgullo de ayudar. ¿Qué pasa si cada rebanada de plátano es diferente? Su sabor es el mismo. Por otra parte, yo no les daría a los niños cositas para jugar que fueran filosas o peligrosas, o que se puedan tragar muy fácilmente; por lo menos hasta que puedan comer comida sólida bien y eficientemente, y que puedan mover su lengua hábilmente de manera que les impida tragarse las cosas. Tenemos que juzgar cada circunstancia desde un nivel muy práctico; si el niño se traga una cuenta redonda de vidrio, no pasa nada; atraviesa sin problemas. Un clip con puntas filosas o una tachuela son muy diferentes.

Si los niños están jugando con otros niños y empiezan a pegarse uno al otro, queremos proteger tanto a nuestros niños y proteger su inocencia, que la tendencia es a ser mucho más protectores que lo que en realidad es necesario. No queremos que ellos, o sus sentimientos, sean lastimados. Pero ese tipo de interferencia usualmente no es necesario. Es sorprendente cómo los niños arreglan sus cosas entre ellos, si se les respeta y se les reconoce su habilidad para hacerlo. No permitan que lastimen a otro niño: tirarle una camiseta a otro niño es muy diferente de tirarle un tren de juguete de metal pesado.

Si tenemos a un adulto que es responsable por el cuidado y la seguridad del niño, que es confiado y confiable en el cuidado físico del niños y confía en su sentido común pragmático, entonces, si sucede algo que es puramente accidental, como un pequeño accidente, nada serio, quizá con algunas lágrimas y un poquito de sangre, no le va a hacer ninguna diferencia al niño, porque comprenden que el adulto es responsable y ellos absorben eso. Llorarán por la sorpresa de una caída no esperada, pero todavía se sentirán seguros. De cualquier manera, ¿qué quiere decir "lastimarse"? ¿Romperse un brazo es lastimarse? Puede ser que la peor manera de estar lastimado es que se le enseñen prejuicios, discriminación, crueldad y egoísmo; no un hueso roto o unos rasguños. Esas cosas se curan rápido y no dejan cicatrices. Estar herido es caminar el resto de su vida polarizando en contra de una religión, raza o creencia política diferentes. Esas cosas no se curan fácilmente y dejan cicatrices no sólo en los que las ejercen, sino también en aquellos contra quienes se ejerció el efecto de tal estrechez de mente. Enseñar al niño el miedo, la paranoia y la violencia es la verdadera herida. En nuestra relación con los hijos de otras personas, tenemos que mantener nuestra propia integridad en lo que concierne a la seguridad, en lugar de estar preocupados de lo que sus madres dirían. No debemos ser insensibles a los deseos o a los ingredientes del estilo de vida de la familia del niño, pero es importante ser responsable por los niños bajo nuestro cuidado, aunque sus padres hagan las cosas de manera diferente. Para muchos de nosotros, uno de los más grandes problemas que tenemos como padres, es lidiar con el desagrado de otra gente hacia la manera en que hacemos las cosas. Estoy hablando aquí del desagrado de nuestros amigos cercanos, no sólo del de nuestra familia, abuelos y demás, porque puede que no veamos a estos parientes con frecuencia. Es sorprendente ver qué tan críticos se vuelven los amigos cuando algo les toca un punto vital adolorido; un punto que usualmente no se toca. Cómo cría uno a sus hijos, si es diferente de cómo creen otras personas que debe ser, es una oportunidad para ser amable y aceptar.

——— ——— ———

El tener expectativas de cosas tales como la salud, la inteligencia y el desarrollo de habilidades en los niños, es lo mismo que suponer que ellos pueden hacer todo lo que sea que estemos esperando de ellos. La mayoría de nosotros asociamos en nuestras mentes cuando dicen que no, con la idea de que no pueden hacer algo. Necesitamos mantener la expectativa de que pueden hacerlo. Claramente, necesitamos mantener la expectativa cuando son pequeños. A su tiempo y lugar, lo van a hacer, si mantenemos la expectativa de que pueden. Cuando el niño dice no, muchos de nosotros pensamos en términos de "son incapaces", o suponemos que realmente no quieren hacer algo. Por supuesto que a veces ése es el caso, pero con frecuencia es algo completamente subjetivo. Frecuentemente querrá decir que no lo van a hacer de la manera que nosotros queramos que se haga, pero que les encantaría hacerlo de una manera diferente. Sus respuestas varían dependiendo de con quién están interactuando y de cómo el adulto maneja la relación.

Entonces, por encima de todo, el contexto de nuestra expectativa es lo importante. El punto no es presentar temas específicos. Todos los puntos específicos son circunstanciales y pasan de lado del tema. Tratar con puntos específicos no se dirige al contexto, sino al contenido y entonces tendríamos que tomar cada período de veinticuatro horas y hacer un horario para eso, y es poco realista y además impráctico.

——— ——— ———

Generalmente, si se le da temprano al niño el tipo correcto de atención en su vida –amorosa, gentil, de apoyo- van a tener autoconfianza y se van a sentir bien respecto a sí mismos. Entonces, cuando tengan cuatro, cinco, seis o más años, no van a estar jaloneando a los adultos con inseguridad para llamar su atención. Estos niños van a tener su propia integridad. Mientras que si no reciben la atención tan necesaria para un crecimiento sano, si son descuidados en etapas tempranas, van a estar jaloneando sin cesar (y la madre se lleva la mayor parte, aun cuando el padre sea integral en la crianza).

Basado en la observación y en la experiencia directa, es mi opinión que mientras más se es capaz de practicar los principios que hemos discutido en este libro, el niño tendrá autoconfianza y auto-reconocimiento positivo. Entonces no tendrán que estar siempre cuidados o monitoreados por cualquiera de sus padres. Los niños que son educados en consonancia con estos principios básicos del *continuum*, son muy independientes, seguros de sí mismos y dispuestos a examinar y a explorar, por no hablar de lo muy competentes y confiables que son.

EL CONTEXTO DE LA EDUCACIÓN

Alguna vez alguien me preguntó cuántas generaciones tomaría crear una cultura consciente que durara, que pudiera mantenerse por un largo período, quizás siglos. Entramos a una discusión sobre la educación y qué tipo de educación es necesaria, esto es, ¿educamos a los niños respecto a ideas y filosofía o sólo acerca de cosas prácticas? ¿Qué tipo de sistema educacional diseñamos?

Me refiero al libro de Idries Shah, *Learning How to Learn* (Aprendiendo a aprender), porque el regalo más grande, si aprendemos a dárselo al niño, es el de enseñarle a discriminar en relación al proceso de aprendizaje mismo, por encima y en contra de volúmenes de meros hechos. Si se le puede enseñar al niño a aprender, y si los datos se proveen sobre este fundamento contextual, será muy obvio para los niños cuáles datos son útiles y cuáles no. Si tienen el sentido de discriminación, pueden seleccionar la información óptima para una situación dada.

Los niños pequeños siempre quieren hacer más de lo que pueden; sus mentes se adelantan a sus cuerpos. Algunos de nosotros probablemente hemos visto a nuestros hijos o a otros niños cuando llegan al punto en que quieren leer, desesperadamente, pero todavía no pueden. La mayor ayuda para el aprendizaje de aquello que quieren ser capaces de hacer, es el deseo intenso. Casi todos los niños que he visto quieren hacer con sus manos cosas mecánicas o prácticas que están fuera de su alcance. Pero aprenden probando o haciendo, aunque los intentos iniciales puedan ser frustrantes. Por esa razón tenemos que dar a los niños cantidad de oportunidades para experimentar y hasta para probar cosas que sentimos que están un poco fuera de su alcance. Sin embargo, podemos utilizar la discreción del sentido común en esto. El permitir a un niño de tres años rebanar los plátanos, puede producir piezas aplastadas disparejas, pero pronto aprenden a ser eficientes; el permitir a un niño de tres años que desarme un reloj y lo vuelva a armar está mucho más allá de su comprensión y su nivel de habilidad mecánica, por lo que la frustración inevitable sería contraproducente, en lugar de ser útil como motivación para aprender esa habilidad. Los resultados estimulantes los alientan, pero la total inhabilidad los desconecta de la tarea de aprender.

Los niños no tienen que estar poniendo atención para aprender en la casa o en la escuela. Aun con materias pertenecientes al hemisferio izquierdo del cerebro como las matemáticas y la gramática, el niño puede absorber mucho sólo por estar en el entorno de aprendizaje. Puede parecer que no están aprovechando el material y, sin embargo, aprenden. Encontré esto hasta con los niños pequeños, haciendo cosas de juego con ellos. Por ejemplo, cuando están trepando por las paredes, corriendo y gritando mientras estoy tratando de contarles una historia, parece que me están ignorando, que no oyeron ni una palabra y que querían hacer otra cosa. No obstante, cuando salimos a hacer otra cosa, ellos se estaban repitiendo la historia palabra por palabra entre ellos y a mí. Habían absorbido toda la historia, pieza por pieza, pero de una manera completamente no lineal.

Si les ponemos las cosas al alcance, como la música clásica por ejemplo, aunque los niños no estén poniendo atención, aunque digan, "Odio esto", están absorbiendo más de lo que imaginamos. La atención inconsciente o periférica de los niños tiene cualidades sorprendentes de percepción y de retención. Entonces no necesitamos dominar o controlar su atención en las formas directas que son importantes linealmente para los adultos. Podemos dejarlos jugar y soñar despiertos, mientras continuamos mostrando lo que quisiéramos que ellos aprendieran. Van a absorber esta información a su manera, y cuando estén listos para usarla, la usarán. Mucho del trabajo de educación es el tener disponible una gran cantidad de información para su absorción. Ellos son como esponjas secas en un plato de agua. Se empapan con el aprendizaje. Después de todo, está en su naturaleza. En esta línea, permítanme enfatizar que, para cualquiera que está enseñando a los niños aunque sea una hora a la semana, para cualquiera que tiene hijos, para cualquiera que piensa tener hijos, y para cualquiera que espera tener algo que hacer con los niños en cualquier nivel, hay que leer ciertos libros de nivel básico de John Holt como *Why Children Fail* (Por qué fracasan los niños), *Escape From Childhood* (Escape de la niñez) y *How Children Learn* (Cómo aprenden los niños)), y los de Joseph Chilton Pearce, *The Magical Child* (El niño mágico), *The Magical Child Returns* (El niño mágico regresa). Estos libros son fundamentales como un material de estudio para estar con los niños, que se puede utilizar para mantenerse actualizado en la profesión seleccionada o en su área de experiencia. Cualquiera que esté en un salón de escuela intentando educar conscientemente a los niños sin estudiar a John Holt como fundamento, sería parecido a querer volar sin alas.

Desafortunadamente, en estos días, en los sistemas generales de escuelas todo está orientado al aspecto material. Todos los procesos educativos están diseñados para establecer el éxito en términos materiales. Después de todo, ¿para qué es el éxito? Para viajar, para tener una buena casa, para pagar las cuentas de la calefacción, para tener un coche: todos, "valores" materiales. Ninguno es para la satisfacción esencial de las emociones o de la mente o para los sentimientos profundos que nos son posibles como seres humanos. Entonces, excepto en muy raras excepciones, no se nos entrena en apreciación estética, ni en el uso de nuestras capacidades para la expresión creativa refinada.

La dimensión de la sensación es la primera que se desarrolla en el niño. En la escuela, especialmente en los primeros grados, la enseñanza y el aprendizaje *deben* suceder en la dimensión de la sensación, para establecer un cimiento o una base para el exitoso aprendizaje futuro. Sin embargo, en estos días, la mayor parte de la enseñanza se hace a través de pláticas mecánicas, a través del lenguaje y del pensamiento. Aunque es verdad que el campo total del pensamiento y del lenguaje debe ser desarrollado de manera que los niños no queden aislados sólo en las sensaciones de su cuerpo, se necesita un equilibrio y una perspectiva. Cuando los niños que fueron educados intelectualmente crecen y maduran más, los juicios que hicieran en su educación temprana no tendrán poder, porque tomaron decisiones intelectuales, no decisiones sentidas. Entonces se trata de conectar sus cuerpos con su educación en los períodos tempranos de desarrollo.

Mi idea para la educación de los niños es que la principal preocupación sea por su salud emocional, física y quizás espiritual y que los asuntos académicos sean completamente secundarios. No es que lo académico sea irrelevante, tiene su tiempo y espacio necesarios; pero lo académico enseñado sobre un cimiento de neurosis o psicopatología, ni produce ni puede producir los mismos frutos que sobre la base de una relación alegre, inocente y abierta hacia la vida. Los maestros entrenados formalmente en materias puramente académicas sin educación en la vida interior, por así decirlo, con frecuencia enfatizan de más la enseñanza de los hechos y las cifras en detrimento de las necesidades de la vida real de los niños con los que están tratando de comunicarse. Una de las funciones de un buen maestro es el proveer la base contextual y las guías de los principios de la educación, de manera que lo académico tenga un terreno fértil en que crecer. Pero éste es un punto real de frustración, porque hay muy pocos maestros entrenados en ambos terrenos.

Para mí, el don de enseñar lo académico o es natural o requiere mucho entrenamiento. Aun así, no todos tienen esa habilidad particular. Muchos de nosotros podemos poner mucha intención, no obstante, no sabemos qué hacer. Pero enseñar el fundamento de la actitud, las emociones y la psique saludables se da naturalmente en cualquiera que viva sobre ese fundamento. Los padres conscientes hacen el trabajo del maestro infinitamente más fácil.

Siento una agitación tremenda cuando los adultos que no están educados en la crianza consciente de los niños, toman decisiones y hacen reglas de cómo enseñar mejor a los niños. El problema no es que se necesiten más o mejores reglas, el problema son los adultos que no saben lo que es tener nueve, trece, doce, cuatro años.

Si *sintiéramos* lo que son los niños a cualquier edad –sus valores, su visión del mundo, sus gustos y sus repulsiones- en lugar de lo que pensamos que *deberían ser* como adultos, la situación sería totalmente diferente. Sin una relación con las necesidades de los niños y con sus estados mentales, no hay manera de enseñarles efectivamente. Déjenme repetir esto: sin una relación con ellos (relación en términos de "comprender donde están"), si esperamos que sigan nuestra guía, aunque la guía sea amable y muy justa, se está pidiendo algo más allá de lo razonable. No es que ellos no lo quieran hacer, es que no pueden.

Si los niños tienen un cierto sentido de que los comprendemos, pueden argumentar o estar en desacuerdo a veces, pero van a captar nuestro punto de vista y usualmente van a respetar los límites que establezcamos, porque los límites tendrán sentido. Si no comprendemos su punto de vista, sólo estamos haciendo reglas académicas y vacías, definiendo dogmáticamente el protocolo en cada espacio y luego logrando que se cumpla haciendo uso de la fuerza. Esto no funciona más que para hacerlos obedientes pero insatisfechos, y con frecuencia resentidos y rebeldes.

Los niños, sus necesidades y su entusiasmo no son el problema. Como adultos, tenemos que ser capaces de sentir su punto de vista para comprender cómo definir mejor los límites y demás. Por ejemplo, cuando una chica de trece años rompe con su primer novio, puede no ser un problema para nosotros. Hasta podemos sentirnos aliviados. Nosotros hemos tenido romances, y decimos cosas como, "Ya se te pasará. Eres joven. Tendrás muchas más oportunidades". Nosotros tenemos perspectiva, pero ellos no. Para ellos, romper es un asunto *muy* grande. Para ellos, su entera vida social para los siguientes seis años depende de esta situación. Si no podemos ponernos en su posición, fracasaremos al simpatizar con ellos y al tratar con sus emociones de forma satisfactoria. Si el niño necesita algo, no vamos a dejar todo lo que estamos haciendo y correr hacia ellos, pero si no podemos sentir su punto de vista, no será posible manejar sus necesidades en una manera que funcione tanto para ellos como para nosotros y, muy probablemente, ellos se sentirán cada vez más frustrados.

Alguna vez han ido a una boda o a un funeral y han visto a un niño de cinco años vestido con traje y corbata y sombrerito, vestido todo como adulto, y lo peor, que se espera que *actúe* como uno convencional de cuarenta años, mientras que su mamá lo mira y dice: "¡No es lo más lindo que han visto! Es *taaaaaaaan* mono". Siempre quiero quitarle el traje y arrancarle la corbata y darle unos pants o algo así. Los padres como esos siempre dicen: "Es mi hombrecito". ¡No perciben el punto de vista del niño! Es muy injusto esperar que los niños sean adultitos, o cualquier otra cosa que no pueden ser.

Para aprender acerca del comportamiento social, un poco de entrenamiento formal puede ser valioso; acerca de la elegancia, el protocolo, toda la política social y humana. Necesitamos una definición básica, un esquema básico para construir a partir de él. Es la misma dinámica que cuando se lee una carta astrológica o el tarot: las cartas dan cierta definición básica en la que está presente la libertad de percibir información diversa, pero la imagen misma de la carta también desencadena algo. Pasa lo mismo con el entrenamiento de la formalidad. Un buen comienzo es tener entrenamiento amable y flexible, pero formal, para decir "gracias", "por favor" y "de nada", y algunas otras formalidades básicas mínimas. Un fundamento básico para los modales en la mesa sería el comer con un tenedor y no llenarnos la boca de comida, derramándola sobre nuestra ropa, no hablar y escupir al hablar.

Pienso que hay valor en cierta definición de la elegancia en relación con la formalidad y la intimidad, y una parte importante (una de las áreas de la esencia de la elegancia) tiene que ver con el respeto que nos mostramos en diversas circunstancias. De nuevo, el respeto no es algo que pueda ser enseñado por la fuerza o la imposición, aunque imagino que en todas las formas de entrenamiento personal y educación respecto a la elegancia, el respeto sería un ingrediente específico que se tiene que discutir. Estos entrenamientos tendrían que enseñar un respeto *esencial*, libre de todo tipo de subjetividad psicológica. Sin embargo, eso tiene que venir básicamente de un tipo de comunicación orgánica, una sensación del sentimiento de los demás, de los entornos y los espacios. Por ejemplo, la manera en que debemos aprender a usar las herramientas debe ser que, al trabajar con un martillo, lo coloquemos de vuelta en su lugar correcto, en la misma condición en que lo retiramos. No así, "Primero aprendemos a usar funcionalmente el martillo y luego también hay que limpiar". Sino más bien que el usar las herramientas y cuidar de ellas sea una misma cosa, no separada. Entonces se vuelve automático el recoger las herramientas. No debe haber distinción entre usar las herramientas y cuidar de ellas. Es parte de lo mismo; y eso es el contexto de las herramientas.

Bueno, cada aspecto de la vida funcional, como vestirse, lavar, cocinar, estudiar, hasta jugar, tiene un patrón o contexto esencial similar. La forma apropiada de ser es, en sí misma, parte del paquete de vivir una vida humana.

Es difícil mostrar este contexto a los niños más grandes, porque tenemos que empezar cuando ya fueron entrenados de cierta manera, y muy probablemente ya han cristalizado ese entrenamiento. Sin embargo, para los más pequeños es mucho más fácil crecer en ese ambiente de resonancia a la esencia o a la cualidad general de todo, siempre que los adultos primarios en su vida modelen tal comprensión y función.

Cocinar quiere decir cuidar de las ollas, cazuelas y estufa. Significa recordar el apagar la estufa, recordar no poner la lumbre tan alta que queme la olla; no permitir que la avena hierva y se derrame en la estufa y que alguien más tenga que limpiarla, o no permitir que un huevo que queremos preparar pasado por agua, hierva demasiado tiempo. Cocinar significa tener una cierta relación con el equipo de la cocina y con la preparación y cuidado de los alimentos. La gimnasia significa tener una cierta relación con el equipo del gimnasio y con sus propios músculos, y con la seguridad en ese campo. Y así lo demás.

Por ejemplo, cuando los niños crecen aprendiendo a trabajar en la cocina, el contexto de cocinar debe incluir el hecho de que la comida es una sustancia vital y viva, y que la manera como se prepara afecta a los alimentos cocinados tanto como el conocimiento técnico que se tenga. Toda la dinámica de la santidad de la comida, y la combinación de sustancias con las que se cocina, y el color, y cómo se ve la comida cuando se pone en el plato, literalmente, todo es parte del contexto que los adultos conscientes deben comunicar, parte de los datos colectivos que implican una relación elegante con la comida. Todo esto debe tenerse en cuenta cuando los niños trabajan ayudando a cocinar. Todas estas consideraciones deben continuar durante el tiempo que se sirve, que se come y que se limpia después de la comida. De otra manera seguramente van a aprender a engullir sin distinción todo lo que está en el plato, apenas deteniéndose para paladear algo, escupiendo sobre la mesa, saltando y corriendo en el momento en que acaban, sin darle a su cuerpo la oportunidad de empezar a digerir.

Si picamos las zanahorias al azar en tamaños diferentes, es muy diferente que si las picamos con intención y atención. Y ésa es la sensación que los niños tienen que obtener para todas las cosas, de manera que todas las cosas tengan una unidad y sean importantes para ellos.

Podemos empezar a hacer esto cuando el niño es un bebé, para que los pequeños aprendan; y con los mayores, que ya cayeron en patrones de costumbre, hacemos lo mejor que podemos. Tenemos que encontrar el justo medio, experimentar un poco y encontrar algo que funcione. Esta es la actitud que debe tener cualquier padre. Entonces podemos ser amables y tranquilos con nuestros hijos, en lugar de ser reformistas dogmáticos, enardecidos por una misión de "corregir lo que está mal", que es un enfoque de gran violencia, y generalmente lleno de hipocresía y abuso.

Si los niños aprenden a relacionarse con todo, con un enfoque completo y a fondo, van a crecer siendo diversos intelectualmente, con una base amplia, relajados acerca de la vida, elegantes y bien educados. Una razón por la que olvidamos hacer cosas, o completar cosas –por ejemplo, la razón por la que olvidamos apagar las luces cuando salimos de una habitación– es que no equiparamos "el vivir en un lugar" con la totalidad que abarca el vivir en cualquier parte. No lo equiparamos con la cuenta de luz, la cuenta del agua, la idea de que cuando el fregadero se desborda crea una filtración que trasmina al piso. No consideramos dónde vivimos y cómo vivimos como elementos de unidad de la Vida misma. Ésta es una parte crucial de la educación de los niños, para que ellos no vean las cosas en pedazos, sino que tengan un punto de vista integral. Si nosotros aprendemos a reconocer ese principio en todas las áreas, los niños lo van a captar de nosotros.

Si hubiéramos crecido de esa manera, y esa fuera la forma en que enfocamos la vida, piensen en cómo se traduciría en las relaciones, incluyendo el sexo. Abriría totalmente las relaciones; expandiría completamente nuestra experiencia de vida.

Mantener una visión de conjunto

Cuando dos niños pequeños son amigos, o se quieren, pueden tener desacuerdos furiosos, gritándose: "*Nunca* más voy a jugar contigo". No obstante, en diez minutos (o hasta menos) están de vuelta juntos jugando felizmente. En su inocencia no guardan rencores; no se han distanciado de su conocimiento instintivo o esencial, de manera que el patrón subyacente, el amor o la amistad entre ellos, siempre predomina. Por su parte, los adultos obviamente no funcionan de esta manera. Posiblemente los adultos se vean involucrados en el contenido de las cosas, más que en mantener el contexto, identificándose comúnmente con las realidades menos fundamentales de su consciencia. Por ejemplo en los matrimonios, es común que la estructura sea debilitada porque una persona insegura e indecisa respecto al amor básico, subyacente y presente de la otra persona, va a reaccionar constantemente a cada signo de desagrado, incomodidad o disgusto de su pareja, como si cada uno de esos eventos indicara una falta de amor o una perturbación en el amor de su pareja, más que ser sólo una pequeña onda inevitable de la vida, que en efecto no significa nada respecto a la realidad más profunda. Si se da lo suficiente de esta reactividad mezquina, puede llegar a mellar el amor que siente la otra persona, y puede llevar eventualmente al fin de la relación.

Siempre estamos reaccionando de manera vital a las cosas que son temporales, esto es, a las cosas superficiales, porque no estamos entrenados para ver los patrones más amplios y ver los principios profundos de la existencia. Si fuéramos entrenados para atender esas observaciones y distinciones cuando niños, no sufriríamos destinos tan tristes como adultos. La gente *tiene* ciclos subyacentes en su comportamiento, así como cambios inmediatos de humor, y tendemos a ser más reactivos al contenido, a los detalles superficiales del humor de alguien, que a la dinámica del movimiento interno. Cuando alguien está de mal humor, la realidad es que eso se va a pasar. Tenemos que estar atentos a cuál es el principio de nuestra relación con esa persona.

Al educar a los niños en todas las áreas, serviría que quienes los educan desarrollaran la habilidad de comunicarles cómo ver los patrones universales de la vida, cómo tener un panorama de las cosas, en lugar de estar enfocados en detalles específicos o burdos. La vida sería infinitamente más fácil si fuéramos entrenados para observar los patrones de movimiento de las cosas.

Apoyar las pasiones de los niños

¿Cómo nos apoyaron cuando éramos niños? En otras palabras, cuando tuvimos una pasión por el piano o los tambores o las trompetas, ¿nuestros padres nos ridiculizaron o nos dijeron, "No quiero ese ruido aquí. No me molestes, vete a otra parte"? O nos dijeron, "Estás haciendo algo estúpido, ¡nunca podrás vivir de eso!". ¿O nos animaron y nos apoyaron en lo que hayan sido nuestras pasiones? A lo mejor no, especialmente si nuestra pasión era sucia o ruidosa. Pero una cosa que tenemos que comprender al criar a nuestros hijos es que no somos nuestros padres, aunque actuemos como ellos, hablemos como ellos o hasta pensemos como ellos. ¡No somos nuestros padres! Cuando apliquemos los principios de la crianza consciente, diligente y amorosamente, nuestros hijos se sentirán amados a pesar de nuestras fallas. Ninguno de nosotros seremos padres perfectos, pero nuestros hijos se sentirán amados de una manera que nosotros no lo fuimos cuando éramos jóvenes.

Nuestra voluntad de apoyar las pasiones de nuestros hijos debe ser obvia para ellos, aunque establezcamos los límites necesarios basados en sus edades, su nivel de aptitud y otros factores. Aquí hay un par de ejemplos:

A una niña le encanta montar a caballo. Es una persona muy natural con los caballos, se siente a gusto con ellos, y ama verdaderamente a estos animales. Para mí, los animales son unos animales grandes, tontos y estúpidos que básicamente deberían de servir como alimento para perros. (*No* soy, definitivamente, una persona afecta a los caballos.) Pero no impongo mi obvio sesgo en los demás. Entonces, cuando ella empezó a montar, a los tres o cuatro años, la animamos totalmente. Conseguimos maestros que la enseñaran a montar, y cada vez que ella lo quería, nos volcábamos para apoyarla. Hasta conseguimos un par de caballos. Muchos adultos que tuvieran mi neurosis hacia los caballos, hubieran dicho: "¿Caballos? ¿Quieres montar esas cosas grandes, tontas y estúpidas? Deberían servir como alimento para perros. ¿No quieres hacer algo delicado? ¿No quieres pintar, escribir, meditar?". Pero la dejamos hacer lo que quería y dimos gracias a Dios que no quería tocar gaitas o tambores; pero si eso le hubiera gustado, se lo hubiéramos hecho accesible también.

Un adolescente quería aprender a tocar guitarra, y practicaba cuatro o cinco horas al día. Cuando empezó apenas podía tocar tres notas juntas entonadas. Sólo golpeaba la cosa... por horas, todos los días. Entonces se cansó de practicar en una acústica y consiguió un pequeño amplificador; pequeño de tamaño, pero fuerte de sonido. Y lo ponía tan fuerte como podía. Consiguió este pedal de pelusa, y sonaba como un huracán en la casa. Mientras más ruido hiciera, más le gustaba, ¡y era tan saludable para él! Practicando todas esas horas al día aprendió por sí mismo. Después llegó a ser, y sigue siéndolo, un guitarrista excelente y un músico completo, que se alimenta de su música. Esto es mucho más valioso que todo el "ruido" inicial.

Vale la pena aguantar mucho ruido de manera que se permita que ese talento natural no sea aplastado, sino que florezca y floree. Estamos hablando de la *vida* de un joven. Estoy dispuesto a aguantar el ruido que haga falta, mientras se trate de la vida de un joven. Eso es lo que hacemos cuando queremos apoyar la libertad y la expansión de alguien. Por supuesto que puede haber límites razonables, como que practique de día mejor que de noche cuando todos necesitan dormir. Pero podemos mantener los límites realistas con respecto a la pasión, no límites represivos y arbitrarios que faciliten que nosotros, los adultos, podamos mantener el dominio y el control. No necesitamos enseñar a nuestros hijos "quién manda aquí" con autoritarismo de mano pesada, sino ayudarlos a participar en la familia de una manera que funcione para todos, con una guía amable, amor y sentido común.

Los niños tienen que ser educados, tan pronto como puedan entender, con la idea de buscar guías expertos. De alguna manera, deben aprender la necesidad de contar con guías expertos o maduros en sus vidas, en relación con cualquier cosa. Por ejemplo, si el niño tiene habilidades innatas en alguna forma de arte, es muy difícil para ellos dominarlo sin algún tipo de aportación consistente de alguien que ya haya dominado ese tipo de arte (aunque haya quienes lo han hecho). Aunque hay muy buenos músicos que no saben leer música y que han sido autodidactas, la mayoría también ha aprendido de otros (y ha estado dispuesta a aprender de otros), especialmente en términos de mayor refinamiento, como son las tecnologías de la especialidad. Queremos que nuestros hijos aprendan a manejar sus habilidades de manera productiva, sabia y eficiente, no teniendo que aprender a fuerzas de memoria, como muchos de nosotros que tuvimos que memorizar los soliloquios de Shakespeare o algo de poesía cuando estábamos en la escuela; sino aprender lo que vayan a aprender de una forma sensible y profunda.

ESCUELA EN LA CASA – RETOS Y ALEGRÍAS

Es un arte para la madre o el padre dar las clases a sus propios hijos. Es difícil porque si una figura de autoridad no emparentada dice "Esta tarea de matemáticas se tiene que hacer para mañana", el niño la hace, pero si la madre dice "Esta tarea de matemáticas se tiene que hacer para mañana", el niño cuenta con un arsenal de formas habituales para no hacer lo que mamá dice. Si no somos absolutamente claros, la escuela en la casa es una pelea y una lucha.

Por supuesto que la escuela en la casa puede dar gran alegría, si los padres están dispuestos a abarcar todos sus elementos. Tenemos que ser capaces de establecer límites firmes y de mantenerlos con amor y humor, y no perder la perspectiva.

La escuela en la casa quiere decir que los niños están totalmente integrados a lo que sucede en la casa, con la gente que está en la casa, con lo que sucede en la cocina, con los proyectos que se llevan a cabo, con el trabajo como lavar o arreglar la casa; todo esto en adición a los proyectos creativos alrededor del arte, la música y lo académico. El aprendizaje se lleva a cabo en el horario del niño, no en el horario del padre. Por ejemplo, algunos niños no quieren empezar a hacer matemáticas hasta las ocho o nueve de la noche, o hasta que tienen nueve o diez años. En las mañanas, quizá quieran hacer arte, o al contrario, a los cinco años pueden tener un antojo por las matemáticas. La disposición de atender cada una de estas necesidades es una de las mayores diferencias entre la educación privada y la verdadera escuela en la casa. Entonces, el padre debe ser bastante fluido, flexible en su voluntad para programar varios proyectos… materias… y demás. El padre debe responder a los patrones y a los intereses naturales del niño. Con hermanos y hermanas en la escuela en la casa, todos de diferentes edades, grados, y niveles de desarrollo emocional e intelectual, a veces sentimos que no somos capaces de dar a todos los niños lo que necesitan y desean. Esto puede ser una carga pesada y, obviamente, muy diferente de mandar a los niños fuera cada mañana y recibirlos en la casa después de un día en la escuela, sin más involucramiento que preguntar, "¿Qué aprendiste hoy en la escuela?" y escuchar, "Nada". La escuela en la casa puede ser difícil pero también tiene sus recompensas inmensas, tanto para los padres como para los hijos.

Cuando estaba trabajando en la escuela en la casa, una de las niñas se rehusó a hacer cualquier cosa académica en los centros de aprendizaje, fuera de cosas artísticas, durante dos años. Luché amargamente con la situación, porque estaba preocupado por el futuro de esta niña. Ahora está en secundaria y es una estudiante distinguida. Nunca hubo un problema, y su padre me decía todo el tiempo: "Todo lo que quiero es que ella vaya feliz a la escuela, y que regrese feliz de la escuela a la casa. Es todo lo que quiero". Y así fue el caso.

Realmente ésa fue una de las grandes lecciones en mi enseñanza a los niños, porque yo era una fanática, y estaba segura de que estaba defendiendo la integridad de esta niña. Y lo estaba haciendo, de alguna manera. Pude ver que todo lo que sucedía en el entorno del aprendizaje le había penetrado, aunque hubiera o no una apariencia activa de compromiso. Todas las piezas que los otros niños habían aprendido, le habían entrado. Alguien que parecía que estaba funcionando a nivel de segundo grado, entró a séptimo grado en la escuela pública y tenía todas las habilidades requeridas, sacándose diez en todo desde el principio. Para mí ver esto fue una gran cosa. Me cambió bastante.

-Maestra de escuela en la casa

Si se practica la escuela en la casa, no intentaría simplemente tomar el programa o el formato de una escuela pública y encimarlo en su propio horario, aunque para todo propósito parezca lo más fácil de hacer. La escuela en la casa va a lucir muy diferente debido al medio ambiente único. Hay muchos padres para quienes el sistema de escuela pública sólo es una situación de guardería. Son felices de no tener que tratar con los chicos todo el día. Para ellos, la escuela es como una vacacioncita diaria. Esto es muy común, y este tipo de padre se frustra totalmente con cualquier intento de enseñarles algo a sus hijos en la casa. Entonces, la escuela en la casa es un trabajo muy grande, que no debe ser considerado a la ligera.

Por otra parte, cuando veo la forma de paternidad que típicamente se da en la familia inconsciente usual, no puedo imaginar que los niños tengan mayores problemas en la escuela pública, diferentes de los problemas que tienen en la casa. Pero para los padres conscientes, la escuela pública inconsciente puede no ser deseable para sus hijos. Por supuesto que sería maravilloso ver la edificación de escuelas más fuertes en el dominio público, tanto académica como prácticamente. Me encantaría ver programas en los que se meten las manos, se cocina, se enseñan artes, construcción, muchas cosas que ahora apenas se prueban. Al mismo tiempo, cuando el programa de la escuela pública no es sólido creo que, en la medida que los niños se sientan alentados, respetados y reconocidos tanto por los maestros en la escuela como en la casa, será la medida en la que estarán dispuestos a salir y conseguir por ellos mismos lo que quieren. Si la escuela no está proveyendo algo, creo que si los niños se sienten aceptados, van a estar dispuestos a exigir, "¡Quiero esto! ¡Quiero libros!", y a hacer por sí mismos mucha investigación extracurricular. Por supuesto que ésta sería una actitud muy saludable.

CONCLUSIÓN:
UNA EDUCACIÓN PARA LA VIDA

La mayoría de los padres educan a sus hijos pasándoles los principios con los que ellos crecieron, en nombre de que "lo que fue bueno para mí, es bueno para mis hijos". Sin embargo, estos principios transmiten a los niños tales limitaciones, forzándolos a sentir y a percibir en un canal tan estrecho, que como adultos quedan completamente torcidos, que es hoy el estado común de las cosas.

Mientras eduquemos a nuestros hijos de la misma manera en que nosotros fuimos educados, ellos van a hacer los mismos errores que nosotros hicimos, aunque tratemos de protegerlos de que cometan esos errores. La forma de sacarlos de este circuito es educándolos para evitar que cometan errores similares, más que tratando de protegerlos. Edúquenlos de una manera que les permita manejar los problemas y errores que nosotros no manejamos, errores que quizá todavía no manejemos. Esto es suponiendo que nuestro entorno infantil y de educación no ha sido consciente, no ha sido ideal, sino que ha sido de algunas maneras (o de muchas) abusivo, menospreciante, manipulador. Podemos preguntar: "¿Cómo puedo educar a mis hijos de manera diferente si todavía soy un producto de mi educación abusiva y todavía estoy encadenado a ella?".

Si somos totalmente honestos con nosotros mismos respecto a los abusos que sufrimos, sean físicos, sexuales, psíquicos, emocionales o psicológicos, entonces tenemos la oportunidad de mostrar clara y conscientemente un comportamiento que no duplique este entrenamiento en nuestros hijos. Si nos mentimos a nosotros mismos, la probabilidad de tratar a nuestros hijos de una manera diferente será mínima en el mejor de los casos. Tenemos que hacer un esfuerzo concertado para ser conscientes, en nuestro caso, de las fallas de nuestros padres, y hacer un intento deliberado de ser diferentes con nuestros hijos y con otros niños con quienes tengamos relación. Es la única forma de romper el ciclo.

Nuestros hijos tendrán crisis de vez en cuando. Es parte de la vida. Los podemos preparar, enseñarles y *mostrarles* cómo manejarse cuando se encuentren con dificultades inesperadas y con el estrés de crecer, encontrando su camino en el terreno minado de la pubertad, en las relaciones íntimas, de negocios o de trabajo y en el descubrimiento de sí mismos.

Creo que una de las cosas más valiosas que podemos dar a nuestros hijos es la voluntad y la calma para poner atención cuando sea necesario, de ser capaces de aprender cómo aprender, y de ser elegantes y sensibles a las situaciones, a la demás gente y a los entornos. Si captan eso, pueden tener éxito en cualquier lugar, con cualquier cosa y cosechar rápidamente cualquier cosa que necesiten aprender.

Capítulo 10

Juegos infantiles
Emociones, manejo de la energía y peleas

robablemente sea obvio, pero debemos tratar de no hacer sentir que las emociones del niño sean malas, sino que debemos ser muy generosos en permitir que nuestros hijos expresen miedo, pesar, enojo, frustración, orgullo, codicia, lo que sea. Estas emociones no son incorrectas. Pueden ser exageradas, demasiado complacientes y dramatizadas, pero también pueden ser manifestaciones naturales de la relación del niño con su ambiente. Si el niño necesita llorar, va a llorar, y es muy saludable. ¿Por qué les decimos, "No tienes que llorar"? Quizás sí *tienen* que llorar; ¿cómo sabemos?

Los niños van a exhibir una amplia variedad de humores, algunos de ellos desdichados, y es importante tener presente que podemos darle *todo* al niño, pero a menos que él llegue al punto de decidir cambiar de humor, no podemos hacer suficiente. Nosotros podemos estar felices, y ellos hasta pueden saber que pueden estar felices, pero a menos que *decidan* estar felices, no va a suceder. Si les sugerimos "Puedes estar feliz", nos pueden voltear a ver y decirnos, "No quiero estarlo". Pero *cuando* quieren ser felices, lo son. Si los niños no saben que pueden estar felices, quizá podemos ayudarles haciéndoles saber, a través de educación y una inferencia amables, que tienen varios grados de control sobre sus humores y sus estados mentales.

El niño puede no saber lo que está sintiendo. En ese caso, a veces el adulto puede sentir objetivamente la emoción que el niño está experimentando, pero que tiene problemas para definirla o para manejarla. Si es necesario, puede servirle que se le diga, "Parece que te estás sintiendo triste, ¿cierto?" en lugar de decirle, "*¿Estás* triste o enojado?" o cualquier emoción que el adulto está observando. Es mejor no decirle cuál emoción nos imaginamos que tiene, sino tener un diálogo con el niño, si acaso fuera necesario o útil hablar de ello.

De hecho, hay dos diferentes maneras de enfocar este asunto. Si el niño adquirió el hábito en el que rápidamente se dispara una respuesta emocional y se consume en ella y no puede tener un momento de claridad, puede ser útil algo de retroalimentación. A veces, si el niño simplemente sale de la habitación o cambia su atención, inmediatamente se vuelve más calmado. Entonces puede ser útil preguntarle, "¿Estás asustado por esto?" o "¿Te sientes enojado por esto?" o "Parece que te sientes triste por esto, ¿puedo hacer algo por ti?". Usualmente van a decir que no, pero también se sentirán seguros y satisfechos al saber que estamos sintonizados con ellos, y que estamos ahí a su alcance. Sin embargo, no debemos forzarlos a que se abran, acosándolos de manera intrusa, o agarrándolos físicamente de una manera violenta o dominante.

Este enfoque de cuestionamiento es muy diferente de decirle al niño, en un tono de voz exigente, "Estás enojado porque Katie tomó el juguete, ¿verdad? ¡Sé que lo estás!". Aterrorizar a un niño o extorsionarlo para que confiese, difícilmente es una forma amorosa de comportamiento. Básicamente debemos evitar decirle al niño quién es. Si decimos algo como, "Parece que te sientes enojado. ¿Puedo hacer algo por ti?". Bueno, esto da la opción de contestar sí o no. Y a veces cuando dicen no, podemos replicar, "Bueno, correcto". Y a veces ellos contestan, "Sí, estoy enojado. ¿Por cuál otra razón rompería yo tres juguetes? Estoy enojado". Y la respuesta también es "Bueno, correcto".

Es saludable alentar a los niños a ser honestos consigo mismos. Todos conocemos las dimensiones de la "negación", término que se ha popularizado en la comunidad terapéutica en estos días. Mientras más sanos sean nuestros hijos en relación a ser capaces de adueñarse y expresar sus sentimientos, no de dramatizarlos o de complacerse en ellos de forma manipuladora, serán adultos más sanos.

Servir de modelo a la ecuanimidad

Si un niño se cae inesperadamente, sorprendiéndose a sí mismo, hay dos enfoques para manejar esto. Existe el "enfoque de saltar y detenerlos" moviéndonos tan rápido que nuestra intensidad añade otra sorpresa inesperada y provoca una reacción doblemente fuerte, especialmente si nuestro arranque de energía coincide con un tono de voz estridente y aterrador. (Dar de alaridos al niño es una forma segura de asustarlos hasta las lágrimas y hacia una reacción exagerada, aunque las palabras que estemos diciendo sean tan simples como, "¿Estás lastimado?" o "¿Estás bien?") O podemos levantarlos calmadamente y quizá decirles, "¿Estás lastimado? Me parece que estás bien", o "¿Te llevaste una sorpresa?". Por supuesto que, si están lastimados realmente, con una rodilla sangrienta o raspada o un codo o lo que sea, ciertamente tenemos que ocuparnos de eso, pero si sólo fue un resbalón o un rasguño menor, nuestra respuesta va a determinar si el niño continúa a gusto con su juego después de un momento de reconocimiento reconfortante, o si toda la escena se interrumpe con un trastorno mayor.

Cuando veo a un niño caer, confío en mi sensibilidad y experiencia para saber si está o no lastimado. Una vez, de niños, un amigo y yo estábamos jugando, empujando en sentido contrario uno contra otro los lados de una puerta, riendo y divirtiéndonos. Su mano se resbaló de la parte de madera y atravesó el vidrio: la cortada en su brazo era de más de medio centímetro de profundidad. Una visión brutal. Cuando niños, rompimos vidrios muchas veces, pero no nos habíamos lastimado seriamente, pero en el minuto en que su mano atravesó el vidrio, ambos supimos instintivamente que era serio. La herida no empezó a sangrar inmediatamente, la vimos y le dije, "Vete a casa, apúrate", en lugar de lo que usualmente haría, que sería decir, "Está bien", y seguir jugando. Corrió a casa y su madre lo atendió de inmediato y todo estuvo bien; sanó rápidamente y no hubo daño mayor.

Mi opinión es que un enfoque que muestre nuestra ecuanimidad en diversas situaciones, entrena a los niños a ser ecuánimes. Un enfoque que muestre cambios salvajes del pánico a la histeria entrenará a los niños a ser inseguros e incapaces de tomar una acción rápida de manera calmada y competente. Idealmente debemos ser ejemplos de ecuanimidad para nuestros hijos. Como un ejemplo práctico: No se alarmen ni pierdan el control en cosas como ensuciarse; ya saben, cuando los niños están comiendo y sus manos están pegajosas y tienen comida por todos lados, incluyendo su ropa. No tenemos que alarmarnos cuando su jugo de fresa acaba en nuestra camisa o blusa. Planeo de antemano si voy a llevar a niños pequeños a tomar helado y uso ropa que pueda mancharse. No uso mis mejores pantalones para que no tenga que estar bailando moviéndome lejos de su mano para que no escurra sobre mí su cono de helado de chocolate. Es muy valioso planear de antemano para cosas ordinarias como ésta.

Hay formas de comunicar el gozo, por ejemplo, cuando nuestro hijo nos muestra un juguete valioso o un tesoro que encontró, sin necesidad de mostrar emociones salvajemente exageradas. ¿No estamos a veces gozosos sin necesidad de expresarlo con gestos ni manifestaciones salvajes y exageradas? Supongo que lo hacemos. A veces, alguien más está experimentando una gran felicidad y estamos dichosos por ellos, en sincronía con ellos, y no brincamos ni los abrazamos ni los besamos ni les damos palmaditas en la espalda. Nos sentamos en silencio, sintiendo el gozo, irradiando gozo. Generalmente un gesto de asentimiento o un sonido de reconocimiento son perfectamente adecuados.

Una manera en que podemos mostrar ecuanimidad es cuando el niño dice, "No se te olvide…" lo que sea, es decirles, "Está bien", en lugar de, "Bueno, no se me va a olvidar, no te preocupes, ¡me voy a acordar! ¿Cuándo se me ha olvidado? ¡No tienes que estar recordándome!". Y no debemos gritarles en un tono de voz demasiado fuerte. Si nos acostumbramos a comunicarnos con una mínima cantidad de reconocimiento, pero clara y firmemente, con confianza, ellos van a confiar en nuestra comunicación. Por supuesto que debemos continuar de manera fiable si queremos que se mantenga su confianza.

Acerca de los berrinches

"Agresión infantil" es un término que se usa con frecuencia en el campo de comportamiento del niño para describir un comportamiento que se ve como un problema. Tener a un bebé o a un niño pequeño que grita y que pierde mucho el control, es una situación perfectamente normal cuando los padres no responden a las necesidades de los niños. Quizá deberíamos atribuir este comportamiento a quien pertenece y llamar al comportamiento del niño "agresión del adulto". No significa que no deberíamos tener una respuesta madura a este comportamiento o que no deberíamos hacer algo al respecto, sino que significa que no debemos condenar al niño física, emocional o verbalmente como que es malo, o que hay algo malo en él porque está haciendo estas manifestaciones. Pueden estar gritando, sacudiéndose, mordiendo, pellizcando, pateando, escupiendo. (Aunque, usualmente a la edad en que los niños muerden, pellizcan y escupen, ya están más allá de la edad que la gente puede llamar infantil.)

Mi recomendación con los niños que hacen berrinches es contenerlos cerca de nuestro cuerpo con tanto contacto físico como sea posible. Mientras los contenemos, continuamos hablándoles suave y amorosamente. Conténganlos con una restricción tierna pero firme. Díganles cosas como: "Te quiero mucho. Respira profundamente. Puedes trabajar esto de manera diferente". Esto es particularmente importante si su berrinche es peligroso para ellos o para el entorno. Si no lo es, déjenlos que sigan con el berrinche, mientras les dicen que ahí están para ellos y que pueden contar con su ayuda, con su afecto, con abrazos... con lo que sea, cuando sea. Lo más importante es no enojarse con ellos y rechazarlos o aislarlos por algo que cayó fuera de su habilidad de manejo.

Si estamos conteniendo al niño y hablándole, en cierto punto, eso va a generar una ruptura en el berrinche, suficiente para que ellos puedan comprender todo el proceso, puedan respirar profundamente y puedan empezar a relacionarse de manera diferente a lo que haya sido que disparó el berrinche. (Por supuesto que cuando digo "berrinche", no me refiero simplemente a un arranque de enojo. Me refiero a un estado de inmersión abrumadora en la que el niño no puede detener la marea de lo que está surgiendo en el momento.)

Si tenemos el sentido de que un berrinche es lo que hace el niño para conseguir nuestra atención, que de alguna manera ellos desarrollaron el hábito de hacer berrinches y que no están conscientes de usar esos estados de alta energía de esa manera, podemos decir algo como: "Te quiero, y en cualquier momento que necesites algo de mí, sólo pídelo". Muchos niños no piden lo que quieren, ya sea porque no han aprendido a hacerlo, o porque no saben que pueden, o porque han sido enseñados por el comportamiento de un padre inconsciente que no les sirve de nada pedir algo porque el adulto no responde. Si les explicamos y les demostramos que *pueden* conseguir lo que quieren, van a comprenderlo. (Obviamente estoy hablando de un padre que realmente quiere lo óptimo para el desarrollo del niño. Si se es un padre enojón, dogmático y abusivo, supongo que, para empezar, no estaría leyendo este libro.)

A veces el niño hace un berrinche porque está frustrado. A veces los niños quieren hacer algo para lo que sus habilidades motoras todavía no se han desarrollado. Tratan y tratan, pero funcionalmente no pueden alcanzar su imagen conceptual. Es comprensible que se frustren. Si pensamos que la frustración es la causa del berrinche, podemos decir: "Me parece que quieres hacer algo que tus habilidades motoras todavía no pueden hacer. Estás creciendo y antes de lo que parece lo vas a poder hacer". Tranquilícenlos y ayúdenlos a encontrar una manera creativa para alcanzar lo que quieren hacer. Pero traten de no caer en la costumbre de hacerles todo. Aunque podemos hacer el trabajo con nuestras habilidades motoras, no es eso lo que realmente quieren. Ellos quieren saber cómo hacerlo ellos mismos.

Hay otras maneras de tratar con un berrinche, mejores que decir desde nuestra propia frustración, "No hagas un berrinche", y esperar que ellos se detengan. Como ya lo mencioné, lo principal es el aspecto físico: los contienen en su cuerpo y les hablan amorosa y tiernamente. Mantengan el contacto físico con tanta constancia como puedan. Por supuesto que tienen que restringir sus brazos y sus piernas o los podrán lastimar en su furia ciega, pateando, clavando las uñas y demás. Aunque estén empujando para separarse y gritando, conténganlos de una manera que, desde su punto de vista, sea reconfortante para ellos. Pero si alcanzan a pegar un buen golpe, no tomen represalias o los dejen de abrazar, ya que al encontrarse su enojo inconsciente con el enojo de ustedes, sólo duplica sus sentimientos de indefensión y frustración. Después de todo, su berrinche no es un acto agresivo contra ustedes. Simplemente resulta que ustedes están ahí en medio. Entonces no los culpen por algo que se salió de control. Y no los contengan con una mirada en su cara que les diga que son sus celadores o sus torturadores, sino con una actitud de cariño y cuidado hacia ellos.

Normalmente el niño no va a hacer berrinches si no hay algo en su educación que le haya hecho falta para empezar, aunque, hablando en general, el enojo o las reacciones agudas o intensas son saludables bajo condiciones ordinarias, sólo son otro ejemplo del amplio espectro de sentimientos y sensaciones. Una niña pequeña llegó a nuestra comunidad cuando tenía dos años, y hacía berrinches increíbles con mucha regularidad. La forma en que los hombres y las mujeres lo manejaron era levantarla, contenerla y hablarle, y eso hizo una diferencia sustancial. Ahora ya creció y es una jovencita excepcional con mucho autocontrol, fuerte, con mucha confianza en sí misma, y sumamente inteligente. Aun a los dos años, era muy sabia (muy brillante e intuitiva), y creo que mucho de lo que le pasaba es que estaba consciente del abuso sutil y no tan sutil, y de la inconsciencia de muchos de los adultos de su entorno familiar, esto, asociado al hecho de que los adultos no la comprendían, la volvía loca.

MANEJO DE LA ENERGÍA

Todas las cosas tienen sus polos opuestos, y los niños pueden exhibir gráficamente comportamientos casi contradictorios en diversos momentos, ¡a veces tienen mucho *yin* y a veces mucho *yang*![24]

Una vez, cuando visitamos un templo hindú, manejamos casi quinientos kilómetros para llegar ahí. Una distancia bastante larga. La niña más pequeña no durmió siesta en el camino, estuvo despierta en el coche todo el tiempo. Cuando llegamos al templo, empezó a dar vueltas en círculos tan rápido como podía correr, círculos cada vez más grandes; realmente desgarrando todo a su alrededor. El hombre que nos estaba mostrando el lugar era muy sensible, y dijo: "Probable-

24. En el sistema taoísta, existen en el universo dos fuerzas de energía dinámica en juego y se denominan "yin" y "yang". La fuerza yin se describe a veces como lo femenino, lo oscuro, lo húmedo, lo lunar, la fuerza centrípeta o hacia adentro, mientras que la fuerza yang se describe como lo masculino, la luz, lo seco, la tierra, la fuerza centrífuga o hacia fuera, etc. En el ejemplo citado aquí, si el niño experimentaba energía yin por un período, estaría restringido, introvertido, enfocado, mientras que la energía yang sería extrovertida, en movimiento, expansiva.

mente fue un paseo muy largo para ella, dejen que suelte vapor".

Eso fue exactamente. Había sido *yin* durante seis horas y tenía que equilibrarse, entonces estaba siendo *yang* por un rato. Hizo eso durante diez minutos, se le acabó el aire y estaba lista para ir a comer algo y para tranquilizarse. A veces esta dinámica está presente y es perfectamente correcta, natural. Es mejor reconocer las polaridades y permitir, o incluso ayudar a que se equilibren.

Cuando nos movemos a través de diferentes situaciones, especialmente con los niños, tenemos que reconocer la naturaleza de la polaridad, de manera que nos ayude a comprender muchas dinámicas que, a veces, nos parecen confusas o contradictorias si no somos conocedores de los principios de la polaridad.

Cuando se permite a la energía que "fluya de manera salvaje" o sin canalización, eso es lo que hace. Los niños tienen tanta energía, tienen un canal directo al generador universal, por así decirlo. Si se aceleran mucho y la energía sale de control, a veces no pueden desacelerarse por sí mismos. La forma de relajarse es llorando, peleando o refunfuñando, quedando exhaustos y luego, quedándose dormidos. Esto puede ser porque están muy excitados respecto a algo en lo que están inmersos, como en una fiesta o en una visita a Disneylandia o a cualquier parque de diversiones, o por otras razones.

Cuando la energía no manejada conduce a la frustración, a las lágrimas, a una pelea con otro de los niños, o lo que sea, nuestra expectativa es que los niños aprendan por experiencia y por instrucción no amenazadoras. Esperamos que puedan llegar a reconocer un manejo correcto y óptimo de la energía, como un principio en sus vidas, basados en el hecho de que les permitimos aprender estas lecciones por sí mismos, con ayuda y guía amables, y de manera muy importante, por su observación de cómo manejamos nosotros nuestra energía. Esto no es algo que pueda ser enseñado retóricamente, es un proceso de experiencia, de meter las manos, y también es un asunto de difícil complejidad como para desarrollar un programa efectivo. Tenemos que mantener un balance delicado entre demasiado control y demasiado poca aportación. Y aunque es relativamente fácil para uno o dos padres hacer esto con uno o dos niños, es muy difícil en una situación educativa de gran escala como un maestro o niñera en un salón lleno de niños.

Ciertamente los niños siempre responden a una figura de autoridad que sea suficientemente aterradora o amenazante (¡aunque no siempre de manera positiva!), pero *no* es la manera de hacerlo.

La educación para el uso de la energía puede empezar a nivel verbal con los niños más pequeños, explicándoles la dinámica del manejo de la energía de una forma simple y directa. Podemos discutir el respirar profundamente, haciendo una pausa de vez en cuando, relaciones realmente básicas con tener cuerda y estar acelerado. Entonces podemos explicarles más acerca del principio conforme vayan creciendo; explicar y explicar, y poner en práctica el manejo de la energía en nuestras vidas. El servir de modelo es siempre el fundamento de una educación o una enseñanza en verdad efectiva. No quiere decir que ellos siempre aprenderán en silencio ni que siempre podemos ver en otra dirección. Nuestra aportación es necesaria, pero aportación como retroalimentación, no predicando o reprimiendo la actividad o el comportamiento inocentes.

Por ejemplo, la manera como yo manejaría el correr y gritar en la casa, es explicándoles el principio del protocolo en los espacios, que ya se discutió extensivamente en una sección anterior. Algo así como: "Este nivel de ruido no es apropiado en este espacio, pero puedes ir afuera y hacer aún más ruido". Si el niño está sintiendo mucha energía agresiva, no necesariamente en contra de alguien, sino en general, es útil sugerirles que hagan otra cosa (diferente de golpear a otro chico), como salir afuera y aventar piedritas contra piedras más grandes, o construir un fuerte.

A veces los adultos incitan a un tipo de juego vigoroso, y algunos pueden mantener eso sin que el nivel de ruido llegue a una estridencia fuerte. Tenemos que ser capaces de escuchar cuando algo se está saliendo de control y entonces decir simplemente: "Respira profundo. Estamos subiendo de nivel. ¿Quieres salir a jugar afuera? ¿Jugar roña o correr?" o "Vamos a jugar un juego más suave por un rato". Necesitamos tener conocimiento del espacio nosotros mismos, y no perdernos en la intensidad creciente del juego de los niños, de manera que nos volvamos ajenos a la demás gente y al espacio.

PELEAS Y OTRAS FORMAS DE
"JUEGOS INFANTILES"

Idealmente, en los entornos de los niños, se enseñará la amabilidad, la generosidad y la compasión a través del ejemplo de los adultos. Sin embargo, cuánto puede *esperarse* de niños en edad escolar y cuánto van a *aprender* realmente, es otra cuestión. En general, esa amabilidad, generosidad y compasión se pueden esperar de ellos, pero no necesariamente en todas las relaciones interpersonales. Es mucho más probable que los niños sean amables, generosos y compasivos en relación con desconocidos o con niños que no conocen, que con sus relaciones más cercanas como amigos y familia, especialmente los hermanos, con quienes se "dejan relajar". Pelear entre sí o molestar a los niños pequeños parece ser un asunto universal. Imponerse sobre los demás a base de picotazos no es sólo un fenómeno de los pollos, aunque pueda no gustarnos.

En mi ingenuidad, pienso que debe existir en realidad una cultura en que los niños mayores no tienen que estar "encima" de los niños pequeños. Bajo circunstancias ordinarias, es una cuestión de si los niños son amigos cercanos y si juegan bien juntos. Y si es así, van a tener unas peleas duras de vez en cuando y van a ser crueles uno con otro, especialmente si quieren impresionar a un chico nuevo o si están en competencia..., lo que sea. Sin embargo, en general, si los niños tienen una amistad cercana pueden pasar por alto algunas cosas, porque el amor y el afecto son el contexto de las relaciones entre los niños.

Como adultos responsables en la situación, podemos presentar la "moral" amablemente, sin forzarlos en ese molde; y ellos nos van a escuchar. Incluso aunque lo que vaya a suceder es que se muden y se vayan a vivir solos (a la universidad o porque tengan un trabajo en otra ciudad diferente), para ellos el ser amables y generosos y compasivos, siempre que nosotros hagamos nuestro trabajo, es lo que cuenta para ellos. Puede ser que el distanciarse de la familia sea lo que haga que surja en ellos ese comportamiento, pero será una lección bien aprendida. Es mas "natural" que el niño sea esencialmente cariñoso hacia los demás, que aislado, cerrado y cruel.

Cuando los niños están jugando entre ellos, no tenemos que estar encima de ellos para ver que están siendo y que no se están maltratando. De vez en cuando comienza una batalla seria, pero básicamente los niños se encargan de ella si cuentan con el apoyo de los adultos para hacerlo, y si tienen algo de confianza e integridad personal. Un niño puede tomar la delantera y "alardear de jefe" con todo mundo, y siempre salirse con la suya, pero el resto de los niños va a dejar de escuchar a ese niño después de un tiempo.

Los niños se las arreglan bastante bien. Si no les damos espacio ni les damos apoyo para que arreglen sus desacuerdos por sí mismos, no van a aprender ese manejo interpersonal. Obviamente, si está en juego la seguridad física del niño, debemos intervenir de inmediato. No dejaría que los niños grandes abrumen a los niños chicos. Si el que es mayor intenta aventar el tren de madera, yo lo detendría rápidamente. Si existe la posibilidad de daño físico, interferiría, pero de otra forma es admirable qué tan bien se arreglan los chicos con su propia iniciativa. Básicamente, ellos tienen que saber que hay un adulto al alcance si fuera necesario, como cuando no pueden resolver una situación por sí mismos, y que si llaman solicitando ayuda, ahí estaremos.

Me inclino a intervenir con lo que podría ser dañino psicológicamente, como cuando un niño mayor llama a uno pequeño "feo", "gordo" o "estúpido", especialmente si se les está gritando a niños pequeños que todavía no pueden hablar. Entonces le diría al niño mayor: "Si le quieres hablar así, espérate a que aprenda el lenguaje y te pueda contestar. Entonces se las arreglarán entre ustedes. En ese momento, si le dices insultos, el te insultará de vuelta, y verás si te gusta. Pero ahora él está básicamente indefenso. Entonces bájale por el momento".

Puede ser difícil no avergonzar inconscientemente a un niño agresivo en una pelea, especialmente si estamos protegiendo ostensiblemente a nuestro hijo de los ataques de un niño que no es el nuestro. Lo que hago cuando dos chicos están peleando es poner mi cuerpo entre ellos. Sin palabras, sólo detengo la acción para un receso momentáneo. Les puedo decir: "La gente no está hecha para pegarse. Las sillas no están hechas para cortarles las patas", sólo ese tipo de cosas, sin avergonzarlos. Los niños son sumamente sensibles a que se les avergüence, a menos que ya estén tan cerrados y tan acondicionados que no les afecte, que puede ser cuando tienen cuatro años. Cuando el niño es pequeño e inocente su autoimagen es delicada. Cuando su autoimagen está todavía en sus etapas formativas, debemos ser extremadamente cuidadosos acerca de lo que, para nosotros, puede parecer el uso común del lenguaje, pero que para el niño puede ser devastador.

Intento no moralizar, sino ser muy cuidadoso respecto a las palabras y el lenguaje que uso para instruir o para guiar a los niños. Hablando a los niños acerca de ellos mismos o de otros, como ya lo expliqué en el capítulo del uso del lenguaje, para empezar no utilizo la palabra "malo". Nunca le diría a un niño: "No seas malo". Le podría decir: "Puedes ser más paciente o más amable o menos exigente". Le podría decir algo como: "Van a tener que jugar separados si empiezan una pelea". Si su interacción es sólo empujarse uno a otro, me esperaría hasta que llegara a la etapa de morder o arañar antes de intervenir. Más de la mitad de las veces se detienen antes de llegar a ese punto. Si se empieza a escalar hasta morder, le diría al agresor: "Puedes morderme a mí". Que lo he hecho. Y pueden morder a medias, pero usualmente eso los desvía a algo más interesante, a una forma de jugar más benigna. Realmente no *me* quieren morder, quieren morder al otro niño; entonces, después de un par de segundos se les olvida.

Tenemos que ver quiénes son los niños, cuáles son sus edades, y de qué se trata el desacuerdo. Si un niño de diez años está molestando a uno de cinco, es probable que sea por algo inocente, sin embargo, puede necesitarse la intervención del adulto. Si un niño de nueve años está molestando a uno de ocho años, es mucho más probable que los niños se las puedan arreglar. Si parece que la situación está escalando realmente, les desviamos la atención, los separamos y reactivamos creativamente la modalidad de juego.

Grupos de compañeros y la lucha por imponerse sobre los demás

Los niños aprenden de sus grupos de compañeros, y encuentran muy importante el ser acogidos por los otros en situaciones grupales. Si tienen nueve años y el líder del grupo tiene once, a veces van a unirse en comportamientos crueles o violentos, aunque usualmente no más de una vez, porque habrán aprendido de la experiencia, cuando más tarde sean impactados por su consciencia natural, cuando hayan tenido tiempo de reflexionar sobre ello. Por supuesto que algunos niños son tan fuertes e idealistas que harán frente a un grupo, serán independientes si sienten que el grupo está "fuera de lugar" o que es injusto. Pero con mayor frecuencia, con una mala experiencia, se convencerá de la necesidad del comportamiento opuesto.

Cuando yo era chico, quizá de diez u once años, todos mis amigos iban de cacería en busca de animalitos, con piedras, palos o arco y flechas. Yo tenía un arco infantil y flechas romas. Recuerdo, y siempre recordaré, el regocijo de dispararle a cualquier criaturita peluda de cuatro patas, desde ratones hasta ardillas y gatos. Una vez le pegué realmente a una ardilla en la pata y la vi cómo se quedaba quieta, aturdida y después se fue cojeando, obviamente adolorida. Yo mismo estaba tan aturdido, sin sospechar la realidad de haber infligido daño a un animalito que me gustaba, tanto que juré no volver a hacerlo. Fue una lección dramática en mi joven vida inocente. Y cuando mis compañeros iban de cacería, incluso cuando eran adolescentes y mayores (con armas), escogí no participar.

No importa qué tan amorosos sean los niños, el niño más pequeño siempre queda al final de la jerarquía. Los niños más grandes son más dominantes, aunque quieran a los pequeños y los protejan cuando lo necesiten. Los pequeños hacen los encargos sucios: "Ve a hacer esto. Ve a hacer aquello. Tráeme esto. Tráeme aquello". Y van corriendo, usualmente tan felices, orgullosos de tener un trabajo y encantados de ser incluidos en el grupo.

Algunos padres se ofenden, creyendo que todo debe ser igual, o distribuido ecuamente. Pero si nuestro hijo es el más pequeño en su grupo, o si tenemos varios niños de diferentes edades, *no* van a ser iguales, y no es una cuestión de crueldad, ¡es el orden universal de jerarquía! Aun en una pareja de gemelos hay un orden sutil. El niño pequeño sirve a los otros, es el *trae-dor*. Los niños mayores establecen las reglas y ordenan a los pequeños. Esto puede ser bastante saludable. Por supuesto que aun el comportamiento natural más saludable puede ser trastornado y convertirse en perverso, pero eso no desmerece el esencial principio objetivo.

Burlas

El niño cuya integridad está intacta, que ha pasado a través de la infancia amado y respetado esencialmente, nunca va a instigar burlas; y podrá estar en una situación en la que se burlen de él sin que la burla le cause daño. Por supuesto que no la van a disfrutar, pero serán más comprensivos, más repelentes a tomarla en serio. Al mismo tiempo, el niño que probablemente no iniciaría la burla, si se encuentra en un grupo que esté burlándose de otro grupo, se le uniría, pero permanecería en silencio. Esto es debido a la necesidad profunda de pertenecer, de ser aceptado por sus compañeros, y por la falta de experiencia para manejar dichos eventos, esto es, sin saber cómo desactivar diplomáticamente la burla o cómo salir de la situación elegantemente, sin convertirse en otro más de los objetos de la burla.

La mayor parte de la burla surge de la necesidad de estar correcto, por encima y en contra de las claras diferencias de apariencia, comportamiento y opinión, cada una de las cuales indica inconscientemente a una psique insegura, que la apariencia, comportamiento y opinión que son tan diferentes, pueden estar equivocados. Entonces, el niño seguro probablemente no tenga este débil motivo.

Mimetismo

Cuando vemos qué tan bien imitan los niños, deberíamos alentar este talento, pero no necesariamente la tendencia de hacerlo todo el tiempo. Hasta las cosas desagradables que los niños ven e imitan, para muchos de ellos son sólo un juego, una forma de juego y también de descubrimiento. Por ejemplo, pueden ver a uno de los otros niños siendo malicioso y para ellos es tan divertido como ser feliz, porque sólo es un juego, como probarse disfraces. Si les decimos que, "No es una manifestación agradable", nos miran con sorpresa y preguntan por qué, porque se están divirtiendo haciendo *eso* tanto como cualquier otra cosa, es pura mímica; están jugando. Cuando jugando se están probando los zapatos de tacón de mamá estamos encantados, sonreímos y les hablamos dulcemente, pero cuando están jugando a ser "el niño malo" y nos enfadamos, no lo comprenden. No comprenden la malicia; han visto a alguien (un niño mayor o un adulto) hacer una manifestación de algo que no habían visto antes, o que no conocían, y la actúan para conocerla, para explorarla. Verdaderamente es una aventura para ellos.

Temprano en su vida, tenemos que explicar al niño las diferencias en las maneras que las manifestaciones afectan a la gente, cómo algunas manifestaciones afectan a la gente positivamente y otras negativamente. Pero siempre debemos alentar su capacidad de hacer una variedad de manifestaciones para profundizar su repertorio de conocimiento, de sentimientos, de estados de manifestación. Entonces, podemos decirles: "Está bien que actúes de esa manera en ciertos momentos durante un juego, pero la mesa de la cena no es el lugar para expresarlo. De cualquier manera, es grandioso que puedas hacerlo cuando quieras; para sacarlo de tu bolsa de experiencias. ¡Maravilloso!".

Resolver dificultades

Si hay una manera en que nosotros resolvemos nuestros malentendidos, aunque nuestros hijos no los resuelvan de la misma manera, nuestro ejemplo permanecerá en ellos, y seguirán el ejemplo en algún momento; quizás hasta que se encuentren lejos de nuestra manutención, o quizás hasta que tengan treinta años, pero lo seguirán. Nuestro ejemplo es fundamental.

Si le gritamos rutinariamente a nuestra pareja, apenas podemos esperar que los pequeños no crean que esto sea normal y saludable. Después de todo, entrenamos a nuestros hijos a apreciar qué tan neuróticos somos realmente. Al principio ellos suponen que nosotros somos perfectamente sensatos y sanos en su totalidad, entonces nos corresponde ser realmente de esa manera, para que *ellos* aprendan a ser de esa manera, y mantener nuestras excentricidades neuróticas dentro de nosotros mismos tanto como sea posible. Son nuestras cosas, no las de ellos.

Para mí, el elemento clave es siempre la solución, porque no todos nosotros somos expertos en la mediación. Lo importante para los niños es ver que logramos soluciones entre nosotros. A veces hay desacuerdos, a veces alguien sale furioso del espacio, y a veces nos hablamos fuerte, pero mientras los niños vean que al día siguiente estamos caminando junto a la persona con la que fuimos agresivos y desagradables, todavía queriéndolos, todavía siendo amigos suyos, van a aprender a solucionar. La solución positiva causa el mayor impacto.

Cómo llegamos a la solución tiene su efecto, entonces será un poco más efectivo si llegamos a la solución sin explosiones emocionales o físicas excesivas.

Llegar a una solución es algo que podemos aprender de los niños, si no lo hacemos nosotros mismos. En un momento el niño jura que nunca más va a jugar con otro niño en toda su vida, y al siguiente momento no quedan trazas de esto; son los mejores amigos, jugando como si nada hubiera pasado. ¡La mayoría de nosotros podría utilizar esta lección! Los niños son así porque son inocentes, pero aprenderán a no ser inocentes si nos ven actuar de manera diferente, no llegando a soluciones y manteniendo rencores.

Es muy fácil superponer en los niños cómo pensamos que debe lucir el manejo de la energía en un desacuerdo; y muchas veces el sacarlo a la luz para discutirlo *es* el manejo correcto de la energía. (Sin golpes necesariamente. Es raro que los adultos podamos hacerlo limpiamente, porque no tuvimos un modelo así en nuestra educación.) Los niños de diferentes edades y diferentes temperamentos van a manifestar el manejo de la energía de manera diferente, entonces no supongan que todos los niños necesitan solucionar las cosas de la misma manera. Es poco realista esperar que los diferentes grupos de edades tengan las mismas formas de manejar las cosas. Es muy fácil para nosotros el pensar que no está bien que los chicos lleguen a una pelea o que se griten, o lo que sea. Sin embargo, estoy empezando más y más a considerar que está bien; que verdaderamente es bastante saludable. Aprender a solucionar a los seis, siete y ocho años, les da algo muy diferente que cuando tienen treinta o treinta y cinco y tratan de solucionar algo sin tener las herramientas ni el contexto.

Capítulo 11

Cuerpo y alma
Comida, salud, sexo y Dios

a clave para una relación sana del niño con la comida, como con todas las otras áreas, es nuestra perspectiva sensata y sin prejuicios, entendiendo qué es un alimento limpio y sano, y qué es un alimento malsano y tóxico, y al mismo tiempo permitirle al niño cierta holgura para experimentar ocasionalmente.

¿Dónde van a conseguir alimentos *totalmente* puros? ¡En ninguna parte! ¿Creen ustedes que están limpias las mesas de agua en todos esos lugares en que crecen vegetales orgánicos? ¿Creen ustedes que el aire está totalmente limpio? Cuando muerden una manzana, no sólo comen la cera y el colorante de la piel, sino también el aire de la huerta en que creció la manzana y todo lo que trae el agua. Entonces no necesitan ser dogmáticos, sino sólo comer básicamente alimentos saludables, vivos, y no preocuparse respecto a que sean perfectos. Porque si se preocupan y se quejan de eso, van a generar prejuicios en sus hijos hacia una atención exagerada. Denles un respiro, y también dénselo ustedes mismos. Sólo usen sentido común, consigan alimentos tan limpios como puedan, y relájense.

———————————

Cuando era niño, me daban las mismas cosas para comer seis noches a la semana: bistec (el mejor corte disponible), vegetales quemados y ensalada. ¡Seis noches a la semana! Nunca me comí la ensalada, la odiaba; en cuanto a los vegetales quemados comía lo mínimo, a menos que fuera algo que de veras me gustara, como espinacas o espárragos, en cuyo caso comería muchos. (Pero si era coliflor, ¡olvídenlo!) También comí el mismo desayuno todos los días durante veinte años; exactamente la misma cosa: media toronja, pan tostado, huevos, tocino, un vaso de leche y cereal. Siempre en el mismo orden. La única variación fue que tomé Cheerios durante diez años, Wheaties durante cinco y de vuelta a los Cheerios; y ocasionalmente tomaba un vaso de jugo de naranja en lugar de la media toronja. Mi familia salía a comer una vez a la semana, a veces más, y probábamos cada variedad de comida disponible. Aunque la comida disponible en casa era básicamente limitada, simple y predecible, mis padres me animaban a probar todos los sabores y mi madre siempre traía a casa frutas y golosinas exóticas. Nunca estuve sesgado contra ningún tipo de comida. Y la comida que se servía era limpia y fresca, entonces tuve impresiones duraderas.

¿Qué como hoy? Ensalada, fruta y vegetales, todo lo que no comí cuando niño, pero que *estaba* disponible y era saludable. Cuando niño podía comer todo lo que mis padres me permitían, todo el pan que quisiera, tanta mantequilla como quisiera en el pan, pero no más. Como no estuve condicionado a lo incorrecto de ningún tipo de comida, no estuve sesgado psicológicamente, cuando crecí fui libre de hacer elecciones basadas en las consideraciones de una mente abierta. Ahora escojo una dieta básicamente vegetariana (con algunas excepciones) de alimentos limpios, frescos, enteros. Pero comeré comida chatarra de vez en cuando dependiendo de la compañía con la que estoy y de la situación.

Una vez estaba con una niña de cinco años que quería una barra de mantequilla de más de cien gramos, y le dije, está bien. Tomó la barra de mantequilla y se la comió completa. ¿Saben qué pasó? Nada. Algunas de las mujeres que lean esto, estarán diciendo: "Mientes. Se enfermó. Yo *sé* que se enfermó. Quizá no lo notaste, pero corrió a su cuarto y vomitó. Algo tiene que haber pasado". No. No pasó nada. ¿Y saben qué? Nunca pidió volverlo a hacer. De hecho, ella desarrolló una relación muy conservadora hacia la mantequilla (al mejor nivel, de necesidad natural para el cuerpo).

Cuando se estaba devorando la mantequilla, mis ojos estaban bien abiertos: "¿Cómo estaba?".

"Muy buena". Eso fue todo.

Obviamente tenemos que usar el sentido común, pero el niño no comerá demasiado helado más de una o dos veces. Los niños educados sanamente no son tan abusivos contra sí mismos como somos muchos de nosotros. Se enferman una vez y aprenden.

En la misma línea, a veces los niños comen la misma cosa consistentemente durante largo tiempo. Mi hija pasó durante meses por una etapa en la que comía quizá cinco o seis plátanos, plátanos congelados, al día, y casi nada más. No hubo ningún problema. Déjenlos comer lo que quieran y de vez en cuando pueden decir, por ejemplo: "¿No quisieras ensaladita o un poco de arroz?". Los cuerpos de los niños, que no son programados por adultos dogmáticos o de mente cerrada, definen sus deseos y gustos. Si necesitan lechugas o zanahorias, y estos alimentos están disponibles, eso es lo que comerán y disfrutarán.

———

Es importante no generar prejuicios en los niños. Si hay algún alimento que a ustedes no les gusta, dejen que sus hijos decidan *por sí mismos* acerca de ellos. Le cocinaba avena a una de mis hijas cuando era pequeña; y se la comía bien. Un día su madre la probó y dijo: "Esta avena no tiene sal", con tanto apego emocional a la sal, que de ahí en adelante mi hija preguntaba: "¿Tiene sal?". Se había impactado por la intensidad interna de un prejuicio hacia la sal. Si yo cocinaba la avena sin sal, se la comía y la disfrutaba, pero si su madre entraba al cuarto, cada vez la niña tomaba el salero. Una reacción, fue todo lo que tomó. La avena le sabía bien a ella, entonces el añadirle sal se convirtió en pura costumbre, una expectativa psicosomática de sabor; no tenía nada que ver con sus papilas gustativas naturales.

Otra manera de generar prejuicios en los niños: Tomen a la madre promedio con el niño. Digamos que el niño tiene un año y que prueba ajo, chile, espinaca, betabel, lo que sea, y no le gusta. En la mente de la madre no le gusta al niño esa cosa, y nunca le va a gustar, a menos que sea uno de los alimentos favoritos de la madre. Entonces, la madre va a tratar de dárselo a su hijo cada vez que lo sirva. Pero si a la madre no le gusta el alimento, o ya decidió que al niño tampoco –basándose en la vez que el niño lo rechazó– la madre supone que al niño no le gustó y que *nunca más* le va a gustar. Durante los siguientes veinte años, cada vez que alguien le dice al niño o al joven: "Toma unos betabeles", la madre dirá: "No le gustan". Automáticamente.

Para cualquiera que funcione desde el contexto del ego, el pasado es una entidad viviente, viable, significativa, y es *real* y no hay ningún cambio posible. Ya que el pasado es real para el ego, cualquiera que funcione desde el contexto del ego tiene una relación lineal hacia todo. El ego se protege a sí mismo y mantiene su propia autoridad independiente y autónoma al establecer una continuidad a través de la memoria del pasado y proyectándola hacia el futuro. El ego se protege a sí mismo suponiendo siempre que va a sobrevivir en el futuro, utilizando su experiencia en el pasado para definir el comportamiento futuro. Nunca maneja el momento presente, porque el momento presente es el único momento en que es libre.

Con el comportamiento genuinamente libre, la única cosa que se toma en consideración es el momento presente, y todo el comportamiento libre es una manifestación o una respuesta espontáneas a los estímulos del momento. El comportamiento completamente libre funciona de muchas maneras, pero el principio siempre es el mismo.

Entonces debemos permitir mucho espacio para que a los niños les guste algo una vez, la siguiente vez no y la siguiente les guste otra vez. Los gustos de los niños cambian, a veces dramáticamente, conforme crecen. En el terreno de los alimentos, así como en todas las demás áreas de la vida, entonces no debemos encajonar a nuestros hijos en líneas inamovibles de preferencias y gustos.

Confiar en la comida

Confiar en que la comida que los padres le están dando es buena para ellos es muy importante para el niño, y si constantemente estamos criticando la comida: "¿Sabes? Esto no tiene los requerimientos diarios de proteína, necesitas tus proteínas, y necesitas tus vitaminas, no se te olvide tu vitamina C, y la vitamina B, tienes que tomar tu vitamina B-12, y no se te olvide tu calcio y tal y tal y tal", estaremos propensos a tener un pequeño enfermo, neurótico y obsesivo.

No tenemos que sobre-educar a nuestros hijos respecto a los alimentos que comen. No estamos atados a ofrecerles una elección entre arroz orgánico y una hamburguesa grasosa o pollo frito empanizado; sólo tenemos que ofrecerles una variedad de alimentos naturales, frescos y saludables, y dejarlos comer lo que quieran de lo que les ofrecemos. Déjenlos comer lo que sea que está sobre la mesa, tanto como quieran, y si se están sobrepasando y es muy obvio, sólo tenemos que decir: "Creo que ya tuviste bastante".

Mi visión esencial es que los niños necesitan límites que tengan sentido tanto para ellos como para los adultos de su vida, y nunca límites que sean arbitrarios. Tener sentido cuando se refiere a la comida, por ejemplo, significa no tomar nuestras propias creencias tan seriamente que nos volvamos policías de la nutrición. No tenemos que decir: "No tomes tantas papas fritas. ¿Sabes cuanta grasa estás comiendo? Tu hígado tal y tal y tal…". O "¿Tienes una idea de lo que te hace el azúcar? Si te comes unas donas ahora vas a estar trepando las paredes. Vas a estar levantado hasta las tres de la mañana y ¡no voy a poder ponerte a dormir esta noche, bla, bla, bla!". Ese no es un límite razonable. Eso es histeria nutricional, de la que hay bastante. Por ejemplo, lo que decimos cuando pidan donas es: "Ya tomamos una cantidad de azúcar hoy, y es mejor si tomamos un descanso, pero pronto volveremos a comer donas". Y cuando el niño pregunte "¿Por qué es mejor que tomemos un descanso?", entonces nos corresponde conocer el ABC dietético (y las P's y las Q's). No decir: "…azúcar, azúcar, azúcar, azúcar, cafeína, cafeína, cafeína, carne, carne, carne, malo, malo, malo…" Esa no es la manera de educar a un niño acerca de las vitaminas y la nutrición. Esa es una manera de cerrar a un niño, bien y bonito. Simplemente aliméntenlos apropiadamente e incluyan muchas "golosinas" para complementar la ingesta dietética correcta y completa. Cuando crezcan, si nos interesa la optimización nutricional, preguntarán por la información cuando estén listos y dispuestos a aprender.

Nunca les digan a los niños que lo que comen es caro y que les está costando dinero. Sólo asegúrense de que sus hijos estén apoyados en su amor generoso por los alimentos nutritivos. ¿Y cómo se les da el apoyo? Cuando no estamos encima de ellos preocupándonos porque su dieta es terrible y que tenemos que incluirles vitaminas y lechugas.

Van a ser saludables de cualquier manera, enfréntenlo. Los niños, con su energía vital van a gravitar sobre lo que de verdad *necesitan*, y además de eso, los niños pueden comer prácticamente cualquier cosa. Son los adultos los que están echados a perder.

Y obviamente no vamos a alimentar al niño con chocolate todo el día, entonces supongo que cualquier adulto inteligente tendrá un mínimo de sentido común (¡Ya sé, ya sé! Una suposición como ésta y dos dólares me llevarán a tomar el metro en Nueva York).

La variedad es el condimento

Ayuda mucho variar un poco la dieta de los niños. Si se educa al niño rígidamente con una cierta dieta, va a crecer con un patrón que se vuelve extremadamente limitado y exclusivo, y le va a costar mucho trabajo después ampliar ese patrón para incluir otras posibilidades que aparezcan en sus vidas. El asunto de darle o no darle azúcar y otras golosinas a los niños es un gran asunto par muchos padres. Aunque yo los expondría al azúcar lo más tarde posible, personalmente estoy muy a favor de permitir que los niños que se educan como vegetarianos estrictos coman a veces carne, tomen a veces azúcar, no muy seguido, pero de vez en cuando, sólo para que sus cuerpos no crezcan sin el reconocimiento de estas otras sustancias alimenticias. No tiene que ser una vez a la semana o una vez al mes, pero cada tantos meses un poco de buena carne, un poco de pescado, un poco de pollo, un pudín de chocolate simple, permiten al cuerpo saber orgánicamente que existen muchos patrones de muchos tipos de substancias. El cuerpo no se queda encerrado en algo que es tan puro que también define la relación química total del niño hacia la vida.

En nuestra comunidad comemos fundamentalmente una dieta vegetariana, con muy pocos alimentos procesados, aditivos químicos, sustitutos de alimentos, pero también hacemos muchas excepciones tanto en las fiestas especiales como en los momentos de celebración personal. Si estamos de viaje y comiendo fuera de la casa, les damos helado a los chicos y mucho de la comida local favorita, incluyendo carne y postres especiales. Consistentemente soy más estricto en la casa y más relajado en la calle. Entonces, cuando viajamos con los chicos, que estamos en Europa o donde sea, estamos abiertos a los alimentos que no tomaríamos normalmente, o a alimentos que son especialidades culturales que ayudan a ampliar el espectro de la experiencia del niño. Pueden comer lo que quieran, razonablemente. Después de todo, es una aventura, una vacación. Ya saben que cuando regresen a casa no habrá salchichas (de Alemania) ni conejo (de Francia) ni cabrito (de México) ni azúcar (de todas partes). El viajar no debe ser un trabajo para los niños. Debe ser diversión, debe ser exploración, deben quedar llenos de asombro, gozo y descubrimiento.

Los adultos que son vegetarianos, y cuyos padres y familias no lo son, pueden tolerar ciertamente un pequeño pedazo de carne de vez en cuando, cuando van de visita a su casa. Este comportamiento es una enseñanza muy fina en el terreno de la hospitalidad: comer lo que se nos sirve cuando somos invitados, hasta en nuestra vieja casa. Si Mamá sirve un asado o un jamón, justo como antes nos gustaba, debemos comerlo y complacerla. La felicidad de la Mamá es más importante (¡en este caso!) que el dogmatismo de un vegetariano confirmado.

Si los hábitos dietéticos de los niños son sólidos cuando están en casa, podrán darse gusto cuando tengan dieciocho o veintiún años o cuando vayan a la universidad, pero hagan lo que hagan, van a regresar a sus hábitos más estables. Éste es el panorama que he visto en la práctica. Nunca sabemos qué tan efectiva fue nuestra educación con los hijos, hasta que tienen treinta años y están criando a sus propios hijos.

La comida y el amor

La manera como lisiamos a nuestros hijos es al entrenarlos en la idea de que la comida es igual al amor. He conocido cantidad de gente para quienes su dieta es el amor, y que si tienen que pasar sin cierto suplemento dietético, o si se les niega cierto alimento como castigo, aunque las circunstancias hagan imposible que puedan comer el tipo o el volumen que ellos sienten que necesitan, su cuerpo entra en pánico y retrocede porque sienten que no son valiosos como seres humanos, ni para vivir y caminar sobre la faz de la Tierra, y que no son amados y que no serán amados a menos que tomen su hierro o su helado o su tercera porción.

Muchos adultos usan la comida en lugar del afecto y el respeto para entrenar a los niños a hacer lo que el adulto quiere; es una manera de hacer al niño adaptable. "Vete a lavar o no hay cena para ti", etc., es el sustituto de un abrazo y un beso, y de una solicitud honorable, para después de jugar en la alcantarilla y antes de comer un sandwich. La comida se convierte en el pago, o en la recompensa por el "buen" comportamiento; el niño recibe un cono de helado en lugar de atención amorosa, y aprende rápido que la comida, la comida especial, es igual a amor. Usualmente es comida dulce, y los niños saben qué tan dulce es el *amor*. Lo ansían. Entonces los entrenamos, a veces sin darnos cuenta, a ser adictos a los dulces. Por supuesto que en los casos más severos la comida en sí es la adicción.

Algunos adultos son tan reprimidos, y su capacidad para dar libre afecto está tan limitada, que las golosinas se convierten en una manera de tratar de decirle al niño que es amado. Pero los niños no comprenden esta dinámica psicológica sutil. Necesitan caricias, mucho contacto físico, luchas, abrazos, besos, y tanto caricias amables y afectuosas como cariños fuertes y confiados. Entonces, no rellenen sus bocas cuando lo que necesitan es una sonrisa confiada, una palabra de alabanza o de reconocimiento, o un abrazo.

Los refrigerios para los niños sólo son una forma de mantener sus cuerpos bien atendidos. Hay una inmensa energía involucrada en crecer hasta la edad adulta, por lo que se requieren diversos tipos de combustibles. Los refrigerios están bien siempre y cuando no interfieran con una participación activa a la hora de las comidas. Sin embargo, debemos ayudar a los niños a desarrollar una relación con los refrigerios que no sea neurótica (o sea, algo que sólo pretenda mantenerlos ocupados). Los niños dejarán los refrigerios naturalmente cuando estén listos, siempre que no les ofrezcamos un refrigerio cada vez que estén aburridos. No los animaría a alimentarlos sólo con papas fritas, galletas y queso acompañados de "bebidas de fruta" ("hechas con jugo de fruta de verdad"). Los refrigerios para los niños pueden ser del tipo de verduras crudas con salsas, bocadillos, fruta, cereales y otras opciones saludables.

Protocolo en el comer

Una expectativa a la hora de la comida es que los niños decidan, una vez que tengan la edad para decidir, respecto a la comida que les gusta y que les disgusta, y sobre lo que van a comer, especialmente cuando la comida se sirve al estilo buffet. Sin embargo, también se debe confiar en que sabrán usar su discreción sabiamente, sin servirse *todas* las aceitunas o ahogar en catsup todo lo que está en su plato. Pero aun así, si llevamos a un niño de cinco años a un restaurante fino de estilo buffet y todo lo que cenan es un plato entero de aceitunas, no se ha hecho ningún daño. No necesitamos forzarlos a comer una gran cacerola sólo porque estamos en un restaurante, si todo lo que quieren son pepinillos y galletas saladas.

Los niños no siempre tienen que ser alimentados primero. A veces esto se hace como algo automático, que surge del sentido paternal de proteger a los pequeños. Nuestros hijos no están indefensos y no deben ser tratados como si no hubiera comida para ellos si no se les sirve primero o inmediatamente. No esperaría que un niño pequeño tuviera que esperar innecesariamente, entonces le pediría al mesero o mesera del restaurante que trajeran sus alimentos tan pronto como fuera posible, pero con un niño de siete años sí esperaría que comprendieran que los restaurantes no existen para atender exclusiva y particularmente a sus necesidades. No quisiera abrumar a ningún niño con una espera sin fin, pero siempre cabe un poco de paciencia. Se establece un ambiente neurótico de escasez cuando se exige con pánico que se consiga la comida del niño de inmediato. Muy simplemente integren a los niños al tiempo de servicio de la comida. En principio esto no debe requerir gran esfuerzo.

Si todos en la familia llevan su plato a la cocina para ser lavado, los niños deben hacerlo también. Si un niño pequeño está ayudando a limpiar, o sólo está trayendo su plato a la cocina y tira un poco de ensalada en el piso, o esa coliflor que no se comió, debe ser responsable por lo menos de recogerlo y posiblemente de limpiar el piso, dependiendo de su edad. Pero no esperen que un niño de tres años tenga la facilidad o la responsabilidad que se puede esperar de uno de doce años. A los niños les encanta ayudar a limpiar, y vale la pena acompañarlos a desarrollar hábitos responsables, aunque a edades tempranas demuestren más entusiasmo que habilidades prácticas. Déjenlos ayudar, y luego limpien los desastres que causen en su gozo desaforado por formar parte integral de las cosas. (Limpien sus omisiones cuando ellos ya estén fuera del espacio, o sea, no enfrente de ellos.)

En principio, si siempre estamos haciendo por los niños lo que ellos pueden hacer por sí mismos, aprenden a desarrollar una relación de indefensión hacia la demás gente como una estrategia de vida. Entonces, cuando se convierten en adultos, tienen tremendas dificultades porque esperan que su pareja o sus amigos, o hasta su jefe, hagan por ellos lo que ellos, fácil y justamente, deben hacer por sí mismos. Se convierte en una forma de manipulación, una forma de dominación, y puede ser muy desagradable.

Podemos permitir que los niños trabajen un poco con su comida, a veces es como un romance amoroso. Si tienen tres años y saben lo que está pasando, y se sientan ahí aventando intencionalmente cucharadas de comida en el piso, los detendría. Si tienen seis meses de edad, van a jugar con su comida con gozo, y este gozo no debe ser considerado como un intento intencional y malicioso para molestarnos personalmente. Para nada es así.

Cada individuo tiene un estilo único para comer, entonces tratar de hacer que nuestros hijos coman, en forma y gestos exactamente como nosotros lo hacemos, puede no permitirles cierta holgura para encontrar su propio "término medio". La comida es un terreno más primordial que el sexo, entonces si no se es saludable en relación al comer, a la ingestión, a la nutrición que implica la comida, se da una falta de bienestar que fácilmente puede afectar de manera negativa todas las áreas de la vida adulta. Entonces sean muy claros respecto a las distinciones entre comer de manera idiosincrática y el usar la comida como un arma de travesura. Si un niño de siete años tira la comida de su plato a la mesa sin darse cuenta en medio de una conversación excitada o de una fantasía absorbente, un recordatorio amable, sencillo de que tengan cuidado será suficiente. ¡No tenemos que darles una lección sobre los modales en la mesa!

SALUD

Existe un inconveniente al tipo de crianza de los niños que intentamos practicar. Y el inconveniente es el ser "madre complaciente", es decir, que somos tan complacientes con la salud y la inocencia de los niños que de hecho los entrenamos para *estar* enfermos y para no tener inocencia, de manera que continúan siendo consentidos por nosotros.

Alguien dijo el otro día: "¿No deberíamos tratar de hacer que los niños no tengan esa idea de tener que tomar algo cada vez que están enfermos?". Y dije: "¿Estás bromeando?, ya tienen eso". Tomó *años* hacer que las mujeres de aquí no caminaran con los ojos alertas por cualquier incidente menor. Tenían pequeñas fundas —¿saben cómo se usaban fundas en el oeste salvaje para llevar sus pistolas? — bueno, pues las mujeres tenían pequeñas fundas con *Rescue Remedy*[25] y caminaban, esperando, y en el segundo que el niño se caía en la cancha de tenis ellas corrían, literalmente a la velocidad de la luz. Deberían haber visto algunas de estas madres moverse —si pudiéramos hacerlas moverse así cuando están lavando platos, o cuando vamos de viaje, o caminando por el centro comercial—, ¡pero no! Teníamos competencias a ver quién sacaba más rápido el *Rescue Remedy*; estaban encima del niño: *Rescue Remedy* en la cabeza, *Rescue Remedy* en la boca, *Rescue Remedy* en el trasero, lo que digan, había *Rescue Remedy* para todo. Y para cuando los niños tenían dos años ya aprendieron, ya estaba "de moda", que cualquier golpecito, cualquier "uump", cualquier cosita tenía que tener su *Rescue Remedy* y pastillitas blancas y un vendaje grande. Ahora, cuando tienen cortaditas quizá de menos de un centímetro, y sacan un vendaje pequeño, dicen: "No es suficientemente grande". Necesitan vendajes *grandes*, cuatro, de manera que parezca una gran estrella, con colores y dibujos. Está "de moda", y así van a ser el resto de sus vidas. Así van a educar a sus hijos.

No dejamos que nuestros hijos se caigan y se raspen las rodillas. Nos ponemos histéricos. Yo estaba emocionado la primera vez que mi hija se cayó y se raspó la rodilla. Estaba *tan* contento. Era así, "Dios mío, está sangrando. Gracias a Dios que es una niña normal".

---

25. *Rescue Remedy* (Remedio de rescate): Una tintura de las flores de Bach que se usa para reequilibrar el sistema después de un impacto o un trauma de cualquier tipo.

No tan dramáticamente. Pero no imaginemos que nuestros hijos sean esas cositas perfectas, esos ángeles, esas muñecas de porcelana. Debemos tender hacia esta perspectiva: los niños crecen, se caen, les salen chipotes, se golpean, se cortan, ¿y qué? Los niños se recuperan con una facilidad asombrosa. Traten directamente el síntoma, ni más ni menos de lo que requiere.

Nunca tuve una infección, nunca tuve una infección excepto en la India hace años, y no me pongo de todo. Se cortan, pues se cortan. Lávense y continúen con sus cosas. Pero decimos: "Dios mío, se va a infectar, ponle esto en la boca, en los ojos, en el trasero". Entonces, un día, la gente dedicada a la salud apreciará enteramente este contexto y no complacerá a nadie en su necesidad de recibir afecto porque está enfermo; de recibir amor porque está enfermo. Algunos de nosotros a veces nos *enfermamos* un poquito porque es la única ocasión en que se nos compensa con cuidado y atención excepcionales. Probablemente todos conocen la dinámica: para muchos niños la única ocasión en que uno de sus padres se queda en casa en lugar de ir al trabajo, y que de verdad le da atención, es cuando el niño está enfermo. Entonces a veces nos *enfermamos* para conseguir atención. Estoy seguro que cualquiera en la profesión de la salud sabe esto: mucha gente va con los practicantes de la salud porque es cuando consiguen la mejor atención en sus vidas. Si el doctor tiene un trato amable, la gente va a ir a verlo. Quiero decir que todo doctor tiene un número de pacientes que son totalmente psicosomáticos, totalmente hipocondríacos. Van ahí para conseguir atención; van con el sanador, en cualquiera de sus formas, para conseguir atención.

Voy del otro lado de la moneda. Una vez alguien estaba en el hospital. Tuvo apendicitis y le quitaron el apéndice. Después de un par de días, la enfermera Ratched (no recuerdo su nombre exacto) estaba en el piso y no dejaba salir "a la paciente" del hospital. Fui (no debería hacer este tipo de cosas), y le dije "Ponte tu ropa". Ella decía: "Sácame de aquí". Empezamos a caminar hacia afuera y la enfermera vino y dijo: "¿Qué están haciendo?". Y yo dije: "¿Qué quiere decir con qué estamos haciendo? ¿Es esto una prisión o un hospital?". (No debía haber dicho eso) pero estaba de verdad enfadado, encendido, porque no la dejaban salir del hospital. Dije: "¿Qué? ¿Hay una ley, va a venir la policía o qué? ¿Tiene que quedarse en el hospital?". Y la enfermera dijo: "No, pero aún no se ha recuperado" (a 3,000 dólares al día, más o menos). Dije: "Bueno, ella es saludable, está bien, nos vamos a casa". Y la enfermera dijo: "Van a tener que firmar una responsiva. No vamos a aceptar la responsabilidad por esto". Y yo dije: "Bueno, deje de *tratar* de tomar la responsabilidad, y déjenme sacarla de aquí".

Corrió a buscar al doctor, y el doctor levantó los hombros y le dijo: "Deje que firmen la responsiva. Relájese. Es su problema".

Entonces firmamos la responsiva. Ellos querían tres o cuatro días más en el hospital y nos rehusamos. Y ella estuvo perfectamente sana. No pasó nada terrible. Nada *hubiera* pasado. Excepto que, si se hubiera quedado, hubiera tomado más gelatina y más puré de papas instantáneo y más leche con chocolate para el almuerzo.

No enseñe a los niños a ser llorones por nada. Si uno de sus dedos se está cayendo, colgando de un tendón, bueno, entonces es el momento de estar un poco excitado. Pero si se caen y se pegan en la cabeza, denles un respiro. Bésenlos, simpaticen con ellos y déjenlos que sigan jugando.

Todos dicen: "¿Cómo *sabemos*? ¿Cómo sabemos que no hay *un problema*? No sé cómo lo saben. Supongo que si eres una madre, deberías *saber* si tu hijo está *lastimado*, ya sea que su orgullo esté lastimado o que su cuerpo esté lastimado. Y si se rasguñan la rodilla, sólo su orgullo está lastimado, no su cuerpo. Entonces les ponen algo y dicen:

"Bueno, está bien".

"No está bien, duele".

"Sí, ya lo sé que duele. Te va a doler quince minutos, y después ya no te va a doler más".

De vez en cuando tenemos que ser un poco exigentes con nuestros hijos. Algo así como:

"Estás bien. Veo que estás bien, ya sé que duele, las cortadas con papel duelen, las rodillas raspadas duelen, pero de veras estás bien; sanarás rápidamente. No es tan grande".

"Sí es, sí es, de veras duele".

"Sí, ya sé que duele. A mí también me duele cuando hago eso. Está bien, cálmate. Está bien. Puedes manejarlo".

Tener esta actitud es saludable. Pero no se sobrepasen y esperen una represión heroica del dolor y reacciones de impacto o sorpresa en heridas o enfermedades, como si nuestro hijo fuera Rambo o algo así. Por encima de todo recuerden que los niños son niños, no adultos, y que requieren mucha comprensión, cuidado, afecto y aceptación.

Nuestras creencias pueden ser abusivas

Mucho de lo que consideramos respecto a los alimentos también se puede aplicar a la consideración de la salud. Nuestras creencias pueden ser abusivas. Mientras que muchas madres del campo alternativo de "alimentos naturales, vida natural" están dedicadas radicalmente al proceso natural de la salud y de la sanación (como yo lo estoy), he llegado a la conclusión de que evitar la curación del niño, porque tiene "sólo un virus y se le va a pasar", y porque no queremos que el niño se vuelva artificialmente dependiente de las medicinas, aun de los remedios homeopáticos, porque las "pastillas son pastillas", es una forma sutil de manipulación que fácilmente se puede convertir en una forma más rígida de abuso infantil. Es una forma de abuso infantil el dejar al niño sufrir porque somos puristas. Puede no ser tan malo como cuando algún ortodoxo dogmático permite que su hijo muera porque rehúsa llevarlo al hospital para una transfusión de sangre, pero de cualquier manera es tomar la salud del niño en nuestras manos cuando estaríamos mejor consultando a un doctor naturista o a cualquier otro tipo de médico.

Cuando los niños son todavía muy pequeños para hacerse cargo de su propia curación, es nuestra responsabilidad hacerlo por ellos. No es nuestro trabajo tratar de convencerlos de que "no hay tal cosa como el sufrimiento", o que "todas las enfermedades son psicosomáticas" o dejarlos sufrir innecesariamente cuando hay formas de aliviar el estrés inmediato y la ansiedad de una enfermedad. No hay excusas por nuestra falta de claridad a este respecto. Es nuestro trabajo cuidar a nuestros hijos, y si nuestros principios de vida son genuinos y verdaderos, ellos los van a aprender. Un niño de un año no puede aprender acerca de la curación natural sufriendo durante una enfermedad, sin que se le dé un remedio.

Si vivimos una vida sana, nuestros hijos lo aprenderán de nosotros al observarnos y al practicar, en su momento, nuestro estilo de vida. No importa cuántas aspirinas infantiles les demos, si *nosotros* no tomamos aspirinas, entonces cuando el niño sea suficientemente grande para comunicarse y observarnos, dejará de tomar aspirinas.

Como lo he enfatizado una y otra vez, nuestros hijos sólo quieren ser exactamente como nosotros. Es su meta principal en la vida. Los padres del niño son sus ídolos. ¡Y van a ser como nosotros! Pueden dudarlo por momentos, pero créanme que ustedes tienen mucho más impacto en sus vidas, en sus creencias y en su comportamiento que Luke Skywalker, Hans Solo o la Princesa Leia, aunque durante un tiempo no lo parezca. Si nuestra vida tiene integridad, ellos lo aprenderán. No debemos preocuparnos por corromperlos con una aspirina cuando tienen dos años y están sufriendo.

ACERCA DEL SEXO

Leí un artículo en el *Playboy* acerca de los "mapas del amor". El autor decía que cada uno de nosotros tiene motivos ocultos en nuestras relaciones, un "mapa del amor" que contenga un amante idealizado, una escena de amor y un programa de actividades eróticas, nos guiarán a través de nuestra vida sexual adulta. Él decía que estos patrones se establecen en la niñez temprana, quizá tan temprano como a los tres años. Esta es una consideración importante, particularmente para aquellos de nosotros que tenemos hijos. Nosotros ya tenemos nuestro "mapa del amor" y estamos atados a él, sea o no saludable; pero todavía podemos darles a nuestros hijos "mapas de amor" sanos, naturales, sin afecciones, no imprimiendo ni centrando nuestras perversidades en ellos.

Alguna influencia viene de las películas, que con frecuencia mantienen totalmente embelesada la atención de los niños. (Que es la razón por la que no queremos llevar a los niños pequeños a películas que tienen muchos encuentros sexuales violentos, porque podrían acabar siendo incapaces de hacer el amor placenteramente sin violencia, si estas impresiones los afectan profundamente.) Pero generalmente el "mapa del amor" que desarrolla en niño depende de la relación hacia el sexo y hacia el cuerpo mismo, que sus padres o sus adultos en el entorno mantienen.

Es como esto, si eres un hombre y estás en la regadera y un niño o una niña entran por accidente, y te escondes como si la desnudez fuera algo de lo que hay que estar avergonzado, eso les da un mensaje negativo muy claro que se incluye en su propia relación son su cuerpo y con toda su sexualidad y con su eventual dinámica sexual. Por supuesto que algunos hombres caminan "exhibiéndose", que es otra variedad de manifestación malsana de la falta de confianza y claridad sexuales. Hay un punto medio en el que podemos estar desnudos enfrente de nuestros hijos sin exhibicionismo excesivo y sin miedo a la vulnerabilidad. Es muy saludable para los niños observar a sus padres en una relación fácil y sin prejuicios hacia sus cuerpos, tanto desnudos como vestidos.

Si el sexo y la sexualidad (dos cosas muy distintas) son, en general, saludables, o, en general, no saludables y torcidos, depende de nuestra imagen de nuestro cuerpo y de los sentimientos asociados con el placer corporal (y nuestro amor para complacer a otros) o de la represión o disgusto con las funciones y las sensaciones corporales. Todas estas impresiones se nos enseñan muy temprano en la vida, desde la infancia, mucho antes de que se presente una relación sexual adulta.

Recuerdo un incidente cuando entré inesperadamente al baño de mi casa: nunca vi a una toalla moverse tan rápido. Pensé que levitaba, pero en realidad mi tía la agarró del toallero para cubrir su anatomía inferior. ¡Esa cosa se movió a velocidad supersónica! Como resultado, si estoy con una mujer, si no hay una toalla entre los dos, tengo problemas. Entonces pueden encontrarme merodeando cerca de los tendederos, me toma una hora y media colgar ahí cuatro o cinco piezas de lavado. Tengo que estar por ahí, jugando con las pinzas de ropa, viendo a las toallas, preguntándome qué hay detrás de ellas. Lógicamente sé que no hay nada detrás de ellas —sé que es una toalla colgando de un tendedero; sé que no hay nada detrás excepto el paisaje. Pero una vez que tienes un "mapa del amor", tienes un "mapa del amor". ¡Quiero saber qué hay detrás de esas toallas! Aunque como adulto sé que no hay nada detrás de ellas más que aire, como niño supe que había algo ahí detrás y yo quería saber qué. Es fascinante. Como un misterio. Territorio prohibido. Quiero examinarlo y satisfacer la curiosidad que no sabía que tenía hasta que se me negó la vista de… ¿de qué? Todavía no lo sé. Pero sé que hay algo de verdad interesante detrás de esa toalla.

El autor del artículo de los "Mapas del amor" también dijo que son las actitudes sexuales represivas, no los valores permisivos, los que alimentan de manera más importante el comportamiento aberrante. Estoy de acuerdo. Sería mejor para nuestro hijo si entra en nuestra recámara y nos encuentra haciendo el amor, que nos volteáramos y le dijéramos cuando pregunte, "¿Qué están haciendo?" que contestáramos, "Haciendo el amor. ¿Puedes salirte y cerrar la puerta y hablamos contigo cuando acabemos?", mejor que dar de gritos, jalar las cobijas y gritarle, "Salte de aquí. No te he dicho mil veces que toques antes de entrar ¡maldita sea!", y cosas así –de lo que probablemente muchos de nosotros sufrimos el efecto cuando niños, al haber entrado inocentemente en la recámara de nuestros padres mientras "lo hacían".

Si hemos educado a nuestro hijo con buen sentido del humor, cuando tenga ocho o nueve años y entre accidentalmente con nosotros, va a decir: "Oye, Papá tienes un granito en la nalga". Quédense tranquilos. Y no le corrijan su lenguaje.

Otro ejemplo: Cuando los niños pequeños quieren ver el pene del papá, es un gran conflicto para muchos hombres. Si el hombre está avergonzado por su curiosidad (quizá sus hijos quieran verlo balancearse y flotar en la tina… lo que sea que hacen esas cosas), tiene que haber una forma de manejar ese tipo de cosas firmemente, pero sin trauma para el niño. No hay manera de explicar *cómo* hacer eso, se tiene que hacer caso por caso. Mientras estemos más con los niños, seremos más capaces de manejar estos asuntos sin ponernos nerviosos.

No escondan su cuerpo y no lo expongan innecesariamente. La clave es la naturalidad no afectada.

La masturbación

Los niños juegan con sus genitales, lo que nos puede generar confusión en cómo manejarlo, si somos reprimidos y nos avergonzamos fácilmente. Porque *de veras juegan* con ellos. No sólo los tocan, se quedan ahí sintiéndose bien, jalando, acariciando, husmeando, y demás. Después de todo, los genitales están muy a la mano, se alcanzan fácilmente, bastante accesibles a los dedos. Las niñitas tienen tanto placer jugando con su equipo igual que los niñitos.

Si nos ponemos de veras tensos y les alejamos la mano, aprenden que está mal de alguna manera, y es el principio de una imagen negativa de su cuerpo. Mientras menos moralicemos, ellos pasarán a través de esas etapas y crecerán bien.

Entonces ¿qué hacer? Nada. Dejarlos jugar.

Algunos de nosotros estamos bastante avergonzados de tener genitales. Vemos a nuestros hijos acariciándose y estamos tan apenados que no sabemos qué hacer. ¡No podemos creer la libertad inocente que expresan los niños! Por supuesto que no queremos quedarnos quietos cuando tienen trece años y se están masturbando enfrente de invitados pero, por otra parte, quitarles la mano de sus partes privadas cuando son pequeños tampoco es tan bueno. Si les dejamos seguir sus inclinaciones, desarrollarán una etiqueta social natural. Cuando no se las dejamos desarrollar como exigencias instintivas es que se desarrolla la sexualidad aberrante.

Mis manos deben de haber estado atadas atrás de mi espalda cuando era niño. No lo recuerdo; mi memoria está en blanco; pero de alguna manera lo superé. (Hey, tranquilícese, ¿quieren? Es sólo una broma. Estamos hablando acerca de la masturbación, no acerca de una disección en vivo. Bájenle, amigos.)

El sexo y la cama familiar

Cuando usted y su pareja y un niño pequeño están en la misma cama juntos, recomiendo que usted y su pareja hagan el amor cuando el niño esté profundamente dormido. Pero *pueden* hacer el amor en la misma cama. Si están muy incómodos, pongan un tapete en el piso y dejen al niño ahí por un rato, luego regresen al niño a la cama. O dejen al niño dormido en la cama y *ustedes* usen el piso (o el escritorio). ¡Quizá no caiga mal un poco de variedad!

No haría el amor mientras el niño está viendo, pero en términos de que el niño esté dormido en la misma habitación en que los padres estén haciendo el amor, no creo que haya un problema. Después de todo, es natural. Háblenle al niño acerca de esto, para que el inconsciente del niño esté relajado y confortable. No le explicaría al niño las leyes de la biología o de la procreación, sino sólo, "Mamá y Papá van a estar haciendo el amor, y si oyes ruidos, o si rebota la cama por toda la recámara, se supone que así debe ser". También es una impresión saludable para el niño el saber que cuando crezca puede ser expresivo al hacer el amor, en lugar de ser aislado y encerrado. Les puede ahorrar años de terapia. Por otra parte, una vez que el niño tiene su propia habitación, y si ha estado suficientemente bien protegido respecto al asunto del acto sexual, sean conscientes de que si oye a su madre gritar como loca (¡como sea que griten las locas!), el niño casi siempre va a suponer que la madre está en terribles problemas y estará asustado por ella, muy preocupado. Entonces sean sensibles para ver si el niño está despierto o dormido cuando hagan el amor. Y si no gritan por respeto al espacio del niño, bien y bonito; pero si no pueden gritar, muy mal, no saben de lo que se pierden (también los hombres).

Expresividad sin censura

Los niños educados en un entorno consciente, amoroso y de apoyo, pueden ir con la gente y preguntarles cuestiones que les interesan, sin miedo ni vergüenza. A veces la claridad y la franqueza de estos niños pueden asustar a los adultos que son cerrados y reprimidos.

¿Han visto a niñas pequeñas educadas sin prejuicios ni rigidez jugar a que dan a luz? Abren sus piernas y sacan una muñeca de entre ellas, de debajo de su vestido. Apuesto que algunos de ustedes estarían muy preocupados de llevar a estas niñas a casa de la abuela, ¿eh? ¿Qué haría la abuela cuando una niña de tres años abre sus piernas y saca una muñeca? Probablemente le diera una apoplejía. Sería el final de la tranquilidad de la abuela, o al contrario, se reiría a carcajadas de gozo.

No obstante, es una cosa maravillosa ver a los niños para quienes todos los elementos de la vida —nacimiento, muerte, cambios de humor, hacer pipí y popó, tener genitales y demás— se toman naturalmente como en el curso de las cosas. Es una observación muy liberadora saber que nuestros hijos no están tan atados, esto es, tan estreñidos psicológicamente como la mayoría de nosotros estamos, acerca del nacimiento, del sexo y de la muerte.

Típicamente, los niños son naturalmente curiosos y entusiastas acerca de compartir sus descubrimientos, y es muy sano aceptar estas cualidades en ellos. Además, a la menor oportunidad, los niños son conversadores fabulosos y encantadores, fascinantes y simpáticos.

DIOS, RELIGIÓN Y ESPIRITUALIDAD

Un libro de Claudio Naranjo titulado *The End of Patriarchy: And the Dawning of a Tri-une Society* [*El ocaso del patriarcado: y el amanecer de la sociedad tri-unitaria*] (Oakland: Amber Lotus, 1998), trata de sus conceptos acerca de la educación ideal y de la cultura ideal, basados en la relación ideal entre madre, padre e hijo. En general, él dice que de verdad muchas de las cosas en las que somos educados son prescindibles –que las aprenderíamos en el transcurso de nuestras vidas de cualquier manera, y probablemente mejor y más prácticamente. Las matemáticas y la música son las dos cosas que *son* cruciales en la educación formal, para un entrenamiento total. El doctor Naranjo hace notar diferentes experimentos en que la música y las matemáticas se han enseñado desde una edad temprana y han sido fundamentales en las habilidades necesarias que podrían ser aplicadas en tantas otras áreas.

En su opinión, la religión no debe ser enseñada formalmente hasta la pubertad. Ciertamente si se vive en un entorno religioso, si la casa es religiosa en su naturaleza, los niños lo observarán y lo tomarán, pero la instrucción formal no debería darse sino hasta la pubertad. La consciencia de la pubertad, que es una consciencia de expansión y de ideas, es una consciencia de romper dependencias, de romper la seguridad y el santuario de la casa, y de llegar como adulto a la propia. Es el momento ideal para enseñar la religión, porque en esencia es lo que la gente busca, respuestas universales, al entrar a su vida adulta independiente. Si la religión no se enseña hasta entonces, los niños no habrán sido expuestos al posible peligro de conocer la religión como un tipo de cosa que aprendieron de memoria cuando eran pequeños; algo por lo que quizá no hayan tenido un sentimiento orgánico, excepto en un sentido intuitivo verdaderamente sutil. (Pero ese sentido sutil sería universal, no "religioso" de una manera organizada.) La gente joven no estaría cerrada o dañada hacia la posibilidad de una inmersión real en los verdaderos principios de la religión por un condicionamiento dogmático o doctrinario que esté fuera del alcance de su posible nivel de comprensión o apreciación.

El doctor Naranjo es muy crítico con las circunstancias religiosas organizadas, porque los niños se condicionan a una práctica mecánica o rutinaria, en lugar de iniciarse en las realidades verdaderamente religiosas. Dice que esto realmente no puede suceder antes de la pubertad, porque antes no tenemos la formación total de consciencia que capte lo que es la realidad. Antes de la pubertad estamos todavía en las etapas formativas de otros terrenos menos sutiles.

Es por esto que, en la mayoría de las culturas nativas, las experiencias de iniciación se dan en la pubertad. Quizá más temprano en su vida la familia discuta sueños o lo que sea, e involucre al niño en todo el flujo ordinario de la vida en familia incluyendo la espiritualidad, pero en realidad no *tratan* de dar a los niños la experiencia de la realidad trascendental, sólo permiten que los niños perciban lo que perciben en un nivel de desarrollo dado, respondiendo a las preguntas que tengan, pero sin llenarlos de datos pre-formulados.

Al enseñarles quién es Jesús o Buda a los niños de tres, cuatro o cinco años, estamos tratando de instruir a los niños en una realidad trascendente que necesita ser puramente práctica y que requiere todas las facultades del desarrollo adulto. *Necesita volverse* artificial, porque a los tres, cuatro y cinco años, los niños están solamente en la etapa de desarrollo de las habilidades físicas básicas. A los siete, ocho, nueve y diez años, están creciendo hacia las realidades emocionales. El centro del pensamiento no ha llegado naturalmente a su etapa de desarrollo, que es uno de los ingredientes requeridos para una comprensión y apreciación completas y exhaustivas de lo que es la realidad espiritual.

Con las historias es diferente; con las historias no se requiere que los niños capten la moral, la realidad trascendental, más que indirectamente, por supuesto. Contar historias es muy sano, particularmente cuando la historia es algo que el niño pueda seguir e imaginar, no algo que tengan que aprender antes de que puedan apreciar la "moral" de todo en su propia experiencia. Entonces podemos permitir una integración gradual de los niños a las verdades superiores, pero no debemos esperar que comprendan estas cosas en la práctica, cuando su experiencia es puramente intuitiva o instintiva.

Hablar a nuestros hijos acerca de Dios, si creemos en él, debe ser natural. Van a preguntar cuestiones y no debe ser problemático contestarlas, sólo se trata de usar el lenguaje correcto. La forma en que un adulto pueda comprender a Dios de manera abstracta o filosófica no está al alcance de lo que el niño pueda comprender en esos términos. Pero comprender a Dios, o como lo llamemos, no está fuera de su alcance. Sólo tenemos que hablar en el lenguaje que ellos saben. De alguna manera tenemos que traducir nuestro conocimiento en términos de "conocimiento sensorial" de la realidad o de la vida tal y como es. Es muy complicado para los niños el tratar de explicar las formas complejas en que *nosotros* podemos comprender.

Para que los niños vivan una vida de práctica espiritual, o de creencias y estilo de vida holísticos, tienen que ver que los adultos viven de esa manera. La forma ineficiente de comunicarse es a través de todos los medios de adoctrinamiento forzado. (Hay una gran diferencia entre educación y adoctrinamiento, hasta aprender a leer y a escribir, aprender las tres R (o materias básicas para un niño en edad escolar en EE. UU., esto es: leer, escribir, aritmética) puede ser educativo o por adoctrinamiento, dependiendo de si los maestros están enseñando o simplemente golpeando información a sus "estudiantes"). El adoctrinamiento produce lo opuesto de lo que esperamos que "prenda". El manejar con mano pesada las materias que deberían estar llenas de gozo, libertad y júbilo, usualmente causa que el adoctrinado rechace las doctrinas.

Realmente no necesitamos introducir exhaustivamente a nuestros hijos cualesquiera que sean las prácticas espirituales que podamos estar haciendo. Personalmente creo que mostrarles unos cuantos minutos de meditación, o lo que sea que practiquemos, es suficiente, hasta que se pregunten qué es lo que sacamos de ello y decidan experimentar por sí mismos. Si nos ven meditar, eso es lo más importante. De cualquier manera, hasta que el niño llega a la pubertad, naturalmente están "donde nosotros estamos" mientras practicamos meditación. Esto es, los niños no tienen que meditar de la misma manera que nosotros lo hacemos porque *ellos son meditación*, ya sea que estén sentados quietos o que estén jugando escandalosamente. La dinámica que esta práctica crea en nuestros cuerpos ya está en ellos. Entonces, mientras ellos mantengan cierto sentido de inocencia, están meditando. Ellos hacen automáticamente aquello para lo que nosotros empleamos la meditación.

Los niños no tienen que ser enseñados a sentir la siempre presente Bendición de la Divina Presencia en sus vidas y en todo lo vivo. Pero el elemento clave para su conocimiento es *cómo* se hacen conscientes de ella. Los niños aprenden acerca de esta Presencia a través de los adultos que están conscientes de ella y que viven basados en ella, eso es todo. Y si los adultos están viviendo esto, puede haber complementos verbales a eso, se puede usar el lenguaje para explicarlo, pero los niños ya saben de qué se está hablando. Cualquier lucha para explicarles será solamente por nuestras confusiones e incomodidades con ello.

Decidir por sí mismos

La primera vez que pensé en Dios fue cuando tenía diecisiete años. Antes pensaba acerca de los animales; de ellos, coleccionaba todo tipo: bichos y serpientes y tortugas y lagartijas y peces y pájaros y gatos; pero nunca pensaba acerca de Dios.

Mi padre era este tipo que tenía todas las respuestas para todo. De hecho, cuando estaba en primaria tenía una enciclopedia, pero nunca la usaba, porque cuando quería saber algo, sólo se lo preguntaba a él. Cuando necesitaba saber cómo se deletreaba algo, le preguntaba a mi padre, y después de un rato, el decía: "¿Por qué no vas y usas el diccionario?". Se imaginaba que si seguía dándome la ortografía de las palabras yo nunca aprendería a usar el diccionario. De cualquier manera, cuando tenía diecisiete años, un día pensé acerca de Dios y me dije: "Bueno, me pregunto qué piensa mi padre acerca de Dios, ya que él es como Dios". Entonces fui y le pregunté: "¿Crees en Dios?". Y me dijo: "Bueno, tengo mis creencias, pero yo creo que en algo como eso, es importante que tú saques tus propias conclusiones y hagas tus propias decisiones". No me dijo nada más. Solamente "Si quieres saber si hay un Dios, o informarte acerca de Dios, investiga por ti mismo". No lo hice durante los siguientes seis o siete años. Pensé: "No estoy listo todavía".

Cuando entré en mi propia forma de espiritualidad, y me apasioné en todas estas ideas, vi a mi padre y pensé: "Es un artista; apuesto que esta es una área de la vida que no ha descubierto". Así que le pregunté: "¿Sabes algo acerca del esoterismo y del misticismo?". Me empezó a recitar nombres. Me dijo: "Cuando tenía veinte años, en Europa estudié exhaustivamente la teosofía, Blavatsky y Besant. Estudié todas las religiones contemporáneas, el hinduismo y el budismo y demás".

Yo estaba… *¡guau!*... porque él nunca había mencionado una palabra acerca de dichos estudios. Literalmente, nunca había mencionado palabra, excepto acerca de las injusticias del hombre hacia el hombre. Me dejó descubrir mi propia visión.

Cuando veo en retrospectiva, me doy cuenta de que mis padres estaban involucrados con pasión en los movimientos sociales. En un momento dado, temprano –creo que durante la Guerra de Corea, no estoy seguro- había marchas con veladoras alrededor de donde vivíamos en Nueva Jersey. Nunca me pidieron que fuera. Venía la niñera y yo les preguntaba a mis padres, "¿Adónde van?" y ellos respondían, "Vamos a una marcha en contra de la guerra", y eso era todo. Eso fue lo único que escuché. Durante las cenas, en nuestra familia, cuando teníamos invitados, las únicas cosas que discutíamos eran acerca de la familia, de la vida, del arte y cosas parecidas. Cuando se iba a discutir de política, los hombres iban a una habitación y las mujeres a otra; muy tradicional. Los hombres discutían política y las mujeres discutían política, o chismes, lo que sea. Se permitía a los niños que fueran y vinieran, para escuchar o para unirse, como quisieran.

Nunca fui adoctrinado, nunca se me impusieron opiniones. Me dejaron que desarrollara las mías propias. Nunca me dijeron: "La guerra es mala". Sólo si preguntaba: "¿Adónde van hoy en la noche?" me contestaban: "Vamos a una marcha en contra de la guerra". Nunca pregunté y ellos nunca ofrecieron información, a menos que preguntara *específicamente* acerca de lo que sucedía.

Nunca se me impartió una ideología, ni aun en religión. En el pueblo en que crecí había muchos prejuicios hacia los judíos. No podíamos pertenecer al country club porque no se admitían judíos, y no podíamos pertenecer al club de natación porque no se admitían judíos.

(Aunque yo no sabía nada de esto.) Vivíamos en la zona pobre del pueblo, por lo que en mi escuela había negros y orientales y un poco de todo: católicos, episcopales, presbiterianos y yo. Era amigo de todos y todos eran mis amigos. A los once años me di cuenta de que había una cosa tal como son los prejuicios, de los que nunca había sabido de su existencia, que nunca había imaginado.

Una vez al año, hacíamos una ceremonia judía con la parte religiosa practicante de la familia, para Pascua. Entonces, cuando tenía como catorce años les dije a mis padres: "¿De qué se trata? ¿Judío? ¿Cristiano? ¿Qué sucede? ¿Por qué no vamos a un templo?".

Ellos dijeron: "Si quieres estudiar la religión judía, hay un hombre que da lecciones de cultura judía a los niños que no han ido a la escuela de la sinagoga. Puedes ir y aprender, y si entonces quieres ir al templo, puedes ir". Fui durante seis meses. Duré seis meses porque había una chica en la clase que era la cosa más hermosa que había visto en mi vida, aun más hermosa que mis gatos, que ya era un decir. Cuando ella se fue, yo me fui.

Mis padres me dejaron tomar mis decisiones, lo cual fue realmente saludable. En su momento escogí a las chicas. No estaban (¡muy!) preocupados. A su debido tiempo vine a desarrollar una visión del mundo bastante en sintonía con las profundas creencias humanitarias de mis padres.

En lo que se refiere a la religión y a muchos otros temas, podemos confiar y permitir a nuestros hijos que lleguen a sus propias susceptibilidades acerca de las cosas. Por supuesto que los podemos guiar, orientarlos amablemente, pero eso es diferente de forzarlos a creencias o a experiencias estrechas o exclusivas.

Vivimos en un mundo que está extremadamente politizado en muchos sentidos: un mundo en el que hay mucha injusticia, una enorme cantidad de inequidad social y de actos inhumanos, como toda la tortura, todo el crimen y todo el racismo que suceden. Es importante permitir que los niños aprendan acerca de esas cosas a través de la observación, no por ser entrenados a ser dogmáticos, sádicos, racistas, sexistas, clasistas o algo parecido.

Los niños son básicamente inocentes y, en su inocencia, son básicamente buenos. Ellos se preocupan genuinamente acerca de otras gentes, de los animales y del entorno, hasta que se les enseña a ser egoístas, codiciosos, hostiles y suspicaces hacia los demás. Sin embargo, es importante permitirles que saquen sus propias opiniones, más que convertirlos en radicales con mucha invectiva encendida. En los Estados Unidos es muy extraño, por ejemplo, si hay una protesta en contra del aborto, se ven niños de cinco y seis años con grandes letreros que dicen: "¡Asesinos! Los fetos son también personas", parados enfrente de una clínica que practica abortos. ¡Estos son niños! No saben de qué se trata el alboroto. Sólo están imitando a sus padres, queriendo sentir que están contribuyendo. ¡Qué contribución!

Podemos proveer a nuestros hijos de información y experiencia acerca de los temas religiosos y sociales, y luego debemos permitir que su propia sensibilidad y naturaleza se despliegue. A los niños que se les permite desarrollar sus propias opiniones, llegarán a la conclusión de que hay injusticias en el mundo. Van a sentir el sufrimiento de los hambrientos y los torturados, y van a hacer su parte para eliminar dichos horrores. *¡Lo harán!* Pero sentirán estas cosas desde dentro de su ser, no desde la superficialidad de una actitud que les fue impartida a la fuerza por los adultos de su entorno.

Pregunta: Quiero preguntar acerca de la dimensión espiritual durante la niñez. Mi recuerdo más temprano en la niñez fue cuando mi hermano fue bautizado. Recuerdo que mi madre me dijo que este evento era importante, y recuerdo que para mí lo era. Sin embargo, me impactó la extraña actitud de los adultos que no parecían estar involucrados en el asunto. ¿Cuál es la importancia de la actitud de los padres hacia lo sagrado, con respecto a sus hijos?

Lee: Una de las cosas importantes es no hacer una distinción ente lo sagrado y lo ordinario. Si el padre tiene un sentimiento real por lo sagrado, ese sentimiento no tiene que ser traducido al lenguaje, porque los niños no van a comprender el lenguaje. Si tratamos de distinguir lo sagrado –ir a la iglesia, o a cualquier ritual– de jugar y comer y dormir y divertirse y de tener afecto, probablemente hagamos un perjuicio al niño. Por otro lado, si el niño ve al padre mostrando diversos gestos sagrados, como la oración o lo que sea, entonces el niño sencillamente absorbe el estado de ánimo del padre sin ser adoctrinado. Es así de simple.

Capítulo 12

Una visión radical en el siglo XXI

ace unos tres años (contando en 2009) estaba bien pensar que quisiéramos que nuestros hijos crecieran y fueran exitosos. Ahora es una broma. ¿En *qué mundo* podría tener lugar ese éxito? Desde mi punto de vista no va a haber un clima de boom de libre economía como el que estamos viviendo ahora. ¡Ya se acabó! Cuando salí del negocio de los troqueles en 1972-73, el mercado se cayó y *nunca* regresó, ni en cuarenta años. Los inversionistas de aquel tiempo estaban tan involucrados en ese mercado, como lo están ahora en el mercado del arte; pero el negocio de los troqueles (sólo un ejemplo) nunca regresó.

Los niños educados conscientemente, como a los que nos dirigimos aquí, son sumamente brillantes y listos. Los que han asistido a la escuela en la casa aquí en nuestra comunidad no han sido alentados a conformarse a cierta norma de éxito, como sucede en la escuela convencional. Cualquier niño con ese tipo de inteligencia brillante puede hacerse su camino en el mundo *si* tiene una visión radical, y *nosotros* tenemos que darle esta visión radical.

Nunca hablo de la educación superior como una necesidad, pero aun así, mis propios hijos quieren ir a la universidad. ¿De dónde sacaron esa idea? *De sus amigos.* Así, una de mis hijas fue a la universidad y estudió historia del arte, y ¿qué puedes hacer con ese tipo de grado? A pesar de eso, ella consiguió un trabajo fantástico administrando una tienda de ropa de diseño de moda. ¿Y cómo lo consiguió? No gracias a su grado universitario, sino porque es lista, talentosa, capaz y porque sus hábitos de trabajo tienen mucho que ver con lo que los maestros le enseñaron en primaria en la escuela en la casa.

Otra de mis hijas quiere ser enfermera, y por supuesto que necesita entrenamiento para hacer ese trabajo. Pero, para muchos de nuestros hijos y para nosotros mismos, la noción de que necesitamos tener un grado universitario convencional para "hacerla" todavía tiene sentido. Una de las jóvenes que estudió en la escuela en casa se fue a estudiar letras a la Universidad de Nueva York. *Bien*. Pero ahora va de una escuela a otra para adquirir más capacitación o educación en lugar de sólo *escribir* para publicar. Es un mecanismo que la estanca y que nunca va a producir los resultados que imagina.

Otro de mis estudiantes es un gran escritor de verdad; un poeta. Desde el mero principio le dije que hiciera cien entregas al mes, y que no regresara a la escuela. Pero no lo hizo. Uno de los hombres de nuestra comunidad es un fisioterapeuta que debe cantidades enormes en préstamos para su educación. Si se sentara y midiera de manera realista sus gastos, y dejara de desperdiciar su dinero, tendría dinero para pagar los préstamos escolares. Pero la gente no piensa así.

Si servimos de modelo con un tipo de visión radical para nuestros hijos, ellos van a salir y experimentar con todos los aspectos de la vida, como lo hacen todos los jóvenes, pero regresarán a los valores fundamentales que nosotros hemos representado. Cuando las familias son muy íntimas en los años tempranos, como son las nuestras, los niños regresan a la familia. Cuando son educados con amor, atención, respeto, van a regresar, a diferencia de muchos jóvenes que simplemente se quieren ir tan lejos de sus padres y familias como sea posible.

Los niños no tienen que ser adoctrinados. Por ejemplo, en nuestra comunidad cantamos el Nombre de Dios como una forma de veneración y celebración. Yo encuentro que, cuando son pequeños, a todos los niños les gusta cantar. Si se detienen a cierta edad, generalmente más tarde en su vida regresan al canto como una expresión de su práctica espiritual, por decisión propia. Como otro ejemplo, la mayoría de mis hijos adultos son ahora vegetarianos. Crecieron en un hogar vegetariano y luego dejaron esta práctica. Pero regresaron al vegetarianismo por voluntad propia.

Su educación está en todas partes. En el primer viaje que hicimos a la India con niños en edad escolar, ni siquiera les *gustaba* la mujer que fue su primera maestra. Pero a los seis meses la seguían como patitos. Ella los amaba y establecía límites y ¡no aceptaba cualquier cosa! Ella estaba dispuesta a vivir *radicalmente* con la elección que había hecho de servirlos, y los niños supieron que era una buena cosa cuando se dieron cuenta de ello.

Todo lo que es necesario es que los niños tengan modelos fuertes. Les digo a mis estudiantes que todo lo que necesitamos está listo, si sólo vivimos las vidas con las que estamos comprometidos. Esto no quiere decir que tendrán la ropa de última moda cuando sean adolescentes. ¡Pero tendrán lo que cuenta!

Extracto del diario de Lee, 2 de junio de 2005

En Estados Unidos estos días, parece que nuestra comprensión de la psicología infantil y adolescente, nuestra comprensión de la cultura, está muy baja. Parece que nos movemos hacia el ambiente de paternidad de la Alemania del siglo XIX y principios del XX. Parece que ni siquiera nos gustan mucho los niños y los jóvenes. Por supuesto que interfieren con nuestras ocupaciones completamente absorbentes y narcisistas, exigen un poco de paciencia, tolerancia, manifestaciones de cuidado real, afecto, amor, sí, sí, y supongo que no es bienvenida esta dramática imposición sobre nuestras vidas perversas, rígidas, fundamentalistas (como en el fundamentalismo de la vanidad, el fundamentalismo del orgullo, el fundamentalismo verde). Pero estos son __nuestros__ hijos, __nuestra__ esperanza para el futuro, su futuro y __nuestro__ futuro. ¿Cómo podemos ser tan descaradamente negativos hacia los niños, tan agresivamente restrictivos y limitantes, tan inconscientemente ignorantes hacia sus sentimientos, sus procesos, sus mundos internos increíblemente ricos y sensibles? Se supone que soy... alguien que Comprende..., [pero] este odio aparente hacia los niños, hacia lo que es bueno, puro, inocente, hermoso —esto no lo comprendo, no puedo. En verdad no tengo ninguna comprensión de lo que hace a la gente malvada, porque esto es un verdadero mal. No lo comprendo.

Yo creo en la escuela en casa. Es cierto que se tienen que entregar siete u ocho años al proceso, pero vale la pena. Esta misma hija, la que es tan exitosa como gerente de la tienda, a menudo no hacía sus lecciones cuando estaba en la escuela en casa. Su maestra me preguntó: "¿Qué debo hacer?". Contesté: "Mientras ella esté feliz, lo está haciendo bien. No necesita un adoctrinamiento rígido".

Mucho del ajuste y de la educación están relacionados con las actitudes que ellos reciben acerca de las cosas; mucho más de aquello a lo que le damos crédito. Y estas actitudes pueden estar basadas en nuestras suposiciones radicales, que la vida es básicamente buena; que el cuerpo se puede sanar a sí mismo (si los yoguis en la India pueden sacar sus intestinos del vientre y limpiarlos y volverlos a meter, el cuerpo es mucho más resistente de lo que le damos crédito); que podemos creer en Dios, etc. Esos tipos de suposición radical funcionan como una conclusión para la mente y el inconsciente que, para empezar, establecen las circunstancias de nuestras vidas.

Uno de mis estudiantes estaba leyendo recientemente un libro acerca de la comida cruda, y diciéndome historias acerca de cómo esta dieta había cambiado radicalmente la vida de una persona. En cada una de estas historias, la persona había llegado a un punto en su sufrimiento causado por diversos problemas de salud, en que dijeron "¡No más!" Y entonces adoptaron esta dieta. Esa es una decisión radical. Ahí está la diferencia. Cuando estás comprometido, tu atención es excepcional.

Cuando nos mudamos aquí a Arizona desde Nueva Jersey, algunas personas de nuestra comunidad tenían grados universitarios, podían haber conseguido buenos trabajos convencionales si se hubieran quedado en el este. No obstante, todos tomaron una decisión radical: dejaron su casa, tomaron todos sus ahorros, e hicieron cualquier trabajo que pudieron para apoyar a la comunidad. Si todos hiciéramos eso con los problemas nuevos, tomaríamos la posición de una decisión radical. ¡Las cosas serían diferentes!

El mismo principio se aplica a nuestros hijos. Si su educación está basada en una decisión radical que nosotros hacemos, como sus padres y cuidadores, ellos pueden adaptarse a casi cualquier cosa. ¡Podrían correr descalzos por los campos sin que se les claven espinas de cactus en sus pies, como lo hacen muchos de ellos ahora! ¡De regreso a la naturaleza, sí! Pero en su lugar queremos que sean exitosos y que tengan seguridad, de la misma manera que nuestros padres tenían su visión de la vida. No vemos que la seguridad que queremos para ellos *no es segura.* Lo que creemos ser seguro, no lo es. Ya no es esa clase de mundo. Hoy ya no es significativa la manera en que fuimos entrenados a ver la seguridad y un trabajo confiable. Las ideas más radicales para hacer dinero no están basadas en la educación. Se trata de genios natos.

En una entrevista a Bob Dylan en la revista *Rolling Stone* (abril 2009), dijo que todos debían tener un oficio, no un trabajo. Cualquier gente con un oficio puede conseguir un trabajo. Pueden llevar su oficio con ellos adonde sea. Ésta es la razón por la cual uno de los papás de nuestro grupo quiere que sus hijos trabajen con él, para que tengan habilidades prácticas.

Ya no es el mundo de nuestros padres, en que la gente era decente y tenía integridad. Hoy las corporaciones son corruptas. En tantos terrenos, como el militar, el gobierno, si no siguen el programa los ponen en la lista negra; la integridad no importa. Si quieren ir en contra del *orden social*, ¡están fuera! Si estamos dispuestos a defender aquello a lo que hemos comprometido nuestras vidas, nuestros hijos pueden escupir y patear, pero regresarán; *querrán* una vida así de comprometida para ellos mismos. Pero tenemos que ser claros.

Extracto del diario de Lee, 2 de marzo de 2009

Mientras estoy detallando los males de nuestra sociedad, aquí hay uno extraordinario. Siendo nosotros una entidad sociopolítica más interesada en la guerra, la agresión, la persecución de crímenes sin víctimas, y la perversión sexual, más que en las artes y la educación, a pesar del hecho de que los estadounidenses somos algunos de los más ignorantes y más pobremente educados que cualquier nación del primer mundo; con el descenso de la economía, la educación está sufriendo un golpe severo. Entonces muchos maestros en nuestra pequeña localidad están perdiendo sus trabajos o temen perder sus trabajos. En este rumbo, está el gran villano fuera de toda realidad, pero cuando la gente entra en pánico no tiene la mente clara ni sentido común, es la nueva escuela alternativa a la que asisten un par de nuestros chicos y que les gusta, no sólo porque la educación es mejor que en la escuela pública principal, sino también todo el ambiente y los métodos de enseñanza. En lugar de ver nuestro estilo de vida y nuestra contribución a la situación económica, sólo queremos culpar y vilipendiar a alguien, en este caso esta escuela alternativa. Hubo una reunión de la comunidad (no de nuestra comunidad espiritual, de la comunidad social local) para discutir "asuntos" y la directiva de esta escuela alternativa invitó a cualquiera de los estudiantes que quisiera hablar acerca de esos asuntos a que asistiera a la reunión y contribuyera. Cuando lo hicieron varios estudiantes y cuando se pararon a hablar, la amplia mayoría de los adultos les chifló y los abucheó; y uso la palabra adulto con bastante sarcasmo, ¿quiénes estaban en el salón?, padres (pobres de sus hijos) de los jóvenes que eran estudiantes de la escuela pública principal del pueblo. Qué modelos, ¿eh? Y para añadir insulto a la injuria, cuando uno de los maestros de la escuela alternativa, preocupado, el maestro favorito de los chicos, fue a otro foro público para una discusión democrática, cuando entró al salón todos se alejaron dejándole un amplio espacio en un salón abarrotado, y por si eso no fuera suficiente, se le maldijo a base de gritos ("vete al carajo, pendejo" se gritó más de una vez y por más de una persona). Se quedó diez minutos antes de dejar la reunión, sin ofrecer su aportación. Esto no es sorprendente, pero tan previsible como parece, es una vista impactante desde un asiento de primera fila. Un pequeño, y todavía es un pequeño relativamente con lo que se va a convertir, un pequeño estrés económico, y la gente que de otra manera sería "buena" se convierte en animales que gruñen, que muerden, que clavan sus uñas para destripar a cualquiera y a todos los enemigos, imaginarios o no. No sólo eso sino que los medios públicos (los periódicos locales) se han unido a la cacería de brujas y están vilipendiando, y no estoy usando una palabra suficientemente fuerte, esta escuela alternativa y también a sus maestros y alumnos. ¡Santo cielo, rayos y centellas, MIERDA! Gente, busquen abrigo porque es el inicio de un nuevo holocausto; bueno, está bien, estoy siendo un poco histérico, pero quizá no. Estoy seguro de que todos ustedes lo ven en sus patios traseros estos días de miedo. Entonces, aférrense a su integridad, escóndanse, si tienen que hacerlo, pero hagan lo correcto, por favor, a pesar de todo. Hagan lo correcto. No vendan a sus amigos, no rechacen a sus amigos, no abusen ni hablen mal del inocente y no se conviertan en animales por unos pocos míseros centavos, ¿quieren? Gracias y de nada.

Vivimos intencionalmente en una comunidad, pero cuando una de mis hijas era joven se quejaba porque quería vivir sola, le dije: "Soy tu padre, y esto es lo que hacemos [*refiriéndome a la vida en comunidad*] y así es como es ahora. Cuando tengas dieciocho años puedes tomar tus decisiones de dónde y cómo quieres vivir".

Ella dijo: "Quiero una televisión". Sencillamente dije: "No tenemos televisión".

"Pero todas mis amigas tienen televisión", dijo. Repetí con calma: "Está bien, pero nosotros no tenemos televisión". (Ahora, después de años, me apena decirlo, unas madres inseguras han votado en mi contra a este respecto. Entonces me siento como un hipócrita hablando de ello. Sin embargo, creo que todos viviremos para lamentar tales decisiones).

El único camino a través de este laberinto del mundo como está hoy, es entregarse. La confianza está implícita en la entrega. En el budismo tibetano, la fe viene primero. Si no tienen fe en el maestro, sangha, dharma, no pueden ir a ninguna parte. No se puede tener fe verdadera en la Enseñanza sin ser adulto, lo que quiere decir que nos ocupamos de lo que verdaderamente *es* nuestro asunto: como servir de modelo, y las decisiones radicales que hacemos. ¿Estamos dispuestos a reducirnos y a alterar nuestro estilo de vida para ajustarnos a nuestro compromiso? En lo que se refiere a la escuela en casa, por ejemplo, hemos acumulado habilidades que pueden ser compartidas con nuestros niños, pero tenemos que estar dispuestos a reorientar nuestros horarios y el tiempo que gastamos en nosotros mismos. Si trabajamos demasiado para darles a nuestros hijos una educación como la que nosotros tuvimos o como en la que todavía creemos, estamos heredando a nuestros hijos nuestro convenio con el "éxito", como una norma social. No necesitan eso. Ellos tienen pasiones, talentos y quieren dedicarse a ellos. Todos los chicos quieren eso. Podemos apoyar sus pasiones y talentos, pero no con los estándares convencionales.

Los niños no son el problema. ¡Somos nosotros!

Entrenar para la crisis

[Nota del editor estadounidense: Esta sección se tomó de las conversaciones con Lee durante el verano de 2005, publicadas en el libro *Caught in the Beloved's Petticoats* (Atrapados en las faldas de aquellos a quienes queremos) de M. Young, Prescott, Arizona: Hohm Press, 2006, 351-354]

Nosotros como sangha tenemos una increíble unión profunda, y… tenemos que cultivar esa unión para que permanezca fuerte en los años futuros, porque no sabemos lo que va a pasar. La gente de la sangha está impactada por lo que sucedió en Luisiana [El huracán Katrina en 2005]; parte del impacto viene de una empatía genuina por el sufrimiento de allá, pero otro aspecto es la ingenuidad al creer que Luisiana es diferente de Arizona o de Francia, que es un lugar diferente. Tenemos que ser capaces de manejar las crisis, administrar las crisis, y tenemos que entrenar a nuestros hijos a manejar las crisis. [Lee] dijo que no estaba hablando acerca de decirles a nuestros hijos nada respecto al estado del mundo o de los políticos corruptos, sino de entrenar a nuestros hijos a manejar las crisis, de manera que, en una situación de crisis, seamos capaces de defender y enfocarnos en mantener el Trabajo, en lugar de ser arrastrados por nuestra respuesta emocional.

Dijo: "Es ingenuo pensar que vamos a estar protegidos o que no vamos a tener que enfrentar personalmente tragedias como la que sucedió en Luisiana. Por ahora, en lo que se refiere a mantener el Trabajo, pensamos que las cosas están bien, que nuestro Trabajo está bien establecido, pero en el futuro tendremos que estar más activamente comprometidos en preservar el Trabajo, como en '*Fahrenheit 451*', donde la gente tenía que pasar todo el conocimiento de manera oral, porque todos los libros habían sido quemados. ¿Qué pasaría si la gente fuera capturada o desapareciera y que no hubieran transmitido su conocimiento a sus hijos? Esa línea de conocimiento se perdería para siempre. Nos encontraríamos en una situación de tener que preservar la enseñanza memorizando". Lee dijo además que "… todavía tenemos que estar preparados para cualquier cosa. Lo que está sucediendo en Luisiana es una situación de guerra, a causa del sufrimiento y de que la gente ha perdido sus hogares. No estaba hablando del hecho de una guerra literal, sino también de una guerra psíquica".

[Él] se enfocó en la necesidad de cultivar la sabiduría para ver las bendiciones dentro de las dificultades que se presentarán más adelante, y de cultivar nuestros lazos entre nosotros. Nuestra relación con el Trabajo y nuestra obligación de preservar el Trabajo se vuelven más críticos con cada año que pasa y con cada golpe a la estabilidad de nuestro mundo. El punto vital es que todo lo que hacemos se hace para servir al Trabajo; y cuando servimos al Trabajo, el Trabajo nos sirve a nosotros.

Pregunta: El estado penoso del mundo, particularmente del medio ambiente, me causa gran preocupación. He estado pensando mucho últimamente acerca de qué les estoy dejando a mis hijos.

Lee: Cuando estés en tu lecho de muerte, y *ahora* estás en tu lecho de muerte lo sepas o no lo sepas, ¿cuál es el último pensamiento que cruzará tu mente? ¿El medio ambiente? Espero que no. Porque si educaste a tus hijos apropiadamente, ellos lo manejarán. No te preocupes. Puedes irte con fe y con confianza. Ellos lo manejarán porque son buena gente. Tienen integridad. Tienen el Trabajo en sus células y tienen integridad en sus mentes. Si no los has educado apropiadamente, de cualquier manera, no sirve de nada pensar en el medio ambiente.

Capítulo 13

Santuario y vastedad
Lo que necesitan nuestros adolescentes

Con cuánta frecuencia no llegamos a comprender y a "empaparnos" de nuestros hijos, sino hasta que se mudan lejos y están absortos en sus propias vidas (de la misma manera que estar absortos en nuestras propias vidas no nos permitió "comprender y empaparnos" de ellos cuando tuvimos la oportunidad —en muchos casos, quizá la única oportunidad que tendremos).

Extracto del diario de Lee, 5 de marzo de 2009

Pregunta: Necesito consejo para la educación en relación con mi hija adolescente. Ella pasó por tiempos difíciles a causa de la separación de su padre y su segunda esposa. Estuvo disgustada durante dos años, pero ahora le está yendo mejor.

Lee: Hablando en general, y sí hay excepciones, pero hablando en general, el modelo más fuerte para los hijos son los padres. Obviamente, conforme crecen los niños, exteriorizan sus modelos hacia figuras deportivas, estrellas del rock, o quien sea. Entonces es necesario que usted continúe como modelo de mujer adulta, porque su hija se está convirtiendo en joven adulta.

Es muy importante no confundir el comportamiento externo de los hijos con su estado interno, porque muchos chicos no pueden exteriorizar lo que están sintiendo en realidad. No pueden hacer esa transición. A veces, la única manera en que pueden pedir amor y afecto es peleando. Entonces, no queremos confundir cualquier tipo de rebeldía externa —como la manera en que se visten las jóvenes estos días. Usted, como modelo, reconozca que conforme nos hacemos mayores, *nosotros* nos vestimos de diferente manera que cuando teníamos diecisiete años. Porque cuando una mujer de setenta años se viste como si tuviera veintiuno, no sintoniza bien.

No confunda un tipo de rebeldía —como salir con chicos salvajes, usar ropa sexy y quizá fumar y beber, quién sabe lo que hagan— con la dulzura y la inocencia de la niñita que conoció cuando era dulce e inocente. Porque *¡todavía es dulce e inocente!* Es sólo que, a veces, cuando crecen, sienten que necesitan ser como sus compañeros. Modele para ella lo que es ser un sabio mayor. Usted es mayor para ella. Y cuando esté con ella, relacionándose con ella, trate de leer lo que está diciendo en su *interior*, en lugar de reaccionar a lo que esté diciendo o haciendo hacia el *exterior*.

Y nunca le mienta. Uno de mis hijos vino a verme en un estado muy vulnerable, y me dijo: "¿Se van a divorciar mamá y tú?" porque no podía dejar de ver una cierta tensión que existía entre nosotros, aunque tratábamos de que no se notara. Yo dije: "No lo sé. Espero que no, pero no te lo puedo prometer". Eso fue honesto. Entonces, nunca le mienta a su hija como una forma de protegerla de que sea lastimada. Sea honesta con ella de una manera sensible y comprensiva. Y también entienda que la forma de actuar de una adolescente *no* es su comportamiento para el resto de la vida. Si así fuera, muchos de ustedes estarían muertos ahora.

Si se está comportando mal, no quiere decir que va a ser de esta manera dentro de diez años, o peor. Porque en cuanto los jóvenes se vuelven responsables, independientes y pagan sus propias cuentas y tienen que llegar a tiempo en su trabajo, son completamente diferentes de cuando eran adolescentes, cuando sus padres los mantenían, dándoles dinero y ayudándolos, o llevándolos adonde fueran.

En una palabra, uno de los ambientes educativos más saludables que podemos tener para nuestros hijos es el "espacio". Especialmente cuando hay una perturbación familiar: cuando hay un divorcio; cuando hay pleitos; cuando hay falta de ecuanimidad. Y no sólo son los padres los que pueden ser el origen de la perturbación, pueden también ser los hermanos o hermanas. Por ejemplo, si eres una niña y tienes un hermano mayor malvado, la casa puede ser un infierno. O quizá tu abuela es borracha o tu abuelo es exhibicionista y cada vez que entra en la casa con su gabardina, ¡cuidado! Cuando hay una perturbación en la familia, cosa que sucede en las familias de hoy en *todo* el oeste, (más familias tienen perturbaciones que las que no las tienen), los niños tienden a desarrollar un tipo de invulnerabilidad como una forma de protegerse a sí mismos. Es muy razonable. Pero el interior aún es el mismo.

Mientras más espaciosos podamos ser con nuestros hijos, mejor. No quiero decir que seamos completamente negligentes, dejarles hacer cualquier cosa que quieran bajo cualquier circunstancia. Quiero decir que seamos muy espaciosos respecto a quiénes son sus amigos y adónde van y qué hacen. Porque con frecuencia, cuando permitimos a los hijos que lleguen a sus propias conclusiones, las conclusiones a las que llegan son justo las conclusiones a las que esperábamos que llegaran. Pero si tratamos de forzarlos en el molde, aunque ellos sepan que el molde es lo mejor para ellos, reaccionan ante el molde sólo para ser independientes. Entonces, ¡espacio!

Ciertamente es una cosa muy difícil dar espacio, porque el mundo *está* lleno de pantanos y trampas y peligros. Es muy difícil darles a los hijos gran holgura; y usualmente es lo mejor para ellos.

A veces la comprensión o el modelo no pueden venir de los padres. Mi hija estaba fumando mariguana y estaba involucrada con un grupo de chicos desaliñados:

"¿Qué vamos a hacer hoy en la noche?"

"No sé. ¿Qué quieres hacer?"

"No sé".

"Vamos al cine"

"Ehhhhh"

Uno de sus amigos de la escuela vino a verla un día y le dijo: "¿Qué estás haciendo con estos chicos? Tú eres mucho mejor que eso". Y ella pensó para sus adentros: "¿Sabes?, tiene razón". ¡Eso fue todo! ¡Cambió completamente en un minuto! Yo podía haberle hablado hasta que mi cara estuviera azul, y no me hubiera escuchado, por lo menos no hasta ese punto.

Entonces, espacio, no sólo para su hija, sino para su padre. Porque es muy común que cuando una pareja se separa tengan opiniones diferentes acerca de los límites para el hijo. Uno de los padres dice que tiene que estar en la cama a las once y el otro dice: "Déjenlos estar levantados toda la noche si quieren".

Mi hijo todavía está en la casa, y está en Internet y juega esos juegos que tanta gente juega. Juega con gente de Europa, entonces tiene que estar despierto toda la noche porque es cuando ellos están jugando en Internet. Y afortunadamente va a la escuela en la casa, por lo que puede dormirse hasta tarde. Realmente no me entusiasma. Me gustaría verlo dormir un buen sueño todas las noches. Pero no siento que sea correcto establecer ese límite ahora, a su edad; tiene quince años. Ya lo resolverá. Los niños llegarán a esas conclusiones si les damos suficiente espacio para llegar a esas conclusiones por sí mismos.

Otro de los chicos de la comunidad –ya no es un niño, tiene más de veinte años– se pasaba en el video, en la computadora, prácticamente veinticuatro horas al día. Todos estábamos muy preocupados por él. Nunca salía; su piel era blanca, y pensamos, "Mal asunto". Ahora, como adulto joven está viviendo en la India, estudiando arte con un artista muy brillante, trabajando en las clínicas gratuitas y en los orfelinatos. Le gusta mucho la gente y la cultura y los niños. Y la única cosa para la que usa la computadora es para enviar de vez en cuando correos electrónicos a su papá y a un par de amigos en Estados Unidos. Entonces sean espaciosos con sus hijos. En la mayoría de los casos, no en el ciento por ciento, van a tener vidas sensatas y maravillosas y saludables y plenas. Particularmente si la vida de ustedes es sensata y saludable y plena. *Hmmmmm.* Bueno, siempre hay una mosca en la sopa.

Pregunta: Un hombre, a quien Lee conoce desde hace varios años, habló acerca de su hijo adolescente atribulado. Él y su esposa sintieron que su hijo, que asiste a una escuela Rudolf Steiner lejos de casa, se volvía más introvertido y atribulado cuando venía a casa. Estaba desmotivado para hacer cualquier cosa que no fuera sentarse en la casa y ver televisión. No conseguía un trabajo ni interactuaba con la gente. Ellos estaban tratando de manejar su inercia en la casa, permitiéndole que viniera a la casa sólo una vez por semana.

Lee: Denle todo el espacio del mundo, y denle el espacio y el tiempo para que venga hacia ustedes. Quiten *completamente* las restricciones a sus visitas y díganle: "Hasta que tengas veintiún años, haz lo que quieras; vive con la familia si quieres. Pero cuando tengas veintiuno tendrás que conseguir un trabajo y cuidarte a ti mismo. Entonces puedes venir a casa y visitarnos cuando quieras". Si únicamente se sienta solo en la casa y ve televisión, déjenlo en paz. Hagan ese trato con él.

Su madre tiene que relajarse y confiar en que su hijo es una buena persona que se adueñará de sí mismo cuando sea el momento, y ella sólo tiene que amarlo como hijo. Si puede ir a decirle eso sin que le golpeen los ojos, dígale que yo se lo dije. Él se encontrará a sí mismo, a su propio tiempo, y necesita libertad para encontrarse. Siga siendo afectuoso con él y hágale saber que lo respeta y que confía en él y que tiene opciones. Con frecuencia es mejor decir lo menos posible. Y es mejor decir algo directo y poderoso que seguir y seguir y seguir.

———————

Pregunta: Tengo una hija de diecisiete años, cuyo novio está enganchado en las drogas, y queremos saber qué hacer al respecto.

Lee: Generalmente, en situaciones así, sólo rezo. Si los hijos han sido educados inteligentemente, con respeto y afecto, y si la casa familiar es un santuario para ellos y no un dominio del infierno, esos chicos van a experimentar, y usualmente van a regresar a una vida sensata y saludable, después de experimentar. Es muy difícil impedir al chico que experimente. Mis hijos han experimentado con drogas, y siempre les he hecho saber que prefiero saberlo que no saberlo. Pero he tratado de establecer tan pocas reglas como sea posible, porque cuando tienen esa edad, no les gustan las reglas. Están tratando de encontrarse a sí mismos. Entonces permitan que su casa sea un santuario para ellos, para que ellos siempre puedan volver a casa. Si un chico se siente avergonzado de su comportamiento, tan avergonzado que no quiera regresar a casa, eso es lo peor. Aseguren siempre que la casa es un santuario.

Mi madre nunca, bajo ninguna circunstancia, me hizo sentir que no podía venir siempre a casa, cuando quisiera, sin importar cuántos años tuviera. Yo tenía unas novias de muy mal gusto. Ya saben que cuando uno es joven e inepto socialmente, toma cualquier cosa. Tenía unas novias *realmente* de muy mal gusto. Mis padres nunca dijeron ni una palabra respecto a mis novias ni respecto a ninguno de mis amigos. *Nunca; ni una palabra.* Nunca dijeron ni una palabra acerca de cómo gastaba mi dinero. Podía sentir que había un desacuerdo, pero nunca hubo críticas. Solamente, "¿Necesitas ayuda? ¿Necesitas algo?". Yo siempre decía no —fin de la conversación.

Entonces es realmente muy importante que su casa sea un santuario, de manera que cuando los hijos necesiten venir a casa, sepan que no serán criticados, que no se les gritará, que no se les dará un sermón, que sólo serán bienvenidos: "Me da gusto que estés en casa". Y recen mucho, que es lo que recomiendo a todo mundo. La mayoría de nuestros hijos, llegan a ser adolescentes y tratan de encontrarse a sí mismos y hasta el mejor de los chicos va a experimentar. No quiere decir que no sean chicos grandiosos; están experimentando, quieren saber de qué se trata. Si han sido bien educados, en el noventa y nueve por ciento de los casos, experimentarán y no se lastimarán demasiado, y cuando acaben de experimentar, regresarán a sus vidas. A veces cubiertos con tatuajes, pero...

Pregunta: Un hombre exigente y dominante le preguntó a Lee acerca de su hija de dieciséis años, diciendo: "Su recámara es un desastre. Es un desorden total. Nunca hace su cama. Nunca recoge nada del piso, y me vuelve loco. ¿Cómo puedo conseguir que limpie su cuarto?".

Lee: ¡No lo haga! Es su recámara. Es la casa de usted, pero es su recámara. Y el estado físico de los asuntos en su recámara, hacer hoyos en las paredes y cosas así, no es de su incumbencia. Si tuviera ocho años, le daría una respuesta diferente. Pero a los dieciséis, si quiere vivir en un chiquero, Dios la bendiga, es su recámara. Si se cansa de vivir en una recámara desordenada, la limpiará. ¡Tiene dieciséis años! Si fuma drogas ilegales en la recámara, o lo que sea, es una historia diferente. Pero si tiene posters de Bob Marley y usted piensa que es subversivo, no es de su incumbencia. Conforme van creciendo, hacemos más y más excepciones a los límites que establecimos con nuestros hijos, porque ellos se vuelven más y más competentes para manejar sus propios asuntos de forma independiente.

Pregunta: Estoy luchando en contra del sistema educativo, porque las escuelas aquí (en México) son muy tradicionales y los chicos ahora están estresados y presionados en la escuela. Nuestros hijos se están volviendo más agresivos y violentos, y yo creo que es porque tienen mucha presión.

Lee: Es lo mismo en cualquier parte, en la India, Francia y en los Estados Unidos.

Persona: Tengo a mis hijos en escuelas americanas. Ahí los maestros están tratando de detener la violencia, la intimidación, lo que sea. Pero nuestros hijos están muy presionados *con* la escuela. Las escuelas les están quitando su creatividad, su imaginación. Duele mucho. Pero nuestros hijos tienen que ir a la escuela y nosotros tenemos que presionarlos para que vayan a la escuela.

Lee: No, no *tienen* que hacerlo. Es verdad que en Estados Unidos los niños tienen que ir a la escuela por ley. Pero hay muchas alternativas; no en todos los estados de Estados Unidos, pero en algunos estados sus hijos pueden ir a la escuela en la casa, y existen escuelas privadas pequeñas que son más íntimas. Pero por ley los niños tienen que recibir educación, y aunque los niños vayan a la escuela en la casa, tienen que hacer exámenes con regularidad, para asegurar que se mantienen las expectativas nacionales en la educación, y todos esos asuntos. Y es mucho peor en Europa, en que hay menos alternativas, y que las escuelas presionan mucho más y son mucho más exigentes.

Bueno, tenemos que encontrar la mejor opción que podamos para nuestros hijos desde el punto de vista educativo, pero *no* tenemos que continuar en el mismo ambiente cuando no están en la escuela. ¡No tenemos que hacerlo! La mayoría de los niños quiere aprender. Si son malos estudiantes no son malos estudiantes porque no sean listos y porque no quieran aprender, sino porque hicieron una decisión psicológica de reaccionar ante la educación por alguna razón.

Cuando yo era niño, mi mejor amigo era negro. Nunca me dí cuenta de que cuando nos juntábamos, él siempre venía a *mi* casa, y yo nunca iba a su casa. Recuerdo esto como adulto, pero como niño nunca pasó por mi mente que él siempre venía a mi casa. Mis padres sabían cosas acerca de sus padres que yo no sabía; padres abusivos, borrachos, ese tipo de cosas. Yo era un estudiante brillante, el primero de mi clase durante los primeros seis grados. Y la primera mitad de mi séptimo grado fui también un estudiante de puro diez. Me encantaba la escuela, nunca perdí ni un día. Ansiaba regresar a la escuela después de las vacaciones. Me gustaba la escuela, me gustaba aprender, me encantaba el estudio. Y un día, recuerdo exactamente el día en séptimo grado, en la clase de estudios sociales, que es una mezcla de historia con política contemporánea y todo lo demás. La maestra, que era muy comprometida con la acción social y con la igualdad de todos los seres humanos, empezó esta discusión sobre el racismo y la segregación. Y dijo algo como: "Seguro, esta escuela está integrada. Y tenemos aquí todo tipo de razas y religiones". (Había sólo chicos blancos en la clase.) "Pero apuesto a que ninguno de ustedes ha tenido a negros de visita en su casa, comiendo en su casa".

Y yo sí lo había hecho. Ella dijo: "¿Hay alguien que haya tenido esta situación?". Y fui el único que levantó la mano. Y ella dijo: "Bueno, siempre hay una excepción". Algo por el estilo.

Y tomé una decisión inconsciente (ahora es consciente, pero entonces era totalmente inconsciente) de que mis maestros no sabían de lo que estaban hablando, y que si no podía confiar en mis maestros, nada de ellos servía. ¡Literalmente de la noche a la mañana cambié de ser un estudiante de diez a uno de siete! Y pasé por la escuela y pasé por la universidad con calificaciones promedio, del lado bajo del promedio. Fue una decisión que tomé para reaccionar en contra de todo el sistema educativo.

Persona: Mi hija cambió de ser una estudiante de diez a una de ocho. Ella dijo, conscientemente: "Voy a ser una estudiante de ocho".

Lee: Debe estar muy contenta de que ella se comprometió a ser una estudiante de ocho. Muy contenta. Pudo haber escogido ser una estudiante reprobada. Porque pudo haber escogido reprobar.

Persona: ¡Pero tiene la capacidad de ser una estudiante de diez!

Lee: No importa. ¡*Usted* quiere que *su* hija sea una estudiante de diez! El problema no es con la escuela, ¡es con usted!

Una cosa relacionada con ser padres: La casa siempre debe ser un santuario para los hijos. ¡Sin que importe nada más! Como padres deben tener una meta fundamental, relativa a sus hijos: que su casa sea un santuario para ellos. Que no importe cuánto estrés tenga la escuela; que no importe qué tan malo sea el mundo; que no importe cuánta lucha haya dentro de su grupo social, que cuando lleguen a *casa* sean capaces de desconectarse y relajarse y sentirse honrados y respetados y apoyados por lo que son, sea *lo que* sea, especialmente por sus padres. Tanto por la madre como por el padre.

Y puedo garantizar que no es usted la única mujer que quiere controlar la vida de *su* hijo hasta el más mínimo detalle, de manera que su hijo sea el hombre o mujer que usted quiere que sea. Si su hija es una estudiante de diez, será una estudiante de diez, sin importar qué calificación obtenga en la escuela. Si obtiene el mismo tratamiento en la casa que el que obtiene en la escuela, ella será una hija de ocho por el resto de su vida. Pero si usted hace de su casa un santuario para ella, cuando ella salga de la escuela y tenga su profesión o lo que vaya a hacer como adulto, ¡ella será un adulto de diez! Pero si no le ofrece el santuario, ella será un ser humano de ocho por el resto de su vida. Y el mundo se está volviendo peor, no mejor. Entonces quizá ella cambiará en un par de años de ser de ocho a ser de seis. Es su responsabilidad hacer de su casa un santuario, de manera que cuando llegue a casa ella pueda respirar profundamente y relajarse, y saber que es amada *incondicionalmente*, sólo porque es su hija, y por ninguna otra razón. ¡No porque es una estudiante de diez! ¡No porque es hermosa! ¡No porque tiene clase y estilo! Sólo porque es su hija y por ninguna otra razón. Los hijos *necesitan* eso de sus padres.

Cuando se entrevista hoy a los miembros de una pandilla, la respuesta consistente de por qué están tan dedicados a la pandilla –aunque ello signifique matar gente y traficar drogas, y sexo al azar y lo que sea– la respuesta consistente es: "La pandilla es mi familia". Porque su madre y su padre no es su familia. Hay un código familiar en las pandillas, y ellos están dispuestos a morir unos por otros. Y sus padres no morirán por ellos, a menos que se vean como los padres quieren que se vean, y que hablen como los padres quieren que hablen, y que se vistan como los padres quieren. Ningún chico puede vivir libre bajo este tipo de circunstancias. Es su responsabilidad como padres hacer de su casa un santuario para sus hijos.

Me divorcié de mi primera esposa y ella se quedó con los niños. Yo me mudé lejos. Cuando mi hijo tenía dieciséis años nunca había vivido conmigo. Él era un problema. Su madre me llamó y me dijo que lo recibiera o que iba a acabar en las calles o en la cárcel. Entonces lo recibí. Y cuando llegó conmigo –tenía un corazón de oro– pero era un chico rudo, retraído por la violencia y otras cosas del padrastro. Vivía en las calles de la ciudad de Nueva York, se metía en pleitos, golpeaba a la gente, quién sabe qué más... Se metía diversas clases de droga, no heroína, pero si drogas ilegales. Era un chico rudo, duro. Y yo personalmente estaba en gran desacuerdo con muchas de las decisiones que él estaba tomando en su vida, y era muy difícil no decir nada ni darle consejos: "Estás arruinando tu vida. Si sólo pudieras ver lo que estás haciendo. Confía en mí, soy tu padre, tengo experiencia. Puedo ver". *Sandeces, sandeces, sandeces.* Traía a la casa chicos –le gustaban callejeros, no perros o gatos callejeros, chicos callejeros. Traía chicos de dieciséis, diecisiete y dieciocho años. ¡Trajo a uno que apestaba! Ese chico no había tomado un baño en Dios sabe cuánto tiempo. ¡Apestaba horrible! El ala entera de la casa en donde estaba la recámara de mi hijo, apestaba como ese chico. Y la demás gente que vivía en la casa decía: "Haz que se bañe". Y yo decía: "¡No! Es su amigo. Es su recámara. Si él quiere que este chico duerma en su recámara, ¡ustedes se aguantan!". Hice todo lo que pude sólo para permitir que su vida conmigo fuera un santuario. Fue duro como el infierno.

Y toda su vida cambió. No de inmediato; tomó varios años. Empezó una dieta limpia y empezó a estudiar yoga y a meditar. Eso nunca hubiera sucedido si le hubiera estado diciendo: "Mira, chico, tienes que poner tu vida en orden. No tienes idea de lo que estás haciendo. Tienes que poner tu vida en orden". No hice nada más que hacer de su casa un santuario.

Estaba hablando con uno de mis estudiantes que tiene un hijo pequeño, un niño, que todavía no habla. Mi estudiante me decía que a su hijo le encanta la gente, y que adonde quiera que vaya busca muy confiadamente a la gente. Todos los niños son confiados hasta que aprenden que no pueden serlo. Bueno, existen estúpidos en el mundo, pero sus padres son las últimas personas que no deben aprender a desconfiar de ellas. Y desafortunadamente, los padres son usualmente las *primeras* personas de las que aprenden a desconfiar. Entonces, tienen que hacer un santuario para sus hijos, por encima y más allá de cualquier cosa.

Swami Prajñanpad dijo que cada ser humano tiene dignidad intrínseca y nobleza intrínseca. Chogyam Trungpa Rimpoché dijo que cada ser humano tiene bondad básica. La nobleza y la dignidad intrínsecas, y la bondad básica implican y generan siempre límites, discriminación y fronteras. ¡Siempre! Entonces si pueden educar a sus hijos de manera que lo que sean en esencia no esté completamente reprimido y encerrado en un compartimento secreto dentro de ellos, ellos siempre regresarán a la dignidad y la nobleza intrínsecas y a la bondad básica, ¡siempre! Pero no necesariamente antes de que sean adolescentes.

Hay un proceso de crecimiento natural en el que los chicos tienen que experimentar y luchar y encontrarse a sí mismos y romper con el entorno familiar y convertirse en dueños de sí mismos. Y durante este proceso, que puede durar varios años, pueden mostrar algunas manifestaciones que les preocupen. Uno de los jóvenes más maravillosos de nuestra comunidad, de diecinueve años, es una linda persona. Todo mundo quiere a este tipo. Tan inteligente, sensible, al servicio de todos, una joya de ser humano. Cuando era pequeño una de las cosas que le gustaba hacer era torturar animales. No sólo aventarlos fuera del camino, ¡torturarlos de veras! Y la gente decía: "Dios mío, va a ser un asesino en serie". Todo mundo hizo lo que hizo, y a veces le quitamos el gato y lo dejamos huir. Y creció para ser un maravilloso joven.

Tenemos experiencia de vida y hemos cometido errores. Y vemos a nuestros hijos y sabemos que si *sólo* nos escucharan, podrían evitar mucho dolor en sus vidas. Pero tienen que obtener la experiencia personal. Como en el enfoque de Swami Prajñanpad y de Arnaud Desjardins hacia los deseos de la gente: "Tienen un deseo. Bueno, vayan y cúmplanlo, y regresen conmigo. Cuando se den cuenta de que el deseo es vacío e inútil, regresen conmigo y practicaremos. Pero mientras tengan el deseo, cúmplanlo, y dense cuenta por experiencia personal qué tan insignificante es. Sea lo que sea… dinero, amor, comida, sexo, arte, éxito".

Si quieren aprender lo que es el amor verdadero, la manera en que aprenden es dándose cuenta de lo que es el amor falso. La única forma de darse cuenta de qué es el amor falso, es practicándolo. Nadie puede decirnos lo que es. Así como no pueden decirle a su hija adolescente, cuando se enamora de un criminal, que ella merece algo mejor; que puede encontrar a un mejor novio. Ni en un millón de años le pueden decir esto a ella. Van a tener que dejarla que se enamore de este tipo, dejar que él la golpee un poco y la aviente por ahí, y finalmente ella se dará cuenta de la diferencia entre los hombres buenos y los malos. Es la única forma en que ella aprenderá.

Una de las más maravillosas jóvenes de nuestra comunidad, que ahora tiene dos hijos, es una madre fantástica. Rompió completamente un patrón familiar de varias generaciones sin intervención psicológica, sin sandeces. Nada. Cuando era una chica de trece, catorce, quince años, salía con este tipo mucho mayor que ella que la golpeaba. Este tipo era increíblemente guapo; hacía que Brad Pitt se viera mediocre. Era hermoso pero la trataba fatal. El tipo era un sádico. Después de que se rompió esa relación, ella anduvo de hombre en hombre –la peor basura de la tierra– y todos decían, "¡Dios mío!". Pero cuando estuvo lista para dejar de colocarse en esas horribles situaciones, encontró a un hombre maravilloso. El tipo con el que ahora está casada, es amable y generoso y venera el piso por el que ella camina. Es un padre fantástico –uno de los dos chicos es suyo- y ama a los niños y realmente se preocupa por ellos. Nadie podía haberle dicho para empezar: "Hey, no tienes que salir con este sádico, puedes…". Tuvo que hacerlo hasta que se dio cuenta, *¡Basta!* Cuando ella decidió *¡Basta!*, toda su vida cambió. Todos los aspectos de su vida cambiaron, como por arte de magia.

El santuario es la primera prerrogativa. Después de eso, bueno, se preocupan por el bienestar de su hijo y su educación, todos los padres lo hacen, es perfectamente natural. Pero para que ellos respeten su guía, tienen que sentirse seguros, no sólo de la violencia, sino también de los sermones: "Tú esto, tú aquello; cuando tenía tu edad…" y bla bla bla.

Todos mis hijos escuchan música rap. Y odio esta mierda —el lenguaje y el estilo de vida de jungla de los raperos. Pero cuando yo era chico, estaba Elvis Presley. Veo a Elvis Presley ahora y digo: "No era tan malo. *Blue Suede Shoes*. No era tan malo". Entonces los dejo escuchar cualquier música que quieran escuchar. Porque la generación de mis padres era igual respecto a la música que a mí me gustaba. ¿Entonces, quién sabe? Si son buenos chicos serán buenos chicos sin importar qué música escuchen; si no lo son, no lo serán, aunque escuchen a Mozart y a Bach todo el día.

La señal de que los niños fueron educados bien no es cuán exitosos son como adultos. No son las calificaciones que obtengan en la escuela y no es qué tan bien portados son. Más bien es si están seguros, con confianza en sí mismos y felices. Y lo que les permite tener confianza en sí mismos y ser felices es que su casa sea un santuario.

Capítulo 14

Práctica espiritual para padres

Ser padre es una práctica que, si se está verdaderamente comprometido, es más absorbente que la de un monje zen sentado en zazen *durante un* sesshin. *No dura tres días o un mes, sino casi veinte años, día y noche sin interrupción. Es una práctica que, una vez que se empezó, no puede ser desechada ni olvidada. Como el trabajo de parto, o como el Trabajo en sí, una vez que se inicia este proceso no hay otra salida más que atravesar por él. Sólo el compromiso profundo y la Investigación nos ayudarán a enfrentar tanto el dolor del corazón como el puro gozo que a veces conlleva el ser padre, y nos ayudarán a abrirnos al cambio profundo de actitud que es posible a través de la paternidad consciente. Esta es una práctica que, una vez aceptada, conlleva su propia inercia intrínseca que requiere nuestra atención, vulnerabilidad, servicio, sacrificio y entrega cada vez más profundos.*

-Manual de estudio de Hohm Sahaj Mandir

[Nota del editor estadounidense: Esta sección (págs. 321-338) está tomada de las conversaciones de Lee durante el verano de 2005, y publicadas previamente en el libro titulado *Caught in the Beloved's Petticoats* (Atrapados en las enaguas de quienes amamos) de M. Young, Prescott, Arizona: Hohm Press, 2006, 552-558.]

odo el énfasis de mi trabajo de enseñanza está cambiando, y los cambios de tan dramática naturaleza toman tiempo para empezar y progresar, y de hecho surgen por sí mismos. Todo este asunto de la iluminación es: si sucede, va a ser un accidente de cualquier manera, y no hay nada que puedan hacer intencionalmente para que suceda. Entonces, en lugar de "Vamos a tratar de ser la nueva raza que pregona en el *New Age*, y de tener pequeños enclaves de seres conscientes compartiendo juntos la sabiduría", tengo una mejor idea. ¿Qué tal si empezamos siendo *humanos*?

"¡No! ¡*Soy* un humano!"

No, ustedes son humanos basados en la especie, pero no son humanos basados en la madurez de sus sentimientos, sus emociones o su mente. Quizá existan unos cuantos seres humanos…, pero me refiero a "ustedes" como una observación general. "Ustedes/nosotros" y me incluyo a mí mismo. Entonces qué tal que sólo tratamos de ser humanos, aprendemos a ser humanos, y entonces, si por accidente sucede la iluminación, ¡grandioso! Sin problema, capitalícenlo, úsenlo, hagan algo con eso.

Nos volvemos humanos, vivimos y educamos a nuestros hijos con cierto grado de ternura y afecto genuinos. La mayoría de la gente [que esté leyendo esto] probablemente diga: "Educo a mis hijos de esa manera". ¡No lo hacen! Los aman. Los *aman*, pero no sabrían cómo educar a sus hijos con afecto y cariño y respeto y consideración genuinos, si su *vida* dependiera de eso. Sólo porque aman a alguien, no quiere decir que tienen un grado de comprensión suficiente de cómo expresar ese amor, de tal modo que esa persona sea capaz de recibir el amor que ustedes sienten.

Entonces, el asunto es: el hecho de ser un humano produce un fundamento de fuerza y claridad y dignidad y nobleza sobre el cual Dios o la Verdad o el Universo es capaz de pararse y sentirse firme y sólido sobre su base. Esto es sólo una metáfora, supongo que lo entienden. No es que Dios sea una criatura y que venga… ¿todos entendieron esto? ¡Es una broma! Sé que ustedes son seres humanos inteligentes; *no* estoy siendo condescendiente *ni* los subestimo. ¡Es simplemente una broma!

Bueno, la cuestión es que mientras estemos atrapados en la ortodoxia de nuestras psicologías, no podemos volvernos humanos. Podemos representar un tipo de humano neurótico, algo que medio parece humano, pero no podemos ser verdaderamente humanos, a menos que seamos capaces de manejar nuestra psicología inmanejable. Hay malas noticias, y son: eso es imposible. Nadie puede manejar su psicología inmanejable. Y hay buenas noticias: algunas personas lo han hecho de todos modos.

¿Qué valor tiene tratar de alcanzar algo que es posible? Si es posible, no es la gran cosa. Si es posible, todos pueden hacerlo porque todos son brillantes de alguna manera. Vean sus neurosis. ¿Qué genio compuso la perfección impecable de esas manifestaciones? ¡Usted! ¡*Usted* lo hizo! Vea qué tan perfectamente se odia a sí mismo, ¡pero lo hace perfectamente! Su manifestación de odio hacia sí mismo es genial. Su manifestación de vanidad es genial. ¿Y quién lo hizo? ¡Usted!

Entonces ciertamente, cualquier cosa que sea posible lo pueden hacer, y lo pueden hacer relativamente fácil si de veras empeñan su mente en hacerlo. Lo que es interesante y emocionante, especialmente al principio, es perseguir lo que es imposible. Después de treinta años es frustrante y enloquecedor, pero al principio es muy interesante y emocionante, porque ya se *ha* hecho. Aunque sea imposible, aunque por definición sea imposible, ya se *ha* hecho.

No estoy hablando nada más de gente que nace con un especial estado de brillantez y de claridad, como Ma Anandamayi, o alguien por el estilo. Estoy hablando de gente como mi propio maestro, Yogui Ramsuratkumar, o el maestro de Arnaud Desjardins, Swami Prajñanpad, quienes de acuerdo a su propio testimonio y confesión, empezaron como gente común, como "cualquier gente". Yogui Ramsuratkumar era un tipo loco-yogui-común y Swami Prajñanpad era un tipo intelectual-hombre de negocios-común. Ambos realizaron lo que realizaron, a pesar de la imposibilidad de su realización.

Yogui Ramsuratkumar no nació iluminado. Nunca proclamó algo así. Era simplemente un tipo común, un chico promedio, le gustaban los deportes, era un buen estudiante y cierta inspiración lo condujo a buscar lo imposible. Y con la ayuda de Sri Aurobindo y Ramana Maharshi, primero, y después con la ayuda de su maestro permanente y final, Swami Papa Ramdas, sucedió lo imposible. Así, tenemos ejemplos muy reales, ejemplos contemporáneos, de gente común como ustedes y yo. Usé a los indios como ejemplo, pero podrían ser occidentales, podrían ser tibetanos, podrían ser japoneses, podría ser cualquiera que pueda realizar lo imposible. Porque por definición, en términos humanos, es imposible hacer aquello hacia lo cual cualquiera de nosotros que ha entrado en el Camino, en la corriente del dharma, está avanzando. Pero tenemos que ser *humanos*.

Cuando la energía del Universo empieza a fluir en nuestro sistema, cualquier punto débil que tengamos en ese sistema, se verá inmediatamente magnificado en un grado increíble. Entonces, las cosas que no son verdaderamente humanas en nosotros, como la vanidad, el orgullo, la codicia, la violencia, la agresión, el odio, si todas esas cosas todavía están presentes cuando la energía entera del universo empieza a fluir a través del sistema, ésas son las cosas que se magnifican. El amor no tiene *nada* que ver con eso. Algunos de los peores charlatanes del mundo, los más crueles, los más violentos, los menos éticos, amaban en verdad a sus estudiantes; sea lo que sea lo que quiera decir la palabra amor. ¿Saben?, amaban a sus estudiantes.

El amor no tiene nada que ver con esto. Se trata de ser un humano, de manera que cuando la energía del Universo empiece a fluir a través de *ustedes*, cuando se encienda el interruptor y fluya, la intensidad de esa energía se expresará en servicio y compasión y de manera ética, en lugar de que se exprese en violencia o en sexo abusivo y manipulador. La posibilidad de que cualquiera en este salón, incluido yo mismo, llegue a la iluminación total en esta vida, es estadísticamente insignificante. Sin embargo, sucede. Son fenómenos. Y si le sucediera a cualquiera de nosotros, queremos estar totalmente seguros de que no lo vamos a echar a perder, tomando en cuenta que la ley del karma es inviolable.

La manera de estar seguros de que no lo vamos a echar a perder es convirtiéndonos en humanos.

Lo ideal contra lo real

En nuestra comunidad estamos tratando de dar a los niños algo ideal, y al mismo tiempo nos encontramos frustrados porque nosotros no somos "ideales", ni la vida tampoco es "ideal". Por supuesto que, si nuestras vidas se definieran por una profunda relación con lo Divino, particularmente cuando se manifiesta como la naturaleza corriente de la Vida misma, no tendríamos que preocuparnos de que nuestros hijos tuvieran o no sus necesidades satisfechas. No cabría ninguna duda al respecto. Cuando estamos viviendo en este terreno –yo lo llamaría el terreno del practicante espiritual– nuestra relación con los niños es natural y espontáneamente apropiada. Cuando no estamos viviendo ahí, entonces quizá nuestra relación sea apropiada o quizá no, y eso dependerá de la salud de nuestra psique, de la profundidad y la amplitud de nuestra educación, sabiduría y creatividad.

Si nuestra psique no es saludable, tampoco nuestra relación con los niños lo será. Y si nuestra psique *es* saludable y no vivimos como practicantes espirituales, nuestra relación con los niños puede ser grandiosa, plena de integridad y calidez. Pero si *somos* practicantes espirituales, no *podemos* relacionarnos con los niños de ninguna otra forma que no sea con la atención que demuestra efectivamente nuestro amor por ellos tal y como ellos son.

Los niños son los que nos dirán si realmente estamos o no participando en este Trabajo. Ellos son un mecanismo de retroalimentación instantánea en lo que se refiere a la resonancia o la disonancia de nuestra relación hacia ellos, hacia la verdad, hacia la Realidad, la Vida Correcta y la justicia objetiva.

Tener un hijo puede crear un caos en las relaciones, incluyendo nuestra relación con nuestras prácticas espirituales. Lo duro aquí es que están educando a un hijo y tienen que aprender a practicar en medio de esta exigencia abrumadora.

El ser padre es una gran oportunidad para aprender a practicar, sin derraparse en espiral hacia la confusión y la inseguridad. Esto no significa hacer seis horas diarias de meditación o de oración formales, porque no podemos hacer eso cuando estamos educando a un hijo. En su lugar, aprendemos cómo practicar internamente *dentro de esta relación fundamental* con nuestro hijo; una relación que requiere tiempo externo, energía, atención y todo tipo de ajustes.

Cuando una pareja tiene un hijo, con mayor frecuencia es el hombre quien trabaja tiempo completo, por lo que la mujer acaba usualmente tomando significativas responsabilidades paternas. Estas responsabilidades sin lugar a dudas, consumen tiempo y son agotadoras, y la mujer dejará de estudiar, meditar y ejercitarse, o cualesquiera que sean sus prácticas espirituales, y se sentirá en estos términos: "No tengo práctica. Debo estar perdiendo mi conexión con lo Divino". Sin embargo estas creencias no tienen sentido. Si sólo vivimos la vida como es, desde el contexto correcto, y hacemos lo que se requiere de nosotros *ahora*, y no nos quejamos y gemimos respecto a cómo eran antes las cosas, entonces esto le sirve a Dios. No tenemos que buscar acciones especiales o exclusivas para hacernos más atractivos a lo Divino. Eso es acción: sólo vivir nuestra vida *tal y como es*. Si nuestra vida en sí es de transformación, entonces, aunque parezca ordinario, es *eso*: levantarse en la mañana, comer, ir al trabajo, regresar a casa para estar con la familia, o quedarse en casa y trabajar y jugar con los niños todo el día, o lo que sea, y luego ir a la cama. Y, ocasionalmente, tendremos tiempo para una oración o un ritual formales. Para un padre, este diario "tal y como es" puede ser una *sadhana* (práctica espiritual) tan digna y tan valiosa como puede ser para alguien más liderar a las masas; tan valiosa como un trabajo atractivo y excitante con mucha responsabilidad, un trabajo en el que su nombre y fotografía aparezcan en el periódico.

Mucha gente, cuando tienen una circunstancia de vida en la que no pueden participar en todas las prácticas formales como antes lo hacían o como quisieran, siente que están "fuera de todo", fuera del flujo de la gracia, fuera del flujo de la práctica. Pero eso no tiene que ser verdad, especialmente para los padres de hijos pequeños. Solamente el ser un buen padre, si se vive desde el contexto correcto, es práctica, y es algo que sirve a Dios directa y profundamente. Por supuesto que es excepcionalmente saludable y valioso que un niño vea a su padre o madre en actitud de oración o de veneración, y los vea manifestando cualidades de disciplina, discriminación, confiabilidad e integridad; pero estas cualidades, cuando se manifiestan en una relación inmediata a la crianza de los hijos, les dan a los hijos el modelo de aquellos, y pueden estar específicamente encaminadas hacia sus propias prácticas espirituales cuando los hijos crecen.

En las prácticas de nuestra escuela (meditación diaria, ejercicio diario, estudio diario, etc.), sugerimos que estas condiciones recomendadas sean secundarias respecto al cuidado correcto y atento de los niños. Existe también todo un nivel de condiciones sutiles (como los elementos de la relación, la generosidad, la compasión, la paciencia, la amabilidad), y ciertamente estas no se tienen que abandonar por un hijo, sino simplemente se tienen que aplicar en el ser padres.

Es muy significativo para la vida espiritual si se es disciplinado, se practica el yoga o cualquier otro ejercicio, se medita y todo eso, pero la disciplina más grande es el educar a los hijos con amor y responsabilidad. Entonces, la responsabilidad espiritual de la madre es la de proveer un entorno en el que el niño vaya a mantener una relación con Dios. Es ridículo que una madre no le ponga atención a esa responsabilidad, sino que se sienta orgullosa de meditar a diario y de hacer ejercicio a diario, mientras el niño está descuidado o dejado en manos de una niñera.

La madre (y el padre) está creando un ser que o va a añadir al sufrimiento de Dios o va a ayudar a aliviar el sufrimiento de Dios. La madre es casi como Dios en ese sentido, creando algo que o va a *servir* al proceso de la vida en la Tierra y a través del Universo, o lo va a distorsionar y desorientar.

¿Se pierde algo?

Como adultos, cuando tenemos un hijo, a menos que seamos extremadamente maduros, totalmente desarrollados en nuestros primeros cuatro chakras,[26] básicamente damos algo de nosotros mismos (*renunciamos* a algo) en beneficio del desarrollo del niño. Aunque seamos adultos maduros, algo damos, pero entonces tenemos una comprensión clara y consciente de eso, y no "perdemos" lo que hemos dado, por así decirlo, sino que salimos ganando en virtud de la madurez del niño como ser humano.

Antes de tener un hijo, podemos estar funcionando como practicantes individuales, y sentir que tenemos "asimilada la no-dualidad".[27] Luego, de repente tenemos un hijo y la no-dualidad se va por la ventana, a menos que *realmente* la tengan asimilada. La no-dualidad se va por la ventana, entonces "perdemos" algo, que es el apego que le damos a nuestro hijo. Y tenemos que recuperar esa sabiduría, si es que alguna vez la tuvimos, desde luego, dejando que nuestros hijos sean entera-

---

26. *Chakras*: los plexos de energía tal y como se definen en los sistemas orientales de fisiología y metafísica.

27. No-dualidad: lo no-dual, o sea, que no son dos. El principio objetivo de la naturaleza de la realidad en la que todas las cosas son uno. En la realización espiritual, la comprensión de que todo es Uno o que todo es Dios.

mente lo que son como *seres humanos* y no como "nuestros" hijos.

Por otra parte, es ridículo pretender que no se tiene apego, expresarse siempre diciendo "el" hijo. Hay algunas personas para las que esto es su mecanismo de supervivencia. Como si simplemente no pudieran decir las palabras "*mi* hijo"; es muy amenazante el ser tan íntimo, tan conectado y tan responsable. Decir "el hijo", como en "Cariño, el hijo acaba de derramar su leche", es un modo de negar y aun de rechazar la relación, y ningún niño es tan torpe como para no captar esto, y es devastador para él. Los niños *asumen* la relación; es una constante que se da, que es tácita en la realidad de la vida. Darse cuenta de que un padre *los* rechaza no ayuda, sino que es un impacto que destruye la verdad de su visión y que los alienta a vivir una mentira.

Al mismo tiempo, una percepción inconsciente de ese ser humano en el sentido posesivo es el apego. Así, nuestros hijos son nuestros, pero *no son objetos*. Por ejemplo, para una mujer cuya carne y hueso se alimentó de ella durante nueve meses, será muy difícil que no tenga, aun inconscientemente, una relación con "eso" como suyo, en el sentido posesivo más que en el del reconocimiento. La única manera en que la mujer puede recuperar lo que entregó de ella misma cuando tuvo un hijo, es no teniendo la sensación de que ese ser es su posesión, su territorio, su *cosa* (excepto en el sentido fundamental de que cada uno de nosotros es ¡todo!). Nuestros hijos son nuestros de la misma manera en que nosotros somos de ellos, no de la manera exclusiva en que ellos son nuestros objetos y nosotros somos los de ellos, sino únicamente porque somos madre (o padre) e hijo, y esta realidad es totalmente natural, orgánica y tal y como es.

Saber dónde estamos parados

De todas las comunidades que he visto, la nuestra es una de las pocas que ofrece mucha holgura a los niños en términos de participar totalmente en los espacios formales, de hablar lo que pasa por su mente como lo hacen, de obtener muchas golosinas fuera de nuestra dieta normal, y cosas como esas. No lo quiero cambiar. Educar a los niños es un área en la cual mis estudiantes tienen una sadhana más difícil que la demás gente en la mayoría de las otras comunidades.

En la mayoría de las comunidades, los niños no entran en los espacios formales de meditación y de oración (a menos que su comportamiento sea lo que los padres alemanes –quizá no los padres alemanes contemporáneos, pero ciertamente los de la generación anterior– consideren "bueno"). Transigimos mucho en esto, yo opino que correctamente. Es muy difícil ser una comunidad de defensores de los niños, de la manera que nosotros somos, y mantener también el tipo de elegancia que tratamos de mantener hacia los espacios.

No es un trabajo fácil el darle a nuestros niños la libertad para que se expresen y que no nos convirtamos en tiranos. El ser capaces de manejarlo de la manera que sugerimos es una tarea difícil, a veces confusa. En el largo plazo, es en nuestro beneficio y en el de los niños, que resolvamos todas las cosas que tienen que resolverse para permitir a los niños crecer con confianza, con sabiduría y con elegancia. (Y no sólo resolver lo que tiene que ser resuelto, sino ser capaces de manejarlo una vez que se resolvió.)

En una comunidad espiritual que conozco, las reglas eran muy claras, y cualquiera que no las siguiera no podía estar en el espacio. Todo estaba bien delineado. No había ninguna subjetividad ni ninguna tolerancia: Se entra al salón de meditación, nadie se mueve, nadie tose, nadie hace ruido, nadie mueve ni un músculo. Era muy exacto y no había espacio para ninguna interpretación. Una vez, un niño pequeño, quizá de dos años y medio, se echó un pedo, y el encargado del salón le pidió a la madre que se saliera con su hijo. Para mi manera de pensar, esto es enseñar a los niños a ser totalmente retentivos anales, o implicar que son malos porque "se echaron un gas".

En una escuela como ésa, las exigencias pueden ser difíciles, hasta crueles o poco realistas, pero en realidad es mucho más fácil cumplir esas exigencias que estando en una escuela como ésta, en la que tantas cosas se tienen que descubrir por uno mismo, tantas decisiones se toman según las circunstancias, y en la que se tienen que manejar seis cosas al mismo tiempo después de que se hicieron dichos descubrimientos. Se tiene que manejar a los niños, también se tiene que manejar su propia atención al espacio y se tiene que recordar todo el protocolo del espacio. Estamos llamados para hacer algo que es muy poco usual, y mucho más difícil que lo que concibe un adulto promedio.

Con frecuencia nos podemos sentir criticados[28] por otras personas entrometidas o dogmáticas, especialmente en espacios públicos, "mundanos", en los que hay tan pocas personas intentando educar a sus hijos de manera consciente. Esta gente estará en desacuerdo con nuestras opciones de paternidad, y sentirá que el corregirnos o el interferir es su derecho soberano. Entonces tenemos que ser particularmente pacientes, diplomáticos y hábiles al negociar el territorio de los espacios públicos.

También, si nos sentimos criticados, no debemos reaccionar a eso como un adolescente insolente, con un "ojo por ojo", o con hosco resentimiento o reactividad activa. Debemos entender que nuestras opciones son difíciles de mantener y practicar, y debemos solamente apoyarnos muy profundamente en la fuerza de nuestro compromiso y en nuestra sensatez. Porque *es* difícil. Tenemos una tarea inmensamente difícil de cumplir. No sólo los padres porque, en cierto sentido, todos los adultos son responsables de todos los niños. Entonces, no sólo los padres tienen que cuidar de sus hijos exclusivamente, sin la ayuda de nadie más. Todos nosotros debemos comprometernos a la crianza consciente y amorosa de los niños, a su educación, y al mantenimiento de los entornos donde los niños puedan crecer, protegidos en su libertad de ser quienes son, de ser amados, cuidados, reconocidos y apoyados. Al adulto común le aterra tanto esa inocencia, por ser tan limitado en su vitalidad y expresión, que la amenaza de tal plenitud en los demás, aun en los niños, es anatema para ellos.

En conclusión

La relación crece a través de la interacción entre la renuncia y el abrazo. En el matrimonio, renunciamos a tantas posibles parejas para abrazar a la que escogimos para pasar nuestra vida. A través de la opción y el compromiso, como aspectos del amor, alimentamos esta relación para que pueda crecer como un recurso sagrado de servicio y entrega en nuestro trabajo. En la vida espiritual, renunciamos a muchas distracciones mundanas para comprometer nuestra energía a la atención y al ser-

---

28. Lee utiliza en inglés la expresión *critically parented,* haciendo referencia a la expresión "padre crítico": término acuñado por el psicólogo Eric Berne, fundador del Análisis Transaccional, que se refiere al aspecto negativo del estado del ego del padre dentro de cada persona, que juzga todo, normalmente encontrando causas para la desaprobación.

vicio de lo Divino. En la opción de abrir nuestros corazones a los niños, como padres o como amigos, dejamos pasar otros posibles logros. Esta opción, asumida en su totalidad, nos permite abrazar la práctica de estar con los niños como un aspecto central de nuestro trabajo. Y con este abrazo descubrimos qué otras formas de servicio se pueden combinar con nuestro trabajo y juego con los niños.

Ya que la sadhana exige que dejemos los apegos grandes y pequeños (aunque parezca que nos hacen la vida más llevadera) que en realidad nos distraen de la vida verdadera, generamos un espacio en el campo de nuestra atención hacia lo que es real. Cuando nos desprendemos de poder tener una noche de sueño ininterrumpido, o los momentos regulares de hacer el amor con nuestra pareja, o las películas y el entretenimiento que antes acostumbrábamos con frecuencia, para responder a nuestros hijos según sea necesario, nos liberamos para reconectarnos con nuestra propia inocencia al conectarnos con la suya. En cuanto sacrificamos los apegos, las seducciones, distracciones y fascinaciones que nos distraen y aíslan de nuestros hijos, parejas y seres queridos, podemos descubrir el gozo puro de una relación objetiva y verdaderamente humana: la realidad abrumadora del amor en sus posibilidades infinitas y fundamentales.

Pregunta: Una mujer que había tenido dos embarazos desgarradores —el primero, en que el bebé murió a los seis meses, y el segundo, a los dos meses— dijo que creía que había alcanzado la paz sin tener un hijo, porque eso sucedió hace cinco o seis años, pero ahora que tenía cuarenta y tres años, le regresaba la inquietud.

[Nota del editor estadounidense: Esta sección (págs. 331-334) está tomada de las conversaciones de Lee durante el verano de 2005, y publicadas previamente en el libro titulado *Caught in the Beloved's Petticoats* (Atrapados en las enaguas de quienes amamos) de M. Young, Prescott, Arizona: Hohm Press, 2006, 143-147]

Lee: Si no tenemos clara la mente, suponemos que cualquier pensamiento que surge es un reflejo exacto de la realidad. Quizá sean sólo las hormonas las que le hacen pensar que todavía quiere un hijo. Vale la pena considerarlo; quizá sean sólo las hormonas haciéndola pensar que no ha superado su deseo. La vida misma no se trata de tener hijos. La mayoría de la gente tiene hijos y están felices al respecto, aunque algunos no lo están, pero no significa que de eso se trata la vida. Cierto, hay un instinto imperativo para perpetuar la especie, y cierto, existe un componente emocional en el ser padre. Amamos a nuestros hijos y los disfrutamos… todo eso es cierto, y nada de eso tiene nada que ver con la consciencia.

En esencia la vida se trata de la consciencia, pero entonces existe este remolino de fenómenos, este huracán de detalles que siempre está volando por doquier, y tratamos de comprenderlos. Pero todo eso es contenido. Contextualmente, la vida se trata de la consciencia. Hay una diferencia entre ser y hacer. Esta mañana en la meditación, Arnaud [Desjardins, un maestro espiritual francés eminente] dijo algo así como, si lo entendí bien, "La presencia, estar aquí y ahora, es completamente neutral". El ego nunca es neutral. El ego *siempre* tiene opiniones, siempre da sus opiniones, tiene expectativas. La vida no se trata del ego.

Nacemos y nos encontramos con este paquete: la mente, las emociones, etc. Descubrimos el Camino y trabajamos para hacer distinciones en todo este paquete. Arnaud también dijo en la meditación: "Elegimos aceptar lo que es, como es, aquí y ahora. Rechazar aceptar no cambia nada; abrirnos a aceptar lo que es, transforma todo en ananda". Utilizó la palabra sánscrita, *ananda*. El ananda es aquello en lo que se transforma todo. Cuando aceptamos todo el remolino de fenómenos, opiniones, emociones y reactividad se transforman en ananda. De eso se trata la vida: de aceptar lo que es, como es, aquí y ahora. Es una decisión, porque cuando estamos atrapados en una reactividad emocional, nos sentimos desamparados. Decimos: "No pude hacer nada al respecto".

La presencia es neutral. Podríamos decir, el amor es neutral. Dios es amor, y el amor es neutral. Y hay acción, cambio y, como dijo Arnaud, "hay reacciones". Entonces usted vino al Camino, muy probablemente comprometida con comprender el Camino, y ahora esto —el querer tener un hijo— regresó. La neutralidad significa "no darle peso a nada", que es la razón por la cual la negatividad se convierte en felicidad cuando aceptamos. La mente le da un valor a las cosas: una buena profesión tiene valor; una profesión que odiemos tiene menos valor. Tener un hijo en nuestras vidas tiene un valor dado, como si el ser madre nos hiciera mujer. Es maravilloso ser madre o padre, pero no es esto lo que nos hace hombre o mujer. ¡Hasta las plantas procrean! ¡Es terrible para el hombre darse cuenta de ello! ¡Los hombres piensan que lo que los hace hombres es esta cosita que salta a la atención y escupe cuando está excitada!"… "¡Tenemos que aceptar el hecho de que hasta las plantas pueden tener bebés! ¡Guau! ¡Qué golpe le hace eso a su autoconfianza!

Entonces le damos un peso tremendo a tener un hijo; le da valor a nuestras vidas. Es muy lindo, está acompañado de emociones maravillosas, pero no completa nada en nuestras vidas. Nuestras vidas *están* completas, tengamos o no un hijo. Ya estamos completos. Algunos tienen hijos, otros no; algunos hacen mucho dinero, otros no; algunos se enferman, otros no. Tenemos que darnos cuenta que ninguno de los fenómenos que se arremolinan alrededor de nuestras vidas nos completa, ni nos añade, ni nos resta nada.

Nada le añade nada a la neutralidad, y nada le quita nada a la neutralidad. Como artistas, pensamos que si sólo pudiéramos crear la escultura perfecta o la interpretación de danza perfecta, estaríamos completos. No es verdad. En el mundo de la ilusión, sí…

[Nota del editor estadounidense: Lee utilizó aquí a Rodin como ejemplo y, como lo ha hecho con frecuencia, habló de cómo le gusta la escultura de Rodin y cómo ha disfrutado de verla. Continuó:] Pero no estaría menos completo sin esas cosas en mi experiencia personal. ¿Qué podemos decir de los pueblos tribales que nunca ven más allá de su poblado o de la selva? Si vemos la historia entera de la agresión cristiana, de ahí surge: "¡A esta gente le falta algo! ¡No tienen arte! ¡Ni cultura! ¡Ni civilización! ¡Ni salvador!".

Somos quienes somos, nada le añade o le resta, esa es la realidad. El escoger *quiénes somos* es la felicidad, ananda. Esa es la tarea. No el valorar que se tenga un hijo como algo que va a cambiar su vida, la va a llenar, la va a hacer una mujer. Entonces, lo que usted es, tal y como es, es perfecto, no en relación a lo bueno o lo malo, simplemente es perfecto. Ahí es en donde usted tiene que estar. No puede hacer nada acerca de eso, pero ahí es donde usted tiene que estar. Entonces todas las preguntas que surgen, todas las cosas que nos jalonean –desde ésa que tiene un gran peso, como el tener un hijo, hasta adónde vamos a ir a cenar comida tailandesa esta noche– entonces, todos los fenómenos que surgen se convierten en cosas que usted observa, toma nota, y los ve por lo que son, y toma decisiones que son objetivas, no definidas por el ego, que nunca es neutral…

Para muchas mujeres, el ser madre tiene que ver *con ellas*, no con el niño. "¿Cómo me voy a entender como mujer si no soy madre?". Esa no es una buena base para traer a un hijo al mundo. La mayoría de las mujeres piensa: "Si tuviera un hijo tan lindo ¿quién se llevaría los elogios? ¡Yo!". Entonces, primero tiene que llegar al lugar de la claridad y la neutralidad.

Pregunta: El año pasado usted me dijo que convirtiera a mi familia en un ashram. De hecho, se ha convertido en un infierno.

Lee: ¿Por?

Pregunta: Porque me volví más honesta en mi forma de actuar y en mi forma de hablar, y mi familia no estaba acostumbrada a eso.

Lee: Bueno, eso es maravilloso, pero ¿qué tiene que ver con hacer de su familia un ashram? No logro conectarlo.

Persona: ¿Interpreté bien el mensaje que me dio?

Lee: Interpretó el mensaje correctamente. Sólo creo que tiene un malentendido de lo que es un ashram.

Persona: ¿Puede decirme más?

Lee: Cuando viene aquí [a este ashram de Arnaud Desjardins en Hauteville, Francia] ¿cuál es el estado de ánimo que trae aquí?

Persona: Estoy en paz.

Lee: No cómo está cuando está aquí, sino ¿cuál es el estado de ánimo que prepara dentro de sí cuando sabe que va a venir aquí? ¿Qué trae aquí? ¿Con qué intención viene?

Persona: Vengo regularmente a hacer algunos trabajos aquí. Ayudo en la cocina. Muy regularmente.

Lee: ¿Qué tiene que ver eso con mi pregunta? La respuesta es, *nada*. Por favor, responda a mi pregunta. ¿Qué *intención* prepara cuando viene aquí? ¿Qué humor trae? ¿Por qué viene tan seguido a trabajar en la cocina?

Persona: Encuentro que hay algo aquí que me abre, me nutre.

Lee: Entonces, antes de venir aquí, ¿su intención es nutrirse, encontrar algo?

Persona: Sí.

Lee: Nada más.

Persona: Abrir el corazón, practicar.

Lee: ¿Es ésta la manera en que se relaciona con su familia? ¿Y no está funcionando?

Persona: Aparentemente no.

Lee: Entonces está haciendo algo mal. Porque la gente *siempre* responde cuando se les acerca alguien que tenga ese humor, esa intención de abrir el corazón y aprender. Los demás siempre responden positivamente. Aunque si ya existe un hábito en la relación que es reactivo a cierta cualidad, cuando dicha cualidad cambia, a los demás puede tomarles un tiempo captar que usted ha cambiado. ¿Y por qué la cocina?

Persona: Porque es lo que me ofrecieron. No es "mi fuerte", mi creatividad, pero me permite estar en el ashram.

Lee: Puede que esto no se aplique a su situación, pero déjeme considerar una idea con usted. Cuando la gente viene a nuestro ashram y no son estudiantes –han oído al respecto a través de un amigo y quieren ver qué sucede– y algo los conmueve y deciden que quieren continuar más allá con la relación, usualmente preguntan algo como, "¿Puedo ser su estudiante?", que es la pregunta equivocada porque no necesariamente quiero o necesito más estudiantes. Pero *hay* cosas que quiero y necesito. Entonces, si alguien tiene algo de sofisticación, diría, "¿Hay *algo que usted necesite* que yo pueda hacer por usted?".

Este es el acercamiento esencial, tradicional: ¿Cómo puedo servir? ¿Qué puedo hacer por usted? Lo que el ashram de aquí necesitaba era alguien en la cocina, y es lo que usted está haciendo. Y, dado que lo está haciendo de manera regular, aunque no sea su oficio, supongo que ese servicio representa un pago suficientemente valioso por recibir lo que usted recibe.

La mayoría de los ashrams, especialmente los ashrams tradicionales, siempre tienen una variedad de necesidades: Una necesidad universal, que es que todo ashram necesita practicantes, y también existen las necesidades ordinarias: alguien tiene que cocinar, alguien tiene que lavar los platos, alguien tiene que arreglar los coches, poner un techo nuevo, arreglar la plomería, etc. El acercamiento inteligente no es preguntar, "¿Cómo *me* va a servir usted, gran maestro? sino, "¿Cómo voy a servirle yo a usted?".

El asunto real es: ¿Qué se necesita? y ¿cómo puedo proveer lo que se necesita? Lo mismo aplica en su familia: Todos en su familia tienen ciertas necesidades y existen dos niveles de necesidad. Existe el nivel fundamental de necesidad: la gente necesita, por ejemplo, paz, alegría, unidad; y, además, está el nivel ordinario de necesidad: ayuda con los niños o sólo prestar un hombro para llorar en él. Entonces, acérquese a su familia sobre la base de "¿Cómo puedo servir?".

Pero sea consciente. Chogyam Trungpa Rimpoché usaba la frase "compasión idiota" con referencia a la gente que no hacía distinción acerca de cómo usaban su tiempo y energía para servir. Conocen el dicho: "Si le dan un pez a un hombre, come un día, si le enseñan a pescar come toda la vida". Lo mismo es verdad acerca del servicio. Hay cosas que la gente dice que necesita, pero que si se las diera, sería contraproducente más que útil. Entonces usted necesita un poco de inteligencia y un poco de sofisticación para ver lo que la gente *realmente* necesita. Por ejemplo, si cualquiera de nosotros tiene un hijo o una hija que son totalmente egoístas, y que no hacen *nada* por sus hijos, pero que nos llaman y nos dicen: "Me estoy volviendo loco. Necesito un respiro. ¿Puedes venir y cuidar a los niños por unas horas mientras voy al cine?". Usted quisiera ir y cuidar a sus hijos durante unas horas, sabiendo muy bien que lo está haciendo por los niños, porque ciertamente no va a ayudar a la madre o al padre. A veces se toman estas opciones. Esencialmente, la definición de "¿Cómo puedo ayudar?" es "Lo que realmente le sirve a alguien".

Chogyam Trungpa Rimpoché también acuñó la frase "compasión despiadada", que es completamente el opuesto de la "compasión idiota". La compasión idiota se da porque no se puede hacer una distinción. Damos aunque el dar en realidad dañe a la persona. Por ejemplo, una de mis estudiantes tiene una hermana que es drogadicta; ha falsificado cheques, tenido alguna actividad criminal y se ha metido en muchos problemas. Cada vez que esta mujer llama a su hermana, la hermana siempre le da dinero. Los sociópatas son siempre muy encantadores y brillantes; ella siempre tenía una razón conmovedora por la que necesitaba el dinero. Y nunca era demasiado; siempre pedía doscientos o quizá quinientos dólares, pero nunca miles. La hermana sociópata vivía con la mamá, y un día fue al banco, limpió la cuenta de la mamá, y desapareció… todos estaban preocupados. Después de algunos meses, la hermana reapareció, necesitando más droga, y queriendo más dinero.

Con la compasión idiota sólo se da y se da y se da sin distinción, sin discriminación; y con la compasión despiadada se da cuando se tiene la sensación de que el dar será útil, no contraproducente. No siempre se puede garantizar que será útil, pero se puede entrever. Esa es la manera de hacer de su familia un ashram.

Pero no *diga* nada. No le diga a su familia: "Voy a tratar de hacer un experimento aquí, algo diferente, entonces sean pacientes". No haga ningún gesto dramático. Sólo lentamente y en silencio, discretamente, empiece a hacer lo que se necesita. Y poco a poco la gente va a responder, sin duda. Pero si hace un gesto dramático, los demás se van a aprovechar. Como el fenómeno de la gente que gana mucho dinero en la lotería. Tienen vidas maravillosas y ganan mucho dinero pero sus vidas se vuelven horribles porque todos empiezan a pedirles dinero y a enojarse si no se los dan. Si pudieran recibir el dinero en silencio, y nadie supiera que ganaron la lotería, y dieran el dinero a la familia aquí y allá para necesidades reales, entonces la respuesta sería la gratitud, el agradecimiento, en lugar del enojo y resentimiento.

Entonces, no sea dramática. Muévase despacio y en silencio, que es la manera de hacerlo también aquí, en un ashram. Alguna gente piensa que si no tienen una posición gloriosa en el ashram, el maestro no les va a notar. Pero lo silencioso y sutil no pasa desapercibido. Desde mi punto de vista, una de las cualidades humanas más difíciles y raras es la humildad. Y cuando aparece, es una maravilla. Sólo el servir en silencio, sin exigencias, sin necesidad de ser reconocido. Y esa gente *siempre* tiene reconocimiento. Puede que no tengan su nombre en luminarias en el mundo relativo, pero siempre son reconocidas. Si alguien está sirviendo en esa capacidad, el maestro espiritual lo va a notar. La gente así es brillante, aunque no estén anunciando y vendiendo sus habilidades. Brillan. De esa manera se enfocan las cosas, en silencio.

Usted ve lo que se necesita y lentamente lo provee, si puede y si piensa que es lo correcto.

Y no "lleve las cuentas de ello", como si estuviera acumulando una colección, de manera que diez años después se encuentre en una gran discusión con alguien y empiece a decir: "Te he estado sirviendo tanto tiempo y exijo que tú...". No. Sirva sin necesidad de ser recompensada; su servicio tiene que ver con construir la cualidad del Ser.

Extracto del diario de Lee, 13 de marzo de 2009

En una entrevista que se me hizo hace muchos años para una revista espiritual popular (que todavía es popular pero ya no es espiritual), se me preguntó cómo me gustaría ser recordado. Yo contesté que me gustaría ser recordado como un... defensor de las políticas de crianza de los niños que no sean abusivas y sean maduras y sensatas; y del amor y el afecto de los padres, y del respeto y la honradez hacia los niños, los propios y todos los demás.

Lecturas recomendadas

Baldwin, Rahima. *You Are Your Child's First Teacher* [Tú eres el primer maestro de tu hijo]. Edición revisada. Berkeley, California: Celestial Arts, 2000.

Berends, Polly Berrien. *Whole Child / Whole Parent* [Niño pleno / Padre pleno]. 4ª edición. Nueva York: Harper Paperbacks, 1997.

Caplan, Mariana. *To Touch Is to Live: The Need for Genuine Affection in an Impersonal World* [Tocar es vivir: la necesidad de afecto genuino en un mundo impersonal]. Prescott, Arizona: Hohm Press, 2002.

Elkind, David. *Miseducation: Preschoolers at Risk* [Educación fallida: los preescolares en riesgo[. Nueva York: Alfred A. Knopf, 1987.
_____ *The Hurried Child* [El niño apresurado]. Edición del 25° aniversario. Cambridge, Massachusetts: Da Capo Press, 2006.

Fedorschak, Karuna. *Parenting, A Sacred Task: Ten Basics of Conscious Childraising* [Ser padres, tarea sagrada: diez puntos básicos en la educación de los niños]. Prescott, Arizona: Hohm Press, 2003.

Gaskin, Ina May. *Spiritual Midwifery* [Parteras espirituales]. 4ª edición. Summertown, Tennessee: The Book Publishing Co., 2002.

Holt, John. *Escape from Childhood: The Needs and Rights of Children* [Escape de la niñez: las necesidades y derechos de los niños]. Wakefield, Massachusetts: Holt Associates, 1984.
_____ *How Children Learn* [Cómo aprenden los niños]. Edición

revisada. Cambridge, Massachusetts: Da Capo Press, 1995.

_____ *How Children Fail* [Cómo fracasan los niños]. Edición revisada. Cambridge, Massachusetts: Da Capo Press, 1995.

_____ y Pat Farenga, *Teach Your Own: The John Holt Book of Homeschooling* [Enseña a los tuyos, el libro de John Holt para la escuela en la casa]. Edición revisada. Cambridge, Massachusetts: Da Capo Press, 2003.

La Leche League International. *The Womanly Art of Breastfeeding* [El arte femenino de amamantar]. 7ª edición. Nueva York: Plume, 2004.

Leboyer, Frederick. *Birth without violence* [Parto sin violencia]. Edición nueva. Rochester, Vermont: Healing Arts Press, 2009.

Liedloff, Jean. *The Continuum Concept: In Search of Happiness Lost* [El concepto del continuum: en búsqueda de la felicidad]. Cambridge, Massachusetts: Da Capo Press, 1986.

Lozowick, Lee. (Sr. Lee Khepa Baul) *The Journals*:
    Volumen I. *Eccentricities, Idiosyncrasies And Sacred Utterances From a Contemporary Western Baul* [Excentricidades, idiosincrasias y aseveraciones sagradas de un baul occidental contemporáneo]. (Abril-agosto de 1990). Prescott, Arizona: Hohm Press, 1991.
    Volumen II. *In The Style of Eccentricities, Idiosyncrasies And Sacred Utterances From a Contemporary Western Baul* [Al estilo de excentricidades, idiosincrasias y aseveraciones sagradas de un baul occidental contemporáneo]. (Mayo-julio de 1992). Prescott, Arizona: Hohm Press, 1992.
    Volumen III. *In The Mood of "In The Style of Eccentricities, Idiosyncrasies And Sacred Utterances From a Contemporary Western Baul"* [En el ambiente de "Al estilo de excentricidades, idiosincrasias y aseveraciones sagradas de un baul occidental contemporáneo"]. (Octubre de 1993-marzo de 1994). Prescott, Arizona: Hohm Press, 1994.
    Volumen IV. *Cranky Rants and Bitter Wisdom from One Considered Wise in Some Quarters* [Desvaríos malhumorados y sabiduría amarga de alguien considerado sabio en algunos lugares]. (Febrero-mayo de 2002). Prescott, Arizona: Hohm Press, 2002.

Volumen V. *The Little Book of Lies and Other Myths* [El librito de las mentiras y otros mitos]. (Mayo-julio de 2005). Prescott, Arizona: Hohm Press, 2005.

Volumen VI. *A Small Collection of Feuilletons by One of the Rasnochinsty* [Una colección de feuilletons por uno de los Rasnochinsty]. (Diciembre de 2006-mayo de 2008). Prescott, Arizona: Hohm Press, 2008.

Volumen VII. *A Tale Told by an Idiot, Full of Sound and Fury, Signifying...* [Una historia contada por un idiota, sin sentido, que significa...] (Enero-marzo 2009). Prescott, Arizona: Hohm Press, 2009.

Volumen VIII. *Chasing Your Tail* [Persiguiendo su cola]. (Marzo-septiembre 2009). Prescott, Arizona: Hohm Press, 2009.

Mander, Jerry. *In the Absence of the Sacred* [En ausencia de lo sagrado]. Sierra Club Books, 1992.

_____ *Four Arguments for the Elimination of Television* [Cuatro elementos a favor de la eliminación de la televisión]. Nueva York: Harper Perennial, 1978.

Martin, Chia. *We like to Nurse* [Nos gusta amamantar]. Prescott, Arizona: Hohm Press, 1995.

Miller, Alice. *Banished Knowledge: Facing Childhood Injuries* [El saber proscrito]. Nueva York: Anchor, 1991.

_____ *The Drama of the Gifted Child: Prisoners of Childhood* [El drama del niño dotado: y la búsqueda del verdadero yo]. Edición revisada. Nueva York: Basic Books, 2008.

_____ *For Your Own Good: Hidden Cruelty in Child-Rearing and the Roots of Violence* [Por tu propio bien: crueldad escondida en la educación del niño y las raíces de la violencia]. 3ª edición. Nueva York: Farrar, Straus, Giroux, 1990.

_____ *Thou Shall Not Be Aware: Society's Betrayal of the Child* [No te darás cuenta: traición de la sociedad al niño]. Nueva York: Farrar, Straus, Giroux, 1998.

Neil, A.S. *Summerhill School: A New View of Childhood* [Escuela Summerhill: una nueva visión de la niñez]. Edición revisada. Nueva York: St. Martin's Griffin, 1995.

Pearce, Joseph Chilton. *The Biology of Transcendence: A Blueprint of Human Spirit* [La biología de la trascendencia: esquema del espíritu humano]. South Paris, Maine: Park Street Press, 2007.
_____ *Evolution's End: Claiming the Potential of Our Intelligence* [El fin de la evolución: exigiendo el potencial de nuestra inteligencia]. Nueva York: HarperOne, 1993.
_____ *The Magical Child* [El niño mágico]. Nueva York: Plume, 1992.

Ryan, Regina Sara y Deborah Auletta, enfermera registrada e IBCLC (*International Board Certified Lactation Consultant* –Consultora certificada por el Consejo Internacional de Lactancia). *Breastfeeding, Your Priceless Gift to Your Baby and Yourself* [Amamantar, regalo invaluable para tu bebé y para ti misma]. Prescott, Arizona: Hohm Press, 2009.

Shah, Idries. *Learning How to Learn: Psychology and Spirituality in the Sufi Way* [Aprendiendo a aprender: psicología y espiritualidad en el camino sufí]. Nueva York: Penguin, 1996.

Stettbacher, J. Konrad. *Making Sense of the Suffering: The Healing Confrontation with Your Own Past* [Dándole sentido al sufrimiento: la confrontación sanadora con su propio pasado]. Nueva York: Plume, 1994.

Young, Mary. *We like to Nurse Too* [A nosotros también nos gusta amamantar]. Prescott, Arizona: Hohm Press, 2009.

Acerca del autor

Lee Lozowick (1943-2010) ha sido un maestro espiritual estadounidense que desde 1975 ha enseñado a miles de personas en su país, en Europa, Canadá, México y la India. Es el hijo espiritual de Yogui Ramsuratkumar, conocido como el *Godchild de Tiruvannamalai*, cuya vida y enseñanza Lee ha promovido por el mundo.

Lee ha sido también poeta, autor de letras de canciones, artista de blues y autor de veinte libros, entre los cuales están: "Abundancia o miseria", Hara Press, 2009, *The Alchemy of Transformation* [*La alquimia de la transformación*, Colección de los Caballeros del Grial, 1996] y *The Alchemy of Love and Sex* [*La alquimia del amor y del sexo*]. Muchos de sus libros han sido traducidos y publicados en Francia, Alemania, España, México y Brasil.

Lee se consideraba un "Baul occidental", en conexión con éstos músicos itinerantes tántricos del Bengal en la India. Sus poesías, las letras de sus canciones rock y blues, estaban impregnadas del misticismo *bhakti* (devocional), y celebran su relación con su maestro, Yogui Ramsuratkumar. Sus enseñanzas estan focalizadas en la auto-observación, la importancia de la práctica espiritual en la vida de familia y en las relaciones humanas. Suyas son las letras y la voz de la banda de blues SHRI (www.shriblues.com).

www.ingramcontent.com/pod-product-compliance
Lightning Source LLC
Chambersburg PA
CBHW060835280326
41934CB00007B/790